삼국유사고증三國遺事考證

An Annotated Translation of "Historical Investigation of the Three Kingdoms Archive in Ancient Korea"

【六】

(삼국유사고증 하3)

「신주 제6」·「감통 제7」·「피은 제8」·「효선 제9」

삼국유사고증三國遺事考證【六】
(삼국유사고증 하3)
An Annotated Translation of "Historical Investigation of the Three Kingdoms Archive in Ancient Korea"
—
1판 1쇄 인쇄 2024년 1월 30일
1판 1쇄 발행 2024년 2월 13일
—
편 자 | 村上四男 외
역 자 | 김정빈
발행인 | 이방원
발행처 | 세창출판사
신고번호 제1990-000013호
주소 03736 서울시 서대문구 경기대로 58 경기빌딩 602호
전화 02-723-8660 팩스 02-720-4579
이메일 edit@sechangpub.co.kr 홈페이지 www.sechangpub.co.kr
블로그 blog.naver.com/scpc1992 페이스북 fb.me/Sechangofficial 인스타그램 @sechang_official
—
ISBN 979-11-6684-193-4 94910
979-11-6684-187-3 (세트)
—
이 역주서는 2019년 대한민국 교육부와 한국연구재단의 지원을 받아 수행된 연구임.
(NRF-2018S1A5A7028408)
—
이 책은 한국연구재단의 지원으로 세창출판사가 출판, 유통합니다.
잘못 만들어진 책은 구입하신 서점에서 바꾸어 드립니다.

삼국유사고증三國遺事考證

An Annotated Translation of "Historical Investigation of the Three Kingdoms Archive in Ancient Korea"

【六】

(삼국유사고증 하3)

村上四男 외 編

김 정 빈 역주

세창출판사

총 목차

● 三권 ●

(삼국유사고증 중)

三國遺事 卷第二

삼국유사 권제2

紀異 第二

기이 제2

● 四권 ●

(삼국유사고증 하1)

三國遺事 卷第三

삼국유사 권제3

興法 第三

흥법 제3

塔像 第四

탑상 제4

五권
(삼국유사고증 하2)

三國遺事 卷第四
삼국유사 권제4

義解 第五
의해 제5

六권
(삼국유사고증 하3)

三國遺事 卷第五
삼국유사 권제5

神呪 第六
신주 제6

感通 第七
감통 제7

避隱 第八
피은 제8

孝善 第九

효선 제9

七권

六권 목차

(삼국유사고증 하3)

三國遺事 卷第五

삼국유사 권제5

神呪第六

신주 제6

感通第七

감통 제7

避隱 第八

피은 제8

孝善 第九

효선 제9

삼국유사 권제5

[764]三國遺事 卷第五

[765]國尊曹溪宗迦智山下麟角寺住持圓鏡冲照大禪師一然撰

신주 제6

神呪 第六

[766]신주 제6

神呪第六

[767]밀본최사

密本摧邪

[768]善德王德曼遘疾彌留. 有興輪寺僧法惕. 應詔侍疾. 久而無效. 時有密本法師. 以德行聞於國. 左右請代之. 王詔迎入内. 本在宸仗外. 讀藥師經. 卷軸纔周. 所持六環飛入寢内. 刺一老狐與法惕. 倒擲庭下. 王疾乃瘳. 時本頂上發五色神光. 覩者皆驚. [769]又承(丞)相金良啚爲阿孩時. 忽口噤體硬. 不言不遂. 每見一大鬼率群小鬼來. 家中几有盤肴. 皆啖嘗之. 巫覡來祭. 則群聚而爭侮之. 啚雖欲命撤. 而口不能言. 家親請法流寺僧亡名來轉經. 大鬼命小鬼. 以鐵槌打僧頭. 仆地嘔血而死. 隔數日. 遣使邀本. 使還言. 本法師受我請將來矣. 衆鬼聞之皆失色. 小鬼曰. 法師至將不利避之何幸. 大鬼侮慢自若曰. 何害之有. 俄而有四方大力神. 皆屬金甲長戟. 來捉群鬼而縛去. 次有無數天神. 環拱而待. 須臾本至. 不待開經. 其疾乃治. 語通身解. 具說件事. 良啚因此篤信釋氏. 一生無怠. 塑成興輪

寺吳堂主彌陁尊像. 左右菩薩. 幷滿金畫其堂. 770本嘗住金谷寺. 又金庾信嘗與一老居士交厚. 世人不知其何人. 于時公之戚秀天久染惡疾. 公遣居士診衞. 適有秀天之舊. 名因惠師者. 自中岳來訪之. 見居士而慢侮之曰. 相汝形儀. 邪佞人也. 何得理人之疾. 居士曰. 我受金公命. 不獲已爾. 惠曰. 汝見我神通. 乃奉爐呪香. 俄頃五色雲旋遶頂上. 天花散落. 士曰. "和尚[1]通力不可思議. 弟子亦有拙技. 請試之. 願師乍立於前. 惠從之. 士彈指一聲. 惠倒迸於空. 高一丈許. 良久徐徐倒下. 頭卓地. 屹然如植橛. 旁人推挽之. 不動. 士出去. 惠猶倒卓達曙. 明日秀天使扣於金公. 公遣居士往救. 乃解. 因惠不復賣技. 771讚曰. 紅紫紛紛幾亂朱. 堪嗟. 魚目誑愚夫. 不因居士輕彈指. 多小巾箱襲碔[2]砆.

풀이

767밀본최사(密本摧邪)

768선덕왕 덕만이 병에 걸린 지 오래되었는데, 흥륜사의 중 법척이 조칙에 응하여 오랫동안 병시중을 들었으나 효험이 없었다. 이때에 밀본법사가 덕행으로써 나라에 명성이 높아서 좌우에서 그를 대신할 것을 청하니, 왕이 조서를 내려 궁궐 안으로 맞아들였다. 밀본은 신장 밖에서 "약사경"[3]을 읽었다. 권축이 한번 돌자, 가지고 있던 육환장[4]이 침전 안으로 날아들어 가서 한 마리 늙은 여우와 법척을 찔러 뜰

1) 규장각본, 범어사소장본, 고려대본. 尙. 고증. 尙(神).
2) 옥돌 무(碔). 규장각본, 범어사소장본, 고려대본. 碔. DB. 고려 2대 임금인 惠宗의 이름 武를 피휘하기 위해 결획하여 나타냈다. 고증. 碔.
3) DB. "藥師如來本願經"이다. 우리나라 약사신앙의 근본이 되는 불교경전이다.
4) 고증. 석장에 끼워져 있던 여섯 개의 환(環). DB. 杖頭에 여섯 개의 고리를 단 석장(錫杖)을 말한다.

아래로 거꾸로 내던졌다. 왕의 병이 이에 나았는데, 이때 밀본의 정수리 위에 오색의 신광이 발하니 보는 사람이 다 놀랐다.

769또한 승상[5] 김양도[6]가 어린아이일 때, 갑자기 입이 붙고 몸이 굳어져서, 말을 못 하고 움직이지도 못했다. 하루 종일 한 큰 귀신이 작은 귀신을 모두 이끌고 와서 집안의 모든 음식을 다 맛보는 것을 보았다. 무당이 와서 제사를 지내면 곧 무리가 모여서 다투어 희롱하였다.

양도가 비록 물러가라 명령하고자 하여도 입이 붙어, 말을 할 수 없었다. 친척이 법류사의 한 중에게 와서 경전을 전독하게 청하니 큰 귀신이 작은 귀신에게 명하여서, 철퇴로 중의 머리를 쳐서 땅에 거꾸러져 피를 토하고 죽었다.

며칠 후에 사자를 보내, 밀본을 맞아오게 하니 사자가 돌아와 말하기를, "밀본법사가 우리의 청을 받아들여 당장 올 것입니다."라고 하니 귀신들이 그것을 듣고 모두 얼굴빛이 변하였다. 작은 귀신이 말하기를 "법사가 오면 장차 이롭지 못할 것이니 피하는 것이 어떻겠습니까?"라고 하자 큰 귀신이 거만을 부리면서, "어찌 해가 있겠는가."라고 하였다. 조금 후에 사방의 대력신이, 모두 쇠 갑옷과 긴 창을 지니고 와서, 귀신들을 잡아 묶어 갔다. 다음으로 무수한 천신(天神)이 둘러싸 지키고 있었고, 잠시 후 밀본이 와서 경전을 펴지도 않았는데, 그 병이 이제 완치되어 말이 통하고 몸이 풀려서, 사건을 온전히 설명

---

5) 고중에는 승상(丞相)으로 나타냈고, DB.에는 승(丞)에 대한 언급은 없다. DB. 신라에는 승상이란 용어가 없다. 여기서는 신라의 재상급 고위 관직을 말하는 듯하다.

6) DB. 신라 중대의 장군이며 문장가이다. 金庾信 · 金仁問 등을 도와 백제, 고구려 및 그 잔민을 토벌하는 데 큰 공을 세웠다.

하였다. 양도가 이로 인하여 불교를 독실하게 신봉하여 일생동안 태만함이 없었다. 흥륜사 오당의 주존인, 미륵존상과 좌우 보살을 소상으로 만들고, 아울러 그 당에 금색 벽화를 채워 실로 장엄했다.

770 밀본은 일찍이 금곡사[7]에 머물렀다.

또한 김유신이 일찍이 한 늙은 거사와 두텁게 교류하였는데, 세상 사람들이 그가 누구인지 알지 못하였다. 이때에 공의 친척 수천이 오랫동안 악질에 걸려 있어서 유신이 거사를 보내 진찰하게 하였다. 마침 수천의 친구 인혜법사라는 자가 중악(中岳)에서 와서 방문하고는 거사를 보고 그를 모욕하여 말하였다. "너의 형용과 자태를 보니 간사하고 아첨하는 사람인데 어찌 사람의 병을 다스릴 수 있겠는가." 거사가 말하기를 "나는 김유신 공의 명을 받고 어쩔 수 없이 왔을 뿐이다."라고 하였다.

인혜가 "너는 나의 신통을 보아라."라고 말하고 이에 향로를 받들어 주문을 외우고 향을 피우니, 잠시 동안 오색의 구름이 정수리 위를 돌고 천화[8]가 흩어져 떨어졌다. 거사가 말하기를 "화상의 신통력은 불가사의하다. 나도 또한 변변찮은 재주가 있으니,[9] 시험하기를 청한다. 법사는 잠깐 앞에 와서 서 있기를 바란다."라고 하니 인혜가 그를 따랐다. 그러자마자 거사가 손가락을 튕겨 소리를 내며 얍! 하고 한번 기합을 넣자, 인혜의 몸은 허공으로 날아갔는데, 그 높이가 1장 가량이 되었으며 잠시 거꾸로 한참 있다가, 서서히 아래로 거꾸로 떨어져 머리가 땅에 박혔는데 말뚝을 박은 것처럼 우뚝하였다. 옆에 있

7) DB. 경상북도 경주시 강서면 두류리 삼기산에 있던 절.
8) DB. 天上의 妙花를 말한다.
9) DB. 제자(弟子) 또한 졸렬한 재주가 있으니.

는 사람이 잡아당겼으나 움직이지 않았다. 거사는 나가 버렸고, 인혜는 거꾸로 박혀서 밤을 새웠다. 다음날 수천이 김유신에게 사자를 보내, 사정을 설명하고 나서 그를 빼 달라고 하여, 김유신이 거사를 보내어 풀어 주게 하였다. 인혜는 다시는 재주를 팔지 않았다.

[771]찬하여 말한다.

홍색, 자색이 주색을 어지럽히니

안타깝도다. 물고기 눈알이 구슬을 닮아 어리석은 자를 속이고 있다네.

거사가 가벼이 손가락을 튕기지 않았다면

비단 두른 작은 상자도 가짜 구슬을 담았을 것을.

주해

764○ 【三國遺事卷第五】 잘 아는 바와 같이 현존하는 '유'의 간본에는, 제1권에서 제4권까지는 권수(卷首)에 찬술자의 서명이 보이는데, 마지막 제5권에 들어가서, 처음 권수에 다음 장에 적는 찬술자의 이름이 보인다(앞의 그림을 참조).

765○ 【國尊曹溪宗迦智山下麟角寺住持圓鏡冲照大禪師一然撰】 처음으로 이곳에 '유'의 찬술자 이름이 있다. 두말할 것도 없이 '유'는 고려 고승 보각국존 일연(1206-1289)이 찬술하는 바이다.

이 일연사(師)의 전기는 충렬왕 21년 을미(1295)에 이루어졌다. 경상북도 군위군 고로면 화수동의 인각사 절터의 깨진 비(碑), '고려국의흥화산조계종인각사가지산하보각국존비명병서'(민독의 찬술문)의 전문이 남아 있어, 비교적 자세하게 알 수 있다. 그러나 원래 비는 비바람의 풍화와 침식이 심하여, 읽을 수 있는 문자는 몇 글자나 없어졌는데, 다행하게도 강원도 평창군의 오대산 월정사에 이 비문의 옛 사본이 남아 있고, 한층 더 이것은 "조선금석총람상"(조선총독부편)에 수록되어 있기 때문에, 자금은 자세하게 이것을 읽을 수 있다. 이것에 의하면 일연의 속성(俗姓)은 김씨이고, 휘(諱)는 견명, 자(字)는 회연이라고 하며, 경주 장산군(지금의 경산) 사람이었다. 또 일연[10]은 1206년(희종 2년)에 태어나고, 9세에 해양의 무량사에 가서, 처음으로 학문을 접하고 15세에 출가했다. 일연은 선종의 사원을 돌며 그 명성을 높이고, '구산사선지수'의 이름을 마음껏 누리다가, 22세(1227년)에는 과거 승과의 선(禪)의 상과에 합격했다. 그리고 이후 각지에서 수업을 거듭했는데, 이 같은 기간은 마침 고려 국토가 몽고군의 빈번한 침입을 받아(1231년=고종 18년 이후) 수난의 시대였다. 특히 고려조정이 강화도에 난을 피해 천도(1232년)하자, 국토는 거의 해마다 몽고군의 침략을 당했다. 1238년에는 경주 황룡사가 불타고, 더 나아가 그 후에는 국토 전부 점령당하기에 이르렀다. 이 시기에 각지에서 쓰라린 맛을 느끼면서 수업을 거듭한 일연은, 조정의 신임을 얻어 국왕인 원종이나 충렬왕으로부터 궁궐로 부름을 받기에 이르게 되고, 78세(충렬왕 9년)(1283)에는 마침내 국존을 하사받고 원경충조라고 하기에 이르렀다. 이때 일연은 빈번하게 고사하며 받아들이지 않았다가, 마침내 삼가 받아들였던 것이다. 그때에 왕은 일연을 궁궐로 맞이하여 백관을 이끌고 구의[11]의 예를 갖추었다고 한다. 일연사가 받은 국존이라는 것은, 한 나라가 받들어 스승(師)으로 삼는다는 뜻이다. 그러나 일연사는 노년의 어머니에게 효양을 다하기 위하여 도읍에 머무르지 않고, 사직하고 고향으로 돌아갔는데, 어머니는 다음 해 96세로 죽었다. 같은 해 조정에서는 인각사(麟角寺)를 수축(修築)하고 전답 100여 경(頃)을 주어, 일연에게 살게 했다. 일연사는 이곳에서 구산의 도문회를 열었는데, 이것은 총림에게 있어 고금에 아직 없었던 쾌거였다. 그리고 일연은 충렬왕

10) 고증에는 일연이라 하지 않고, 전부 일연사(師)로 표현했다.

11) 고증에는 추의(樞衣)라고 되어 있다.

15년(1298년) 7월에 인각사에서 죽었다. 그때 나이 84세였는데, 보각(普覺)이라는 시호를 받고 탑을 정적(靜寂)이라고 불렀다고 한다. 인각사는 지금도 남아 있는데, 탑과 비(碑)가 남아 있다.

필자[12]는 지난 해(1991년) 7월 말에 이 절에 가서 참배했다. 지금은 작은 절이지만, 그 어떤 깊은 풍격을 느꼈다. 참도나 경내에는 무궁화가 아름답게 피어 있었던 것도 인상적이었는데, 지금은 비(碑)는 비각에 들어 있다. 마지막으로 이 주해는 무라카미 요시오 "삼국유사해설"(그 가운데 하나)("朝鮮學報" 제99 · 100집, 昭和 56년 7월)에서 인용하는 바가 많은데, 또한 이마니시 류 "高麗史研究" 수록 '高麗普覺國尊について'를 참조.

766○ 【神呪第六】 '유' 권제5는 신주 제6, 감통 제7, 피은 제8, 효선 제9의 4편으로 이루어져 있는데, 이 신주 제6은 밀교 신승의 행적 3편을 모으고 있다. 또한 '유'의 편목(篇目)에 대해서는 고증 하2를 참조.

767밀본최사(密本摧邪)

768○ 【首德王德曼】 '유' 권제1의 '선덕왕지기삼사' 조 및 주해 214를 참조.

○ 【興輪寺】 '유' 권제3의 '흥륜사벽화보현' 조 및 주해 565를 참조.

○ 【法惕】 흥륜사 승려, 달리 보이지 않는다.

○ 【宮本法師】 이곳에만 보인다. 미상.

○ 【老狐】 노호(老狐)는 '유' 권제2의 '진성여대왕 거타지' 조 및 권제4 '원광서학' 조에 보인다. 전자는 승려로 둔갑한 악신이며, 후자는 산신으로 나오는 선신으로서 그려져 있다. 이 외에 백호(白狐)가 '사'나 '유'에 보이며, 이것도 길흉과 흉조 양쪽에 쓰인다.

769○ 【金良圖】 '유' 권제3의 '원종흥법 염촉멸신' 조, '유' 권제4의 '의상전교' 조 등에 보인다. 김양도(金良圖)는 신라 무열왕대의 장군으로 660년 백제 멸망 때, 공적을 세우고, 당의 소정방으로부터 백제의 영토를 식읍

12) 고증의 필자. 무라카미 요시오(村上四男)를 말한다. 저서로는 "삼국유사고증" 이외 "朝鮮古代史研究"(1978, 開明書院), "古代の朝鮮"(1974, 學生社) 등이 있다.

(食邑)으로 받았으나 거절했다. 그 후 대당총관이 되어, 김유신과 함께 고구려 정벌에 공적이 있었는데, 백제의 영토와 유민을 빈번하게 지배하는 것에 대하여, 당의 황제로부터 해명을 요구받아 당의 서경(西京)에서 옥사했다.

○ 【鬼】 '유' 권제1의 '도화녀 비형랑' 조 및 같은 자료의 '대종춘추공' 조 등에 보인다. 앞은 착한 귀신, 뒤는 흉조를 보이는 귀신.

○ 【法流寺】 '유' 왕력의 신라 제34 효성왕 조, 같은 자료 제1의 '진한' 조에 그 이름이 보이는데 미상. "경주시지(誌)"에 의하면 '한기택은 법류사의 남쪽에 있으며, 진평왕릉(경주시 보문동)이 한지라고 한다면, 그 북쪽인가.'라고 있다.

○ 【吳堂主】 오당(吳堂)의 본존.

770○ 【金谷寺】 '유' 권제4의 '원광서학' 조에 있다. 이곳에는 '三岐山金谷寺(分注. 지금의 안강현의 서남동에 있다. 명활산의 서쪽이기도 하다)'라고 있다. 이 금곡사의 절터에 대한 것으로, "문화유적총람" 중권에 경상북도 월성군(현재의 경주군) 안강읍 검단읍에 있다고 하며, 그 내용은 다음과 같다. '신라 진평왕대에 이미 세워져 있던 금곡사의 원광법사의 부도가 남아 있다. 그것은 삼층의 탑으로, 무너진 것을 복구한 것이다. 아래층의 기단 위에 네모반듯한(方形)의 문짝(門扉)이 있으며, 그곳에는 아름다운 모양이 새겨져 있다. 문짝의 안에는 좌상을 양각한 탑신이 안치되어 있고, 그 위에는 2개의 덮는 돌(蓋石)이 놓여 있다. 윗 층 돌 덮개 윗면에는 노반[13]이 남아 있다.'

○ 【因惠師】 달리 보이지 않는다. 미상.

○ 【中岳】 '유' 권제4의 '심지계조' 조에, '中岳(分注. 지금의 公山)이라고 있다. '사' 권제32 잡지 제1의 '제사' 조에 '중사, 오악(중략) 가운데에는 부악(分注. 혹은 公山이라고 하며, 押督郡)'이라고 있다. 현재의 경상북도

---

13) 노반(露盤). 탑의 위에 있는 상륜(相輪)의 받침대. 고대 기록이 많은 곳이다.

대구시, 달성군, 영천시, 경산시의 3시(市) 1군(郡)에 걸치는 팔공산이다.

○ 【碔砆】 碔는 원래 무(碔)라고 적어야 하는데, 무(武)에서 한 획을 빼고 碔라고 하고 있다. '유'에서는 자주 무(武)에 무(茂)를 넣거나, 또 획을 빼고 碔라고 하고 있다. 이것은 이미 설명한 대로이다. 그리고 무부는 옥을 닮은 돌을 말한다.

[772] 혜통항룡

惠通降龍

[773]釋惠通．氏族未詳．白衣之時．家在南山西麓銀川洞之口．[a]今南澗寺東里．一日遊舍東溪上，捕一獺屠之．棄骨園中．詰旦亡其骨．跡血尋之．骨還舊穴．抱五兒而蹲．郎望見驚異久之．感嘆躕躇．便棄俗出家．易名惠通．往唐謁無畏三藏請業．藏曰．嵎夷之人豈堪法器．遂不開授．通不堪輕謝去．服勤三載猶不許通．乃憤悱立於庭頭戴火盆．[14] 須臾頂裂聲如雷．藏聞來視之．撤火盆．以指按裂處．誦神呪．瘡合如平日．有瑕如王字文．因號王和尚．深器之．傳印訣．時唐室有公主疾病．高宗請救於三藏．擧通自代．通受教別處．以白豆一斗．呪銀器中．變白甲神兵．逐祟不克．又以黑豆一斗．呪金器中．變黑甲神兵．令二色合逐之．忽有蛟龍走出．疾遂瘳．龍怨通之逐已也．來本國文仍林．害命尤毒．[774]是時鄭恭奉使於唐．見通而謂曰．師所逐毒龍歸本國害甚．速去除之．乃與恭以麟德二年乙丑還國而黜

14) 고증. 服勤三載猶不許 通乃憤悱立於庭. 頭戴火盆.

之. 龍又怨恭. 乃托之柳.[15] 生鄭氏門外. 恭不之覺. 但賞其葱密. 酷愛之. 及神文王崩. 孝昭即位. 修山陵. 除葬路. 鄭氏之柳當道. 有司欲伐之. 恭恚曰. 寧斬我頭. 莫伐此樹. 有司奏聞. 王大怒. 命司冦曰. “鄭恭恃王和尚神術. 將謀不遜. 侮逆王命. 言斬我頭. 宜從所好. 乃誅之. 坑其家. 朝議. 王和尚與恭甚厚. 應有忌嫌. 宜先啚之. 乃徵甲尋捕. 通在王望寺. 見甲徒至. 登屋. 携砂瓶. 研朱筆. 而呼曰. 見我所爲. 乃於瓶項抹一畫曰. 爾輩宜各見項. 視之. 皆朱畫. 相視愕然. 又呼曰. 若斷瓶項. 應斷爾項如何. 其徒奔走. 以朱項赴王. 王曰. 和尚神通. 豈人力所能啚. 乃捨之. **775**王女忽有疾. 詔通治之. 疾愈. 王大悅. 通因言. 恭被毒龍之汚濫膺國刑. 王聞之心悔. 乃免恭妻孥. 拜通爲國師. 龍既報寃於恭. 徃機張山爲熊神. 慘毒滋甚. 民多梗之. 通到山中. 諭龍授不殺戒. 神害乃息. **776**初神文王發疽背. 請候於通. 通至呪之立活. 乃曰. 陛下曩昔爲宰官身. 誤决臧人信忠爲隷. 信忠有怨. 生生作報. 今玆惡疽亦信忠所祟. 宜爲忠創伽藍. 奉冥祐以解之. 王深然之. 創寺號信忠奉聖寺. 寺成. 空中唱云. 因王創寺. 脫苦生天. 怨已解矣. [a]或本載此事於眞表傳中. 誤. 因其唱地. 置折怨堂. 堂與寺今存. **777**先是密本之後有高僧明朗. 入龍宮得神印 [a]梵云文豆婁. 此云神印. 祖創神遊林. [b]今天王寺. 屢欀[16]隣國之冦. 今和尚傳無畏之髓. 遍歷塵寰. 救人化物. 兼以宿命之明. 創寺雪怨. 密教之風. 於是乎大振. 天磨之捴持嵓.[17] 毋岳之呪錫院等皆其流裔也. 或云. 通俗名尊勝角干. 角干乃新羅之宰相峻級. 未聞通歷仕之迹. 或云 射得犲狼. 皆未詳. **778**讃曰. 山桃溪杏映籬斜. 一徑春深兩岸花. 賴淂郎君閑捕獺. 盡教魔外遠京華.

15) 규장각본, 범어사소장본, 고려대본. 栁. 고증. 栁를 유(柳)로 나타냈다. 이체자이다.
16) 규장각본, 범어사소장본, 고려대본. 欀. DB. 禳의 오기로 보인다.
17) 고증. 嵓(喦).

풀이 [772]혜통항룡(惠通降龍)

[773]불자(佛者)였던 혜통(釋惠通)은 씨족을 자세히 알 수 없는데. 출가하기 전에 집이 남산 서쪽 은천동(銀川洞)의 어귀 [a]지금의 남간사(南澗寺)[18] 동쪽 마을이다.에 있었다. 어느 날 동쪽 시냇가에서 놀다가, 수달 한 마리 잡아서 죽이고 뼈를 마당에 버렸다. 그런데 이튿날 아침, 그 뼈가 사라졌다. 혜랑[19]이 그 핏자국을 따라서 찾아가니, 뼈는 원래 살던 굴로 돌아가서 새끼 다섯을 품고 웅크리고 있었다. 혜랑이 그것을 바라보고 놀라며 오랫동안 기이하게 여겼다. 감탄하고 망설이다가, 홀연히 속세를 버리고 출가하여, 이름을 혜통으로 바꾸었다. 이후 혜통은 당나라에 가서, 무외삼장[20]을 찾아가서 배우기를 청하니 삼장이 말하기를 "오랑캐(嵎夷) 사람[21]이 어찌 법기[22]를 감당하겠는가."라고 하고 마침내 가르쳐 주지 않았다. 혜통은 가벼이 물러가지 않고, 3년이나 부지런히 섬겼으나, 그래도 허락하지 않았다. 혜통은 이에 분하고 애가 타서 뜰에 서서 머리에 화로를[23] 이고 있었는데, 조금 있다가 정수리가 터져서 우뢰와 같은 엄청난 소리가 났다. 삼장이 그것을 듣고 와서 보고 화로를 치우고, 손가락으로 터진 곳을 어루만지며 신주를 암송하자, 상처가 붙어서 예전처럼 되었다. 흉터가 왕자(王字) 무늬와

18) DB. 경주시 탑정동에 위치.
19) 고증.에는 출가하기 전에는 혜랑(惠郞), 출가 후에는 혜통(惠通)으로 구분해서 표현하고 있다.
20) DB. 범어 슈바카라싱하를 번역한 이름으로, 중국에서 역경승으로 활동한 中天竺國 출신의 학승이다. 밀교의 祖師들 중의 한 사람으로, 마가다국의 왕가로부터 분파된 甘露飯王의 후예인 佛手王의 아들이었다고 한다.
21) DB. 신라를 가리켜 오랑캐, 시골뜨기라고 하는 뜻으로, 타 민족 경시풍습에서 비롯된 嵎夷라는 표현을 인도승 無畏가 언급했다는 것은 쉽게 납득되지 않는다.
22) DB. 불법을 닦을 그릇이라는 뜻으로, 불제자가 될 만한 기량이 있는 사람을 말한다.
23) DB. 불 그릇이라고 표현, 고증.에는 火鉢로 표현.

같이 있으므로, 인하여 왕화상이라고 부르고 그 기지를 깊게 여겨 인결[24]을 전해 주었다.

이때 당 황실의 공주가 병에 걸려 고종이 삼장에게 구해 주기를 청하였는데 혜통을 추천하여 자기를 대신하게 하였다. 혜통은 교지를 받고 별도로 거처하면서, 흰 콩 1두를 가지고 은 그릇 속에 넣고 주문을 외우니, 흰 갑옷을 입은 신병(神兵)으로 변하여 쫓았으나, 이기지 못하였다. 또 검은 콩 1두를 가지고 금 그릇에 넣고 주문을 외우니, 검은 갑옷을 입은 신병으로 변하였고, 두 색이 함께 병을 쫓게 하니, 갑자기 교룡이 달아나서 병이 마침내 나았다. 용은 혜통이 자기를 쫓아낸 것을 원망하여, 본국의 문잉림에 와서 인명을 더욱 해쳐, 그 피해는 심했다.

774이때에 정공이 당에 사신으로 갔는데, 혜통을 보고 일러 말하기를 "법사가 쫓은 독룡이 본국으로 돌아와, 해(害)가 심하니 빨리 가서 그것을 없애 주시오."라고 하였다. 이에 정공과 함께 인덕 2년 을축에, 본국으로 돌아와 그것을 쫓아 버렸다. 그러자 용은 또 정공을 원망하여, 이에 버드나무로 변하여, 정공 집의 문밖에 나 있었다. 정공이 그것을 알지 못하고 다만 그 무성한 것을 기려서 매우 사랑하였다. 신문왕이 죽고 효소왕이 즉위하여 산릉을 닦고 장사 지내는 길을 손질하였는데, 정공의 버드나무가 길을 가로 막고 있어, 유사(有司)가 베어 버리려 하였다. 정공이 화를 내며 말하기를, "차라리 내 머리를 베지 이 나무는 베지 못한다."라고 하였다. 유사가 이를 아뢰니 왕이 크

24) DB. 印可와 授訣의 줄임말로, 인가는 제자의 깨달음을 인정하는 것이고, 수결은 授記라고도 한다.

게 노하여 사구(司寇)에게 명해 말하기를 "정공이 왕화상의 신술(神術)을 믿고 장차 불손한 일을 도모하려 하여, 왕명을 업신여기고 거역해서 내 머리를 베라고 하니 마땅히 좋아하는 바에 따를 것이다."라고 하였다. 이에 그를 주살하고 그 집에 묻어 버렸다. 조정에서 의논하기를 "왕화상이 정공과 매우 친하여 당연히 꺼리고 싫어함이 있을 것이니 마땅히 먼저 그를 도모해야 할 것입니다."라고 하였다. 이에 갑병을 시켜 그를 찾아 잡게 하였다. 혜통은 왕망사에 있었는데, 갑병이 오는 것을 보고 지붕에 올라가서, 사기병과 붉은 먹을 묻힌 붓을 가지고 소리치기를, "이제부터 내가 하는 것을 보아야 할 것이다."라고 하였다. 이에 병의 목에 한 획을 긋고 말하기를 "너희는 마땅히 각자의 목을 보아라."라고 하니 그것을 보니 모두 붉은 획이 있어서 서로 보고 놀랐다. 또 소리쳐 말하기를 "만약 병의 목을 자르면, 응당 너희 목도 잘릴 것인데 어찌하겠는가."라고 하였다. 그들이 도망 와서 붉은 획이 있는 목을 왕에게 보이니 왕이 말하기를 "화상의 신통력이 어찌 사람의 힘으로 막을 수 있는 바이겠는가."라고 하고 이에 그를 내버려 두었다.

775왕녀가 갑자기 병이 들자, 조서를 내려 혜통이 치료하게 하였는데 병이 나아지니 왕이 크게 기뻐하였다. 혜통은 인하여 말하였다. "정공은 독룡의 해를 입어 죄 없이 나라의 형벌을 받았습니다." 왕이 그것을 듣고 마음으로 후회하고 이에 정공의 처자를 면죄하고, 혜통을 국사로 삼았다. 한편 용은 이미 정공에게 원수를 갚고, 기장산에 가서 웅신이 되었는데, 해독을 끼치는 것이 더욱 심하여 백성들이 매우 괴로워했다. 혜통은 산속에 가서 용을 깨우쳐 불살계를 주었고, 웅신의 해가 이에 그쳤다.

776이전에 신문왕이 등창이 나서 혜통으로 하여금 치료해 주기를 청하니, 혜통이 와서 주문을 외우자 즉시 나았다. 이에 말하기를 "폐하가 예전에 재상의 몸으로, 장인 신충을 잘못 판결하여 종으로 삼았기에, 신충이 원한을 가지고 윤회하여 보복하는 것입니다. 지금 이 등창도 또한 신충의 탈이오니, 마땅히 신충을 위해서 가람을 창건하고, 그 명복을 빌어서 그것을 풀어 주십시오."라고 하였다. 왕이 심히 그렇다고 생각하여, 절을 세우고 이름을 신충봉성사라고 했다. 절이 완성되자 공중에서 노래하는 소리가 났는데, 이르기를 "왕이 절을 지어 주셨기 때문에, 괴로움에서 벗어나 하늘에 태어났으니, 원한은 이미 풀렸습니다."라고 하였다. [a]어떤 책에는 이 사실이 진표의 전기에 실려 있으나 잘못된 것이다. 이로 인하여 그 노래를 부른 곳에 절원당을 지었는데 그 당(堂)과 절이 지금도 남아 있다.

777이보다 앞서 밀본법사의 뒤에 고승 명랑[25]이 있었다. 용궁에 들어가 신인범문에는 문두루[26]라고 하였는데 여기에서는 신인(神人)이라고 했다.을 얻어 신유림[27]을 처음 세우고, [b]지금의 천왕사이다. 여러 차례 이웃나라의 침입을 물리쳤다. 이제 화상은 무외삼장의 골자(骨子)를 전하고, 속세를 두루 다니면서, 사람을 구제하고 만물을 감화시켰다. 아울러 숙명의 밝은 지혜로 절을 세워 원망을 풀어 주었고, 밀교의 교풍은 이때 크게 떨쳤다. 천마산 총지암[28]과 모악[29]의 주석원 등은 모두 그 지류이다.

---

25) DB. 신라 문무왕대의 고승으로 신라 신인종(神印宗)의 개조이다.

26) DB. "관정경(灌頂經)"에 의하면 문두루는 일종의 수인(手印)으로 "만약 말세의 제자들이 위급한 액난을 만나면 오방신의 이름과 그 권속을 취해서 둥근 나무 위에 만들어라. 이것을 문두루 비법이라고 한다."라고 하였다. 문두루는 범어의 Mudra의 음역.

27) DB. 신라 칠처가람지(七處伽藍址)의 하나로 선덕여왕이 이곳을 도리천(忉利天)이 있는 곳이라 하여 신성시하였다.

속세 사람은 "혜통의 세속 이름은 존승각간[30]이다."라고 하는데 각간[31]이라는 것은, 곧 신라의 재상과 같은 높은 벼슬이나, 혜통이 벼슬을 지냈다는 말은 듣지 못했다. 혹자는 "시랑을 쏘아 잡았다."라고 하는데 모두 자세하지 않다.

778찬하여 말한다.

산의 복숭아와 계곡의 살구가 울타리에 비쳤는데
한 줄기 길에 봄은 깊어 두 언덕에 꽃이 피었네.
다행히도 낭군의 힘으로 한가히 수달을 잡아
마귀를 모두 서울 밖으로 쫓아냈다.[32]

주해

772○ 【惠通降龍】 이 조항은 승려 혜통(惠通)이, 그의 뛰어난 주술의 힘으로 나쁜 교룡을 굴복시킨 설화를 중심으로 서술되어 있다. 또 혜통은 일찍 입당하여 밀교(雜密)를 배워, 신라에 전하고 효소왕으로부터 국사를 임명받을 정도의 고승이었는데, 그 전(傳)은 이곳 이외는 보이지 않고, 그 출처도 미상이다.

773○ 【白衣之時】 출가 전의 속인일 때. 백의(白衣)에 대해서는 '유' 권제5·효선 제9 '진정사효선쌍미' 조(주해 878)를 참조.

○ 【南山】 '유' 권제1의 신라시조, 혁거세왕 조를 비롯해 다수 보인다. 신라 왕성의 남쪽. 지금의 경주시 배동·배반동·남산동·경주군 내남면에

28) DB. 경기도 개풍군 영남면 현화리에 있던 절.

29) DB. 전라북도 김제시 금산면과 완주군에 있는 산.

30) DB. 尊勝의 연원은 尊勝佛頂이나 尊勝陀羅尼에서 연유한 것으로 추정.

31) DB. 신라의 경위(京位) 17관등 중 최상의 관등인 이벌찬(伊伐湌)의 다른 명칭으로 이벌간(伊伐干), 우벌찬(于伐湌), 각찬(角湌), 서발한(舒發翰), 서벌감(舒伐邯)이라고도 한다.

32) DB. 마귀와 외도(外道)의 교화를 다해 서울에서 멀어졌다라고 표현했다.

걸친다. 또한 주해 759의 '남산' 항목을 참조.

○ 【銀川洞】 달리 보이지 않아 미상. 이 글에 의하면 남간사 동쪽의 집락으로, 지금의 경주시 탑동 남간집락의 동쪽에 있다.

○ 【南澗寺】 남간사는 원종흥법 조에 보인다. "문화유적총람"에는 남간사를 다음과 같이 말하고 있다.

'남간사 절터의 소재지는, 경주시 탑동으로, 나정(蘿井)에 가까운 남간집락이다. 남간사는 신라시대에, 혜통의 집이 있던 은천동 옆이었다. 지금도 남간집락에는 남간사의 것으로 생각되는, 당간지주 · 옛 우물 · 초석 등이 남아 있다. 창건연차는 미상인데, 신라의 애장왕(800-809)과 헌덕왕대(809-826)의 향분 · 예불 · 결사문을 보면, 헌덕왕 이전에 창건되었던 것 같다. 팔각대좌의 반 조각은, 직경 1.28m, 두께 23.5㎝, 석조는 길이 80㎝, 폭 40㎝이다. 절터는 민가로 되어 있으며, 초석, 축석(築石) 모두 민가에서 사용하고 있다.

773○ 【無畏三藏】 선무외삼장(善無畏三藏)은 밀교시조의 한 사람으로, 중인도에서 태어나 716년에 장안에 왔다. 당의 원종 황제는, 그의 학식을 중시하여 후하게 대우하여 홍복사 · 서명사 · 보제원 등에 살도록 했다. 735년 99세로 죽었는데, 대일경을 번역하는 등, 중국에서의 밀교의 기초를 확립한 고승이다. 그러나 혜통이 스승으로 삼았다는 무외삼장이라는 것은, 위의 선무외삼장으로 하는 것은 상당히 의문이다. 이것에 대해서 가마다 시게오는, 혜통이 당에서 귀국한 665년은 사실로 보이므로, 처음 716년에 당의 장안에 온 선무외삼장에게 혜통이 배웠다고는 생각되지 않는다. 혜통이 스승으로 모신 본문의 무외삼장은, 선무외삼장과는 완전히 별개의 인물이다. 7세기 후반에 입당하여 잡밀을 신라에 전했다는 이 '혜통강룡'의 설화는, 당의 선무외삼장을 스승으로 삼은 다른 밀교(密教)자와 혜통을 혼동한 것으로 생각된다고 말한다("조선불교사" 1987년 3월, 동대출판회).

○ 【印訣】 인결(印訣)은 '印可 · 授訣'의 약어로 보인다. 인가(印可)는 제자

의 깨달음을 스승이 인정하는 것이며, 수결은 수기라고도 하며, 장차 반드시 보리(菩提)의 결실을 얻을 수 있다고 하며, 사람들에게 이것을 믿게 하는 것을 말한다.

○【高宗】당 왕조 제3대의 황제, 재위는 649-683년이다. '유' 권제1의 말갈·발해 조를 비롯해 '유'의 각 조항에 보인다.

○【文仍林】문잉림(文仍林)은 '유' 권제3의 '황룡사장륙' 조에도 보이는데, 그 소재는 불명.

774○【鄭恭】정공(鄭恭)은 달리 보이지 않는다. 그 전(傳)에 대해서는 미상.

○【乃與恭以麟德二年乙丑還國】인덕(麟德) 2년은 을축년으로 서기 665년, 신라 문무왕 5년에 해당한다. 인덕은 당 고종조의 원호. 이 해에 혜통이 정공과 귀국한 것은 '사'에는 보이지 않는다.

○【及紳文王崩, 孝昭卽位. 修山陵】신문왕이 죽고 그 아들 효소왕(휘는 理洪)이 자리를 이은 것은 서기 692년인데, '나기'(제8) 신문왕 12년 조항에는 '秋七月. 王薨. 謚曰神文. 葬狼山東.'이라고 있다. 왕의 죽음에 대하여 '유'는 붕(崩)이라고 했고, '사'는 훙(薨)이라고 하고 있는 것으로 보더라도, '유'와 '사'의 역사편찬의 태도에 차이가 있는 것을 살필 수 있다.

다음으로 신문왕의 산릉은 앞서 말한 바와 같이 '나기' 제8 신문왕 12년 추7월에 '神文葬狼山東'이라고 있다. "문화유적총람" 중권 신라신문왕 조에 의하면, 다음과 같다. '신문왕릉은 경주시 배반동의 낭산 동남 기슭에 있다. 신라 제31대 신문왕(재위 681-692)의 능(陵)은, 사천왕사의 동쪽에, 울창한 숲속에 있다. 이 왕대는 관제가 정비되고, 문화가 매우 융성한 시기이다. 이 능의 형식은 무열왕릉보다 발달한 것이다. 봉토 끝자락에 무의를 새긴 호석을 돌단과 같이 오단정도 쌓아 올리고, 그 위를 갑석(甲石)으로 덮고 있다. 이 호석을 중심으로 삼각형으로 가공한 수십 개의 돌을 얹고 있다. 봉토의 높이는 7m이며, 직경은 10m이다. 묘역은 35,660㎡(10,673평)이다.

○【司寇】중국 주대(周代)의 관직명. 육경(六卿)의 하나로 형벌 및 경찰 업

무를 맡았다. 신라에는 사구라고 하는 관명은 없었는데, 굳이 말한다면 사정부의 사정부령이 이에 해당할까. '사' 권38 · 잡지 제7의 직관 상(직관지라고도 한다)에 사정부가 보이며, '司正府. 太宗王六年置, 景德王改爲肅正臺, 惠恭王復故. 令一人. 位自大阿湌至角干爲之. 云云'이라고 있다. 영(令)은 진골신분인 자가 맡았는데, 이 사정대(臺)는 중국의 어사대를 본뜬 관공서였다.

○ 【王望寺】 이 기사 이외는 달리 보이지 않으며 그 사적은 전하지 않는다.

775○ 【毒龍】 '유' 권제3의 '어산불영' 조에도 보인다.

○ 【國師】 주해 765 참조.

○ 【機張山】 '사' 권제34 양주 동래군 조항에 '機張縣. 本甲火谷縣. 景德王改名. 今因之.'라고 있으며, 기장현(경상남도 양산군 기장읍)의 진산(鎭山) 등을 말하는 것인가.

○ 【熊神】 '유'에는 웅신(熊神)은 보이지 않는다. 그러나 제1권 고조선 조에는 단군왕검의 모신이 웅녀이다. 또 같은 자료 고구려 조에는 고구려의 시조동명왕을 회임한 성지(聖地)가 웅신산이다. 곰을 신으로서 제사를 지내는 풍습은, 시베리아문화를 중심으로 널리 보이는데, 이 기장산의 웅신이 곰 신앙의 최남단이다.

○ 【不殺戒】 불살생계(不殺生戒). 살아 있는 것을 죽이지 말라는 규율. 나중에는 생명을 보호라고 육성한다는 적극적인 의미도 더했다. 오계의 제1, 중십중금계의 제일이 된다[中村元 "불교어대사전"(下) 참조].

776○ 【信忠】 이 조항의 신충(信忠)은 신문왕(金政明)의 재상시대의 것이라고 한다. 이 기사는 설화기사이므로 엄밀한 연차를 구하는 것은 곤란한데, '사'에 의하면 김정명은 665년 8월에 태자가 되어 있기 때문에, 그 이전부터 시작되는 설화이다. 또 신충의 신분도 장인(臧人)으로 일반 양민으로 보인다. 이것에 대해 '유' 권제5의 '신충괘관' 조에 신충에 관한 기사가 보인다. 이 신충은 737년에 즉위한 효성왕이 아직 방안에 들어 있던 시대이며, 효성왕의 입태자(724) 이전의 일과 관계되는 것이다. 또 신충

은 현사(賢士)로 불린다. 이처럼 '유' 권제5(신주 제6)과 '유' 권제5(피은 제8)의 신충은 연대차와 신분차가 있어, 양자는 동명이인으로 보인다.

○ 【奉聖寺】 '사' 권제8 신문공 5년(685) 3월에 완성된 것이다. '사' 권제38 직관 조에 봉성사의 유래를 전하고 있지 않기 때문에, 신충의 봉성사와 '사'의 봉성사가 같은 절인지 아닌지는 결정하기 어렵다.

776a ○ 【眞表傳】 승려 진표의 전기로 '유' 권제4의 진표전 간에 자세하게 나와 있다.

776 ○ 【祈怨堂】 달리 보이지 않아 미상.

777 ○ 【明朗】 '유' 권제2의 '문호왕법민' 조, 같은 자료 권제4의 '이혜동진' · 同 '의상전교' 등의 각조에 보인다. 자세한 것은 '유' 권제5의 '명랑신인' 조를 참조.

○ 【龍宮】 용궁에는 두 가지 의미가 있다. 그 하나는 '유' 권제2의 '문호왕법민' 조나 다른 조에 보이듯이, 신성한 동물인 용의 궁전이라는 신화적인 표현이다. 다른 하나는 '유' 권제3의 '가엽불연좌석' 조나 같은 자료 '황룡사장륙' 조 · '황룡사구층탑' 조 등에 보이는 것처럼, 경주시 구황동의 황룡사 절터의 북쪽을 가리키는 예가 있다.

777a ○ 【豆婁】 '유' 권제2 '문호왕법민' 조(주해 268)에 보이는 문두루의 생략어. 문두루는 빈두로(賓頭)(불제자, 십육나한의 제일)을 말한다. 빈두로는 산스크리트어 Piṇḍola Bhāradvāja의 음 전사인 빈두로, 발라타도, 빈두로돌라각, 빈두로파라타, 빈도라발라타도 등의 약어이다.

777 ○ 【神遊林】 '유' 권제2의 '문호왕법민' 조 · '유' 권제3의 '아도기라' 조 등에 보인다.

[779]명랑신인

明朗神印

[780]按金光寺本記云. "師挺生新羅, 入唐學道. 將還, 因海龍之請. 入龍宮. 傳秘法. 施黃金千兩, [a]一云千斤. 潛行地下. 湧出本宅井底. 乃捨爲寺. 以龍王所施黃金飾33)塔像. 光曜殊特, 因名金光焉. [b]僧傳作金羽寺, 誤. [781]師諱明郎, 字國育, 新羅沙干才良之子. 母曰南澗夫人, 或云法乖34)娘, 蘇判茂35)林之子金氏, 則慈藏之姝36)也. 三息. 長曰國教大德, 次曰義安大德, 師其季也. 初母夢呑青色珠. 而有娠. [782]善德王元年. 入唐, 貞觀九年乙未. 來歸. 總章元年戊辰. 唐將李勣統大兵. 合新羅. 滅高麗, 後餘軍留百濟. 將襲滅新羅. 羅人覺之. 發兵拒之, 高宗聞之赫怒. 命薛37)邦. 興師將討之. 文武38)王聞之懼, 請師開秘法禳之. [a]事在文武王傳中. 因玆爲神印宗祖. [783]及

33) 규장각본, 범어사소장본, 고려대본. DB. 餙. 고증. 飾.
34) 고증. 乖(乘).
35) DB. 고려 2대 임금 惠宗의 이름인 武를 피휘.
36) DB. 姝의 오기. 고증. 妹.
37) 고증. 薛. DB. 薛의 오기. 규장각본, 범어사소장본, 고려대본. 薛.

我太祖創業之時. 亦有海賊來擾, 乃請安惠·朗融之裔廣學·大緣等二大德作法禳鎭,39) 皆朗之傳系也. 故幷師而上至龍樹爲九祖, [a]本寺記三師爲律祖, 未詳. 又太祖爲創現聖寺. 爲一宗根柢焉. 784又新羅京城東南二十餘里有遠源寺, 諺傳. 安惠等四大德. 與金庾信·金義元·金述宗等同願所創也. 四大德之遺骨皆藏寺之東峰, 因號四靈山祖師嵓云. 則四大德皆羅時高德. 按堗白寺柱貼注脚載. 慶州戶長巨川母40)阿之女, 女母明珠女, 女母積利女之子廣學大德·大緣三重, [a]古名善會. 昆季二人. 皆投神印宗. 以長興二年辛卯.41) 隨太祖上京. 隨駕焚修. 賞其勞. 給二人父母忌日寶于堗白寺. 田畓若于結云云. 則廣學·大緣二人. 隨聖祖入京者, 安師等. 乃與金庾信等創遠源寺者也. 廣學等二人骨亦來安于玆爾, 非四德皆創遠源皆隨聖祖也. 詳之.

풀이

779명랑신인(明朗神印)

780"금광사본기"를 살펴보면 다음과 같다. "법사42)는 신라에서 태어나 당에 들어가 도학(道學)을 배웠다. 이제 돌아오려 하는데, 곧 해룡의 청으로 인해 용궁에 들어가, 그곳에서 비법을 전수받고, 황금 1,000냥 [a]혹은 1,000근이라고도 한다.을 받아 몰래 땅 밑으로 가서, 신라의 자기 집 우물 바닥으로 솟아 나왔다. 이에 집을 희사하여, 절로 만들어

---

38) 규장각본, 고려대본. 武. 범어사소장본에는 武(오른 쪽 점이 없다). DB. 고려 2대 임금인 惠宗의 이름 武를 피휘하기 위해 결획하였다.

39) 고증. 乃請安惠朗融之裔廣學, 大緣等二大德. 作法禳鎭.

40) 고증. 毋(母)로 표기. 이하 같다.

41) DB. 신석(辛夘)으로 표기.

42) 고증에는 명랑(明朗).

서 용왕이 보시한 황금으로, 탑과 불상을 꾸몄더니 광채가 특별하였다. 이로 인하여 금광이라 이름하였다. [b]"승전"43)에는 금우사라 되어 있는 것은 잘못이다.

781법사의 휘는 명랑이고 자는 국육(國育)으로, 신라 사간 재량의 아들이다. 어머니는 남간부인인데, 혹자는 법승랑44)으로 소판45)무림의 딸 김씨이며, 곧 자장의 누이라고 한다.46) 세 자식47)이 있었는데, 큰아들은 국교대덕, 둘째 아들은 의안대덕48)이고, 법사는 그 막내아들이다. 법사의 탄생은, 어머니가 청색구슬을 삼키는 꿈을 꾸고 임신하였다고 한다.

782명랑법사는 선덕여왕 원년(632)에 당에 들어갔다가, 정관 9년 을미(635)에 귀국하였다. 총장 원년 무진(668)에 당나라 장수 이적(李勣)이 대병을 이끌고, 신라와 합세하여 고구려를 멸망시켰다. 그런데 그 후에 남은 군사를 백제에 잔류시키고, 이제라도 곧 신라를 공격하여 멸망시키려 하였다. 신라인들이 그것을 알고 병사를 내어서 그것을 막았다. 당의 고종이 그것을 듣고 크게 노하여 설방49)에게 명하여 병사를 일으켜 장차 치고자 하였다. 문무왕은 그것을 듣고 두려워하여 법사에게 비법을 열어 그것을 물리쳐 달라고 청하였다. [a]이 일은 문무왕전

43) DB. 고려의 승려인 각훈(覺訓)이 편찬한 "해동고승전".
44) DB. 많은 연구자들이 '法乘娘'으로 판독하고 있으나 '乘'보다는 고유명사인 만큼 판독 그대로 '괴(乖)'로 보는 것이 올바른 듯하다.
45) DB. 신라 17관등 중 3위인 잡찬(迊飡). 迊判 또는 迊干, 迎干.
46) 고증에는 뒤에 '분명 자장(慈藏)의 여동생에 해당한다.'라는 글이 추가되어 있다.
47) 고증에는 앞에 '才良沙干'이 추가.
48) DB. 문무왕 14년(674)에 大書省으로 임명된 義安法師를 말함인 듯하다.
49) DB. 薛仁貴를 가리킨다. 唐 太宗의 요동 정토의 役에 응모하여 뛰어난 공을 세우고 右領軍中郎將이 되었다.

안에 실려 있다. 이로 인하여 신인종의 개조가 되었다.

783우리 태조(왕건)의 창업 때에 이르러서, 또한 해적이 와서 근심이 되니, 이에 신라의 안함(安含)·혜통(惠通)·명랑(明朗)·융천(融天)師[50]의 계통을 잇는 광학·대연[51] 등 두 대덕에게 청하여 법을 만들어 진압하게 하였는데, 모두 명랑 계통이었다. 그러므로 법사를 아울러 위로 용수[52]에 이르기까지 9조(祖)로 삼았고, [a]"본사기(本寺記)"에는 3사(師)가 율조가 되었다고 하나 자세하지 않다. 또한 태조가 그를 위해 현성사[53]를 창건하여, 한 종지[54]의 근본도장으로 삼았다.

784또한 신라 서울 동남쪽 20여 리에, 원원사[55]가 있는데 언전[56]에는, "안혜 등 네 대덕이 김유신·김의원·김술종 등과 함께 발원하여 창건한 바이라 한다. 네 대덕의 유골은 모두 절의 동쪽 봉우리에 안장되어 있고, 이로 인하여 사령산 조사암이라고 부른다."고 말한다. 네 대덕은 곧 신라시대의 덕이 높은 사문이었던 것을 알 수 있다. 나아가 돌백사 '주첩주각'[57]에 실린 것을 살펴보면 다음과 같다. "경주 호

---

50) DB. 통일신라시대의 신인종 승려인 안혜와 낭융으로 파악된다. 또는 安含, 惠通, 明朗, 融天師로 추측하기도 한다.

51) DB. 고려 초기의 신인종의 고승으로 왕건의 통일사업에 참가하여 문두루비법으로 해적의 침입을 막는 데 일조한다.

52) DB. 불멸 후 600-700년경의 인도 불교학자이다. 대승불교를 연구하여 그 기초를 확립하였고, 저서로는 "中論"·"廻諍論"·"大智度論"·"十住毘婆沙論" 등이 있으며 "中論"에서 확립된 '空' 사상은 이후 모든 불교사상에 깊은 영향을 끼쳤다.

53) DB. "高麗史" 世家2 太祖 19년 조에 의하면, 현성사는 936년에 창건되었다.

54) 고증에는 一宗(神印宗).

55) DB. 경주시 외동읍 모화리에 있던 절로, 현재 옛 절터의 밑에 새로 지은 소규모의 절이 있다.

56) 고증에는 '이 지방의 전해지는 말로는'으로 표현.

57) DB. 柱貼은 고려대 상급 관청에 올리거나 또는 상급 관청에서 내린 왕복 공문서를 가리킨다. 본문은 상부에서 堗白寺에 내린 공문에 세부사항을 註記한 내용을 첨가한 것이다. 고증에는 '돌백사 기둥에 남아 있는 첩서(貼書)의 주각(注脚)에 적혀 있는 것에 의하면'.

장[58] 거천의 어머니는 아지녀이고, 그 여자의 어머니는 명주녀이고, 그 여자의 어머니는 적리녀로, 적리녀의 아들은 광학대덕과 대연삼중 [a]옛 이름은 선회이다.이다. 형과 동생[59] 두 사람이 모두 신인종에 투신하였다. 장흥 2년(태조 14년, 931) 신묘에, 태조를 따라 서울로 올라와서 임금의 행차를 따라다니며, 분향하고 수도하였다.[60] 그 노고를 포상하여, 두 사람 부모의 기일보(忌日寶)[61]로, 돌백사에 논밭 몇 결을 지급하였다."고 한다.

곧 광학·대연 두 사람은, 태조를 따라 입경한 사람이고, 안혜사 등은 곧 김유신 등과 더불어 원원사를 창건한 사람이다. 광학 등 두 사람의 유골 또한 여기에 와서 안치했다고 말할 뿐이고, 네 대덕이 모두 원원사를 세우고, 모두 태조를 따른 것은 아니다. 이러한 것은 좀 더 자세히 살펴봐야 한다.

주해 **779**○ 【明朗】 명랑은 7세기의 신라승려로, 632년에 입당하고 3년 후에 귀국했다. 그는 밀교의 발전에 기여했으며, 669년 이후의 당 군사에 의한 신라 침략을 신인(神印)이 비법으로 격퇴시켰다. 자세한 것은 '유' 권제2

58) DB. 고려, 조선시대 鄕吏職의 우두머리.

59) 고증에는 '형인 광학(廣學)과 동생 대연삼중 두 사람은'.

60) DB. 이는 廣學, 大緣이 931년(태조 14) 태조가 경주를 방문하고 돌아올 때 따라온 사실을 말함이다. 고증에는 '왕의 어가(御駕)를 따라 게송(偈頌)을 외우고 경문을 읽으며, 일행의 위의(威儀)를 꾸몄다.'

61) DB. 寶는 佛·法·僧을 三寶라고 한 것에서 그 어원을 찾을 수 있다. 寶는 사원에 시주된 錢穀을 기본재산으로 하면서 이를 대부하여 얻어지는 이자로 각종 불교행사의 비용을 충당하고, 나아가 빈민구제나 질병구제 등 사회사업에도 이용하였다. 忌日寶는 寶에서 얻어진 이식으로 忌日의 제사 비용을 충당한 것이다.

'문호왕법민' 조 참조. 이 조항에서는 명랑법사가 이끄는 신인종의 활약과 이 종파의 발전을 기술하고 있다.

780○ 【金光寺】 이 절은 신인종 개조인 명랑법사가 자택을 희사하여 세운 절로, 이 종파의 근본도장이 되었다. 금광사 절터는 두 설이 있으며, 경주시 탑정동 식혜곡이라는 북안설과 그 남방나정과 남간사 절터 사이라고 하는 설이 있다.

○ 【海龍】 '유' 권제1 '제4 탈해왕' 조 주해 151-154, 같은 자료 제2 '만파식적' 조 주해 277-280 참조.

○ 【龍宮】 '유'에서는 용궁을 두 가지 의미로 사용하고 있다. 하나는 '유' 권제2 '문호왕법민' 조에 보이듯이, 해룡들이 사는 궁궐이라는 의미이다. 또 하나는 같은 자료 제3 '아도기라' 조나 '가엽불연좌석' 조 등에 보이듯이, 분황사 · 황룡사(경주시 구황동)의 지역설이 있다. 이곳에서는 앞의 의미로 쓰고 있다.

780b○ 【金羽寺】 미상.

781○ 【沙干】 신라관위[62] 제8등 관위 사찬의 다른 말로, 진흥왕황초령비 · 마운령비(모두 568년 건립)에 보이며, '유'에서도 권제2 가락국기 조 등에 보인다.

○ 【蘇判】 신라관위 제3등 관위. 잡찬, 잡판이라고도 한다.

명랑법사의 계보

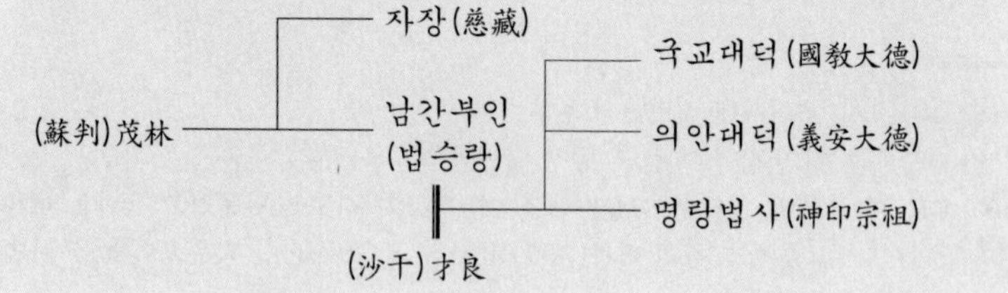

○ 【義安大德】 '나기' 제7 문무왕 14년(674) 9월, '의안법사에게 명하여 대서

62) 고중에는 '신라경관위(新羅京官位)'.

성으로 삼았다.'라고 있다. 대서성은 진흥왕대(540-576)에 설치된 사원이나 종교단체를 통괄하는 승관직이다.

○ 【夢呑青色珠, 而有娠】 감정형의 시조신화이다. '논형'·'위략'의 부여국 시조신화나, '여기'의 시조신화·"고사기"의 신라왕자 아메노히보코의 탄생전설 등은, 일광감정형 신화인데, 이곳에서는 햇빛(日光)이 파란색(青色), 구슬(珠)로 변화했다. 혹은 한족(漢族)의 시조신화에 의한 성신감정 신화의 영향이나, 제우출탄신화의 구슬을 삼키는 신화 등의 영향에 의한 것으로 생각된다.

782 ○ 【善德王元年, 入唐】 '나기' 제5, 선덕왕 원년(632) 조에는 '十二月, 遣使人店朝貢.'이라고 있다. 명랑은 신라사절과 함께 입당했던 것으로 보인다. 또한 이해는 당의 정관 6년에 해당한다.

○ 【貞觀九年乙未】 '나기' 선덕왕 4년(635) 조항에 '唐遣使持節. 冊命王爲柱國樂浪郡公新羅王. 以襲父封.'이라고 있다. 명랑은 이때 사절을 따라 귀국했을 것이다. 정관은 당 태종 조의 원호.

○ 【總章元年戊辰】 서기 668년·신라 문무왕 8년. 총장은 당 고종 조의 원호.

○ 【李勣】 669년에 죽은 당의 명장으로, 645년 제2차 고구려 침범 이후, 고구려를 멸망시키는 데 진력을 가했다. 자세한 것은 고증 상권 '대종춘추공' 조의 주해 249a를 참조.

○ 【高宗】 628-683년, 당 제3대 황제. 아버지 태종의 뒤를 이어 영토확장에 진력을 다해, 백제, 고구려를 멸했다. 그러나 신라의 반격으로, 당 세력은 조선반도에서 철퇴했다. 고종의 황후는 유명한 측천무후이다.

○ 【薛邦】 설방(薛邦)은 당 장군 설인귀를 말한다. 자세한 것은 고증 중권 '문호왕법민' 조의 주해 267을 참조.

○ 【文武王聞之懼, 請師開秘法禳之.】 주기(注記)와 같이 '유' 권제2 '문호공법민' 조에 보인다. 또한 주해 268을 참조.

○ 【神印宗】 신인종(神印宗)은 신라의 명랑법사가 632년에 당에 갔다가, 귀국 후 창립한 불교의 한 종파이다. 진언종의 다른 파로서 근본도장은 금

광사나 원원사 등이다. 고려왕조의 광학이나 대연은, 신인종의 고승이다. 이 종파는 조선왕조에도 이어졌다.

783○ 【安惠朗融】 통일신라의 신인종 4인의 고승으로 안함 · 혜통 · 명랑 · 융천사를 말한다.

○ 【廣學. 大緣】 安 · 惠 · 明 · 融의 신인종을 계승한 고려초기의 고승. 고려 태조의 건국사업에 참여하고, 신인종의 비법으로 해적의 침입을 막았다. 이 일로 고려왕조에게 중요시되었다. 이 조항에서는 광학이나 대연이 원원사를 창건했던 것처럼 적고 있는데, 김유신 등과 함께 이 절을 창건했다고 하는 것이나, 절터의 유물로부터도 시기가 달라 이 기술에 의문이 있다.

○ 【龍樹】 2세기 중엽부터 3세기 후반경의 인도의 불교철학자이다. 소승불교의 각파의 교의에 정통하며, 한편 대승불교의 이론적 기초를 다진 최초의 사상가이다. 그래서 대승불교의 시조로 추앙받으며, 일본에서는 '팔종(八宗)의 조사(祖師)'라고 한다.

784○ 【遠源寺】 원원사는 원원사(遠願寺)라고도 하며, 그 유적은 경상북도 경주군 외동읍에 있다. 이 기사의 속전은, 10세기 고려 초기에 활약한 광학 · 대연 등과 7세기 후반에 활약한 김유신 등이 발원을 함께하여, 이 절을 창건했다고 하고 있기 때문에, 이 속전에는 의문을 가진다. 원원사 절터에는 석탑 · 석등 · 금당 터 · 강당 터 등이 있으며, 이들은 8세기 말에서 9세기 초두의 것으로 보이기 때문이다. 또 '사'와 '유'에 722년에, 원원사 남쪽에 일본의 적이 침입하는 것을 막기 위해, 모벌군성을 쌓았다고 되어 있다. 그 후 8세기에는 일본군의 침입이 전해졌기 때문에, 이러한 일과 원원사의 창건을 묶어서, 일본군의 침입을 저지하기 위해 만들어진 것이라고 하는 설이 유력해진다.

○ 【金庾信】 595년에 금관가라국왕의 자손으로 태어나, 신라의 무장으로서 통일전쟁을 완수하고, 673년에 죽었다. 자세한 것은 '유' 권제1 '김유신' 조항 및 '김유신' 조의 주해 227 이하를 참조.

○ 【金義元. 金述宗】 미상.

○ 【四靈山】 "동경잡기"에 의하면, 경주부의 동쪽 50리 되는 곳에, 신라시대에 4인의 성스런 승려가 남쪽 봉우리에 살며, 봉황(鳳凰)새가 북쪽 봉우리에 머물고 있었기 때문에, 남쪽 봉우리를 사성산(629m), 북쪽 봉우리를 봉서산(645m)라고 이름을 붙였다는 속전을 싣고 있다. 지금은 삼대봉이라고 하며, 그 서쪽 기슭에는 원원사가 있다. 이 사성산은 '유'의 사령산을 말한다고 "경주시지(誌)"에 실려 있다.

○ 【祖師嵓】 미상.

○ 【堗白寺】 931년에 신인종의 고승 광학대덕과 대연대덕이 고려태조를 따라 상경했을 때, 불법을 닦고, 재앙을 막은 공적으로, 이 돌백사를 신인종의 근본도장으로서 창건했다고 되어 있다. 그러나 그 절의 위치나 홍폐(興廢)연차 등은 미상.

○ 【柱貼】 아유가이 후사노신의 "잡고"(제6집 하편)에 "고려조에서 '위 관청에서 보내는 포고(布告)문' 통달문을 '첩(貼)'이라고 한 것, 여사형법공첩상통식에 규정되어 있는 대로이다. 이 말도 신라대로 거슬러 올라가야 하는 것. 삼국유사, 고려 초의 기사에 나와 있는 것에 의한 것은 분명하다. 그래서 '柱貼'이라고 하는 말은, 예나 지금이나 위에서 보내는 포달(布達)문은 기중에 붙이는 것인가. 그래서 이 의미에서 바뀌어 지령, 증명, 유달 등 관공문을 말하는 것인가. …"라고 한다. 따라야 할 것이다.

○ 【戶長】 호장(戶長)은 고려 · 조선 두 왕조 때, 지방의 관직의 장(長)을 말한다. 983년에 고려 성종이 지방 호족을 통제하고, 중앙집권 체제에 넣으려고 했다. 그러나 당시의 지방 호족은 세력이 강했기 때문에, 자치적인 성격을 부여하여 호장을 정점으로 하는 지방관직의 자주성도 인정했다.

○ 【長興二年辛卯】 서기 931년. 신라 경순왕 5년, 고려 태조 14년에 해당한다. 또 장흥은 중국오대의 후당 명종 조의 원호.

○ 【父母忌日寶】 보(寶)는 신라이래, 사원 · 학교 · 지방관청 등이 주최하는 공적인 고리대 기관을 말하며, 이곳에서 얻은 이자는, 각종 공공사업의

자금으로 충당했다. 부모기일보는 그 뜻으로 아마 부모의 영대공양료와 유사했다고 추측한다.

○ 【田畓】 전(田)은 밭, 답(畓)은 논을 말하며, 농경지를 의미한다. 답(畓)은 조선문자이다.

○ 【結】 결(結)은 조선 독자의 농지면적의 단위이다. 고려 중기까지의 결(結)은 중국의 경(頃)과 같은 의미라고 하는 설이 유력하다. 그러나 1경(頃)의 넓이는 1.5헥타르에서 6헥타르까지 여러 설이 있다. 자세한 것은 '유' 권제3 '대산오만진신' 조항 및 고증 중권을 참조,

○ 【聖祖】 이곳의 성조(聖祖)는 고려 태조를 가리킨다.

감통 제7
感通 第七

[785]감통 제7

感通第七

[786]선도성모수희불사

仙桃聖母隨喜佛事

[787]眞平王朝. 有比丘尼名智惠. 多賢行. 住安興寺. 擬新修佛殿而力未也. 夢一女仙風儀婥約. 珠翠餙鬟. 來慰曰. 我是仙桃山神母也. 喜汝欲修佛殿. 願施金十斤以助之. 宜取金於予座下. 糚點主尊三像, 壁上繪五十三佛. 六類聖衆. 及諸天神. 五岳神君 [a]羅時五岳謂, 東吐含山, 南智異山, 西雞龍, 北太伯, 中父岳亦云公山也. 每春秋二季之十日. 叢會善男善女, 廣爲一切[63]含靈. 設占察法會以爲恒規. [b]本朝屈弗池龍託夢於帝請於靈鷲山長開藥師道場□平海途, 其事亦同. 惠乃驚覺, 䢦[64]徒往神祠座下. 堀得黃金. 一百六十兩, 克就乃功, 皆依神母所諭. 其事唯存. 而法事廢矣. [788]神母本中國帝室之女. 名娑蘇, 早得神仙之

---

63) 규장각본, 범어사소장본, 고려대본. 扨.
64) 고증에는 솔(率). DB. 규장각본, 범어사소장본, 고려대본. 率(率).

術. 歸止海東. 久而不還. 父皇寄書繫足云. 隨鳶所止爲家. 蘇得書放鳶. 飛到此山而止. 遂來宅爲地仙. 故名西鳶山. 神母久據玆山. 鎭祐邦國. 靈異甚多, 有國已來. 常爲三祀之一, 秩在群望之上.65) 第五十四景明王好使鷹, 嘗登此放鷹而失之. 禱於神母曰, 若得鷹. 當封爵. 俄而鷹飛來止机上, 因封爵大王焉. 789其始到辰韓也. 生聖子爲東國始君, 盖赫居. 閼英二聖之所自也. 故稱雞龍. 雞林. 白馬等. 雞屬西故也. 嘗使諸天仙織羅. 緋染作朝衣. 贈其夫, 國人因此始知神驗. 790又國史史臣曰. 軾政和中嘗奉使人宋, 詣佑神舘. 有一堂設女仙像. 舘伴學士王黼曰, 此是貴國之神, 公知之乎. 遂言曰, 古有中國帝室之女. 泛海抵辰韓, 生子爲海東始祖, 女爲地仙. 長在仙桃山, 此其像也. 又大宋國使王襄到我朝. 祭東神聖母女.66) 有娠賢肇邦之句. 今能施金奉佛. 爲含生. 開香火. 作津梁, 豈徒學長生而囿於溟濛者哉. 791讃曰. 來宅西鳶幾十霜. 招呼帝子織霓裳, 長生未必無生異, 故謁金仙作王皇.

풀이 785감통 제7(感通第七)

786선도성모수희불사(仙桃聖母隨喜佛事)67)

787진평왕대에 지혜라는 비구니68)가 있었는데, 어진 행실이 많았다. 안흥사에 살면서 새로 불전(佛殿)을 닦고자 하였으나 힘이 모자랐다. 꿈에 한 여선(女仙)이, 외양이 아름답고 구슬로 쪽머리를 장식하였는

65) 고증. 山(上). DB. 上. 규장각본, 범어사소장본, 고려대본. 山.
66) 규장각본, 범어사소장본, 고려대본. 母女. 고증. 女(文). DB. 文의 오기로 보인다.
67) DB. 隨喜는 불교적으로 타인이 선한 행위를 닦아 덕을 이루는 것을 기뻐하는 것.
68) 고증에는 '구족계(具足戒)를 받은 여승'이라는 글을 보탰다.

데, 와서 위로하여 말하였다. "나는 선도산[69] 신모(神母)이다. 네가 불전을 닦고자 하는 것이 가상하여, 금 10근을 보시하여 돕고자 하니, 마땅히 나의 자리 밑에서 금을 취하여, 주존과 삼상[70]을 장식하고, 벽 위에 53부처[71]와 육류성중 및 여러 천신(天神), 오악신군[72]을 그리고, **a**신라시대의 오악은 동쪽 토함산, 남쪽 지리산(智異山), 서쪽 계룡산, 북쪽 태백산, 중앙 부악[73] 또는 공산이라고 한다. 매년 봄과 가을 두 계절 10일 동안, 선남선녀를 다 모아 널리 일체 중생을 위하여 점찰법회를 여는 것을 항규로 삼아라. **b**본조의 굴불지 용이 꿈에 가탁하여 황제에게 영취산에 약사도량을 길게 열어서 바닷길을 편안하게 해 달라고 청했는데 그 일과 또한 비슷하다."

지혜가 곧 놀라 깨어 무리를 이끌고 신사(神祠)의 자리 밑에 가서 땅을 파서 황금 160냥을 얻었고 잘 따라서 곧 완성하였으니[74] 모두 신모가 이끈 대로 하였다. 그 사적은 남아 있으나 불사는 폐지되었다.

788신모는 본래 중국 황실의 딸이다. 이름은 사소라고 했다. 일찍이 신선의 술법을 익혀, 해동(조선)에 와서 오래 머물고 돌아가지 않았다. 아버지 황제가 솔개의 발에 묶어 서신을 보냈다. "솔개를 따라가서 멈춘 곳을 집으로 삼아라." 사소가 서신을 받고 솔개를 놓아주니 날아서 이 산에 이르러 멈췄다. 드디어 와서 살고 지선(地仙)이 되었다. 따라서 산 이름을 서연산[75]이라 이름하였다. 신모는 오래 이 산

---

69) DB. 경상북도 경주시 서쪽 서악동에 있는 산이다.
70) DB. 석가불과 지장보살, 미륵보살의 삼존상으로 보인다.
71) DB. 점찰법회가 언급되는 부분이므로 이는 "占察經" 卷上("大正藏" 第17, 經集部4, 903쪽)에 기록된 오십삼불로 추정된다.
72) DB. 신라 통일 전쟁기 이전의 오악의 신군으로 보인다.
73) DB. 대구의 팔공산.
74) DB. 선도산 성모가 불전을 수리하도록 도움을 주었다는 점이 巫·佛 융화가 어떻게 이루어졌는지를 보여 준다.

에 살면서 나라를 지켰는데, 신령한 일이 매우 많아서, 국가가 생긴 이래로 항상 삼사(三祀)[76]의 하나가 되었고, 서열도 여러 망(望) 제사의 위에 있었다.[77]

제54대 경명왕이 매사냥을 좋아하여, 일찍이 이 산에 올라 매를 놓았으나 잃어버렸다. 신모에게 기도하여 말하기를, "만약 매를 찾으면 마땅히 작호를 봉하겠습니다."라고 하니 잠시 뒤 매가 날아와서 책상 위에 멈추었다. 이로 인하여 신모에게 대왕이라는 작위에 봉하였다.[78]

789사소는 처음에는 진한에 왔던 것이다. 그곳에서 성자(聖子)를 낳아 동국의 첫 임금이 되었다고 한다. 생각건대 혁거세와 알영 이성(二聖)의 탄생 이야기도, 사소신모(神母)와 관련될 것이다. 혁거세 탄생에 나오는 계룡·계림·백마 등의 계(雞)는, 방위로 서쪽으로 통하기 때문이다.[79] 일찍이 사소는 여러 천선으로 하여금 비단을 짜게 하여, 비색(緋色)으로 물들여 조복(朝服)을 만들어, 그 남편에게 주니 국인들이 이로 인하여 사소의 신이한 영험을 알았다.

790또한 국사의 편찬관인 사신은 다음과 같이 말하였다.[80] 김부식이 정화(1111-1117) 연간에, 일찍이 사신으로 송(宋)나라에 들어갔는

---

75) DB. 선도산은 신라에서 西鳶, 西述, 西兄이라고도 불렸다.

76) DB. 大祠·中祠·小祠를 말한다("삼국사기" 卷32 잡지 제1 제사조) 대사·중사·소사는 각각 왕경, 국토, 지역을 방호하는 개념으로 설정되었으며, 따라서 대사중사·소사에 설정된 명산대천에는 산성이나 토성이 설치되었다는 견해가 있다.

77) 고증에는 '수많은 산천의 제사 가운데에서도 가장 높은 서열에 놓였다.'라고 표현했다. DB. "史記"에 望秩於山川이라는 기록이 있다.

78) DB. 대왕으로 책봉하였다.

79) DB. 대개 혁거세와 알영 이성(二聖)이 나온 바이다.

80) DB. 국사에서 사신(史臣)이 말하였다.

데, 우신관에 가니 한 당(堂)에 여선상이 모셔져 있었다. 관(館)의 안내역을 맡은 왕보[81]가, 김부식을 향하여 말하기를 "이것은 귀국의 신인데 공은 아는가?"라고 하였고 이어서 말하기를 "옛날에 중국 황실의 딸이, 바다를 건너 진한(辰韓)에 닿아서 아들을 낳았는데 해동의 시조가 되었고, 딸은 토지의 선녀가 되어 오랫동안 선도산에 있었으니, 이것이 그 상(像)이다."라고 하였다.

또한 송나라 사신 왕양이 우리나라(고려)에 와서 동신성모를 제사지냈는데, 그 제문(祭文)에 "어진 이를 낳아 나라를 세웠다."라는 구절이 있었다.

지금 선도성모가 베푼 금으로 부처를 받들고, 온 나라 사람들이 향불을 올려, 불문에 들어가는 길을 열어, 강을 건너는 진(津)이 되고 양(梁)이 되었다. 이렇게 보면 선도성모는 그저 허무하게 장생만을 바라는 신선의 술법만을 배워, 몽매한 선경에 얽매여 있었다고 말할 수 있겠는가.[82]

791찬하여 말한다.

서연산에 와서 살기 몇십 년이던가.

천제(天帝)의 자식을 불러 무지개(霓)와 같은 치마폭(裳)을 짰다[83]

장생술도 영이(靈異)함이 없지 않았지만

그래서 금선(金仙)[84]을 뵙고 옥황(玉皇)[85]이 되었네

---

81) DB. 관반학사(館伴學士) 왕보(王黼).

82) DB. 지금 능히 금을 보시하여 부처를 받들고 중생을 위하여 향화(香火)를 열어 진량(津梁)을 만들었으니 어찌 장생법(長生法)만 많이 배워서 몽매함에 얽매어 있을 것인가.

83) DB. 천제의 여인 불러 예상을 짰다.

84) DB. 부처.

85) DB. 옥황상제.

주해 785○【感通第七】'유'의 9편 가운데 7번째 편목(篇目)이다. 이곳에는 '선도성모수희불사' 이하 10편의 근행감응의 고전승을 담고 있다.

786선도성모수희불사(仙桃聖母隨喜佛事)

787○【安興寺】안흥사 절터는 선도산(仙桃山) 정상에 있는 성모사(祠)에서, 그다지 떨어져 있지 않은 것으로 보인다. 선도산 남쪽 기슭에는, 탑신에 인왕상이 새겨진 삼층의 석탑이 있다. 이 유적은 영경사 절터라고 한다. 그러나 선도산 북쪽 기슭에 세 마애불이 있으며, 그것은 매우 정교한 것으로, 이것을 영경사 절터라고 하고, 전자(前者)는 안흥사 절터라고 하는 설도 있다.

○【仙桃山神母】선도산신모는 선도산의 산신이다. 선도산은 경주시 서악동에 있다. 그 다른 이름으로, 서악 · 서술산 · 서형산 · 서연산 등이 있으며, 높이는 381m이다. 이 신모에 대해서는 '신라시조 혁거세왕'의 주해 120d를 참조.

○【主尊三像】사원의 중심을 이루는 불상 삼체(三體)를 말한다. 본존에 석가여래상, 협시(脇侍)에 문수 · 보현 두 보살상을 안치한 석가삼존상, 약사여래상을 본존을 하고, 협시로 일광 · 월광 두 보살상을 놓은 약사삼존상, 아미타여래상을 가운데에 놓고, 재우에 관음 · 세지(勢至) 두 보살상을 동반한 아미타삼존상 등이 많다.

○【五十三佛】관약왕(觀藥王) · 약상(藥上) 두 보살 전에 보이는 과거 53불(佛)을 말한다.

○【六類聖衆】6종류의 성스런 부처를 말하는가. '유' 권제2의 '대산월정사오류성중'을 참조.

○【五岳神君】다섯 개의 성스런 산의 산신. 중국의 오악(五岳)은 태산(東岳, 山東省) · 화산(西岳, 陝西省) · 형산(南岳, 湖南省) · 항산(北岳, 山西省) · 숭산(中岳, 直隸省)이며, 이 산악신앙이 신라에 전해져 신라 오악이 된다. 그러나 신라의 오악은 국가제사인 중사(中祀)에 놓이고, 중국의 오악과 약간 성격이 다르다.

787a○ 【吐含山】 신라의 국가제사인 중사의 오악인 동악(東岳)을 말한다. 지금의 경상북도 경주군 양북면에 있다. 고증상권 '제4 탈해왕' 조항의 주해 155를 참조.

○ 【智異山】 신라오악 가운데 남악(南岳)으로 지리(地理)산이라고도 한다. 지금의 경상남도 산청군 삼장면, 야천면, 함양군 마천면, 화개면에 있다. 고증 중권 '가락국기' 조항의 주해 433을 참조.

○ 【雞龍】 계룡(鷄龍)은 신라오악의 서악(西嶽)에 해당한다. 지금의 충청남도 공주군 계룡군 · 반포면 · 논산군 두마면에 있다.

○ 【太伯】 태백산은 신라오악의 북악(北岳)에 해당. 지금의 강원도 태백시, 경상북도 봉화군 석포면에 있다. 조선시대에는 태백산이 각지에 있었으며, 고증 상권 '고조선' 조항의 주해 7b의 태백산이나 '말갈 발해' 조항의 주해 54a 등의 태백산과는 다른 산이다.

○ 【父岳】【公山】 신라오악의 중악(中嶽). 부악(父嶽)은 오악의 명칭으로, 통칭은 공산(公山)이다. 공산은 지금의 경상북도 대구시 동구, 칠곡군 부계면 · 신영면 · 청통면, 경산군 와촌면에 있으며, 팔공산이라고도 한다. 고증 상권 '후백제 견훤' 조항의 주해 412를 참조.

787○ 【占察法會】 "점찰선악업보경" 2권을 설교하기 위한 집회를 말한다. 이 경문은 중국에서 만들어진 위경(僞經)이라고 하며, 불법에 익숙하지 않은 사람들에 대해 방편으로서 점이 통죽을 인정한 것이다. 점찰법회는 신라에서 자주 열렸던 것 같으며, '유' 권제3 '대산오창진신' 조 · 권제4 '원광서학' · '사복불언' · '진표전간' · '관동풍악발연수석기' 등에 관련 기사가 보인다.

787b○ 【屈弗池】 현재의 경상남도 울산시에 있던 연못 이름. '유' 권제5 '낭지승운 보현수' 조항에 자세한 기사가 있으니 그곳으로 미룬다.

○ 【靈鷲山】 현재의 경상남도 울주군 청량면 · 삼동면 · 범서면에 걸치는 문수산을 말하는가. 고증중권 '처용랑 망해사' 조의 주해 340, 345 및 '유' 권제5 '낭지승운 보현수' 조항을 참조.

788○ 【神仙】【地仙】 신선(神仙)은 신라의 고유신앙이며, 지선(地仙)은 그 가운데 산악신앙이나 토지의 신앙 등 지역을 강조한 것이다. 신라의 신선 신앙은 중국의 신선설을 부분적으로 받아들이고 있다. 예를 들면 중국의 신선설 가운데, 서왕모신앙에 영향을 받은 것으로, 이 선도산성모의 신앙이 있다. 또 신라의 신선신앙이 국가제도적으로 다루어져 화랑제도가 되고, 불교에서는 미륵신앙과 결합하여 미륵선화가 되었다. '유' 권제3 '미륵선화 미시랑 진자사' 조항을 참조.

○ 【三祀之一】 '사' 권제32 잡지제1 '제사' 조에, 신라의 국가제사를 '三山. 五岳以下의 명산 · 대천(大川)은, 각각 대사(大祀) · 중사(中祀) · 소사(小祀)로 했다.'라고 있으며, 소사의 끝에 '西述(分注. 牟梁)'이라고 있다. 서술(西述)은 선도산(仙桃山)의 다른 이름이다. 선도산을 모시는 것은, 서연산 성모를 모시는 것으로, 경주의 지선(地仙)이 국가제사로 다루어진 것을 보인다.

○ 【第五十四景明王】 재위, 917-924년. 자세한 것은 '유' 권제2 '경명왕' 조 및 주해 358을 참조.

789○ 【雞林】 계림(雞林)은 시조강림의 성지인 것과 함께, 신라국의 별칭으로 사용된다. 상세한 것은 고증 상권 '신라시조 혁거세왕' 조의 주해 120-126을 참조.

○ 【白馬】 백마(白馬)는 시조강림을 알리는 사자를 말한다. 고증상권 '신라시조 혁거세왕' 조의 주해 120을 참조. 또 오행사상에서 백(白)은 서방을 가리킨다.

○ 【雞屬西】 계(雞)를 12지의 제10위의 유(酉)라 하며, 서쪽의 방위에 둔다. 유(酉)를 계(雞)라고 하는 예는 중국에는 거의 없고, 조선 특히 신라에 들어와 생긴 생각 같다.

○ 【天仙】 천상계에 사는 신선이라는 의미. 지선(地仙)에 대하여 생긴 사고방식으로 날씨를 다스리는 천선(天仙)과 물을 다스리는 지선에 의해, 농업생산을 유지, 발전시키려는 생각에서 나온 것으로 보인다.

790○ 【國史使臣曰. 軾…】 '나기' 끝의 '政和中(1111-1118)…'의 기사에 의한 것이다.

○ 【佑神館】 궁전 내의 제사장인가.

○ 【館伴學士】 우신관 소속의 학사(學士)를 말하는가.

○ 【祭東紳聖母女(文). 有娠賢肇邦之句】 여(女)는 문(文)의 잘못으로 보인다. 이곳은 송 사신인 왕양(王襄)이 동신성모(東神聖母)를 제사 지낼 때에 읽은 제문에는, '현인을 낳아 나라를 만들었다는 구절이 있다.'라는 것이다.

[792]욱면비념불서승

郁面婢念佛西昇

[793]景德王代康州[a]今晋州. 一作剛州, 則今順安.善士數十人志求西方. 於州境創彌陁寺. 約萬日爲契. 時有阿干貴珍家一婢名郁面. 隨其主歸寺. 立中庭. 隨僧念佛. 主憎其不職, 每給穀二碩. 一夕舂之. 婢一更舂畢. 歸寺念佛 [b]俚言已事之忙大家之舂促盖出乎此日夕微怠. 庭之左右竪立長橛. 以繩穿貫兩掌. 繫於橛上合掌. 左右遊之激勵焉. 時有天唱於空, 郁面娘入堂念佛. 寺衆聞之. 勸婢入堂. 隨例精進. 未幾天樂從西來, 婢湧透屋樑而出. 西行至郊外. 捐骸變現眞身. 坐蓮臺放大光明. 緩緩而逝, 樂聲不徹空中. 其堂至今有透穴處云. [c]已上鄕傳. [794]按僧傳, 棟梁八珍者觀音應現也. 結徒有一千, 分明[86]爲二. 一勞力, 一精修. 彼勞力中知事者. 不獲戒. 墮畜生道. 爲浮石寺牛. 嘗駄[87]經而行. 賴經力轉爲阿干貴珍家婢. 名郁面. 因事至下柯山. 感夢遂發道心. 阿干[88]家距惠宿法師所創彌陁寺不遠, 阿干每至其寺念

---

86) 규장각본, 범어사소장본, 고려대본. 分明. 고증에는 明(朋)이라고 표기.
87) 규장각본, 범어사소장본, 고려대본. 駄. 고증. 馱. DB. 馱의 오기로 보인다.

佛, 婢隨往. 在庭念佛云云. 如是九年. 歲在乙未正月二十一日. 禮佛撥屋梁而去, 至小伯山墮一隻履. 就其地爲菩提寺, 至山下棄其身. 即其地爲二菩提寺, 榜其殿曰. 勗面登天之殿. 屋脊穴成十許圍, 雖暴雨密雪不霑濕. 後有好事者. 範金塔一座. 直其穴. 安承塵上, 以誌其異, 今榜塔尚存. 勗面去後, 貴珍亦以其家異人托生之地捨爲寺. 曰法王. 納田民. 久後廢爲丘墟, 有大師懷鏡. 與承宣劉碩. 小卿李元長. 同願重營之. 鏡躬事土木, 始輸材. 夢老父遺麻葛屨各一. 又就古神杜. 諭以佛理, 斫出祠側材木. 九[89]五載告畢. 又加臧獲. 蔚爲東南名藍, 人以鏡爲貴珍後身. 795議曰. 按鄉中古傳, 郁面乃景德王代事也, 據徵a徵字疑作珍, 下亦同. 本傳, 則元和三年戊子哀莊王時也. 景德後歷惠恭. 宣德. 元聖. 昭聖. 哀莊等五代. 共六十餘年也. 徵先. 面後. 與鄉傳乖違. 然兩存之闕疑. 796讚曰. 西隣古寺佛燈明, 春罷歸來夜二更, 自許一聲成一佛, 掌穿繩子直忘形.

풀이

792욱면비념불서승(郁面婢念佛西昇)

793경덕왕 때 강주[90]a지금의 진주이다. 또는 강주(剛州)라고도 했는데, 그렇다면 지금의 순안이다.의 선사(善士) 수십 명이, 서방을 구하려는 뜻[91]으로 (그) 고을 경내에 미타사를 세우고 만일(萬日)을 기약하고 계(契)를 만들었다. 그 때 아간 귀진의 집에 욱면이라는 이름의 한 여종이 있었다. 그 주인을 따라 절에 가서, 마당에 서서 스님을 따라 염불하였다. 주인은 그녀가

88) 규장각본, 범어사소장본, 고려대본. 于. 고증. 于(干). DB. 干.
89) 규장각본, 범어사소장본, 고려대본. 九. 고증. 凡. DB. 凡의 오기로 보인다.
90) DB. 신라 9州의 하나로, 지금의 경상남도 晉州市.
91) 고증에는 '서방정토를 구하려고'로 표현.

하녀의 신분에 어긋나게 행동하는 것을 미워하여, 매양 곡식 두 섬씩을 주며 하루 저녁에 그것을 다 찧게 하였다. 여종은 초저녁[92]에 다 찧고는, 절에 가서 염불하기를 b속담에 '내 일 바빠서 큰 집 방아 서두른다[93]'는 말이 여기서 나온 듯하다. 밤낮으로 게을리하지 않았다.

하녀는 마당 좌우에 긴 말뚝을 세우고, 두 손바닥을 뚫어 노끈으로 꿰어 말뚝 위에 매어 놓고 합장하여[94] 좌우로 움직이면서 스스로 격려하였다. 그때 공중에 하늘의 외침이 있어, "욱면낭자는 법당에 들어가서 염불하라."고 하였다. 절의 대중이 이 소리를 듣고, 여종에게 권하여 법당에 들어가 예에 따라 정진하게 하였다. 얼마 안 되어 하늘의 음악이 서쪽으로부터 들려오더니, 여종이 솟구쳐 지붕을 스쳐 지나, 서쪽으로 가 교외에 이르러 형체를 버리고 진신[95]으로 변하여 나타나, 연화대에 앉았다가 큰 광명을 발하면서 서서히 사라지니, 공중에서는 음악소리가 그치지 않았다. 그 법당에는 지금도 뚫어진 구멍자리가 있다고 한다. c이상은 향전이다.

794"승전"[96]을 살펴보면, "동량 팔진이란 것은 관음보살의 응현이었다. 무리들을 모으니 1천 명이 되었는데, 두 패로 나누어 한 패는 노력을 하고, 한 패는 정성껏 수행하였다. 그 노력하는 무리 중에 일을 맡아 보던 이가, 계(戒)를 얻지 못하여 축생도(畜生道)[97]에 떨어져

---

92) 고증에는 初更(오후 7시부터 오후 9시까지)이라고 표현.

93) 고증. '내 일도 바쁜데 주인은 곡식 빻는 것까지 재촉한다.'라고 표현. DB. 이 속담을 통해 욱면 사건이 욱면 당시는 물론이고 고려시대까지 얼마나 널리 회자되었는지 짐작할 수 있다.

94) DB. 이 부분은 종래 욱면의 지극한 신앙심에서 나온 고행 정진하는 모습을 설화적으로 표현한 것으로 보아 왔는데, 이를 욱면을 處刑하는 장면으로 이해하기도 한다.

95) 고증. '관음(眞身)'으로 표현.

96) DB. 고려의 승려인 각훈(覺訓)이 편찬한 "해동고승전".

97) DB. 축생은 불교의 윤회에서 6道(天上 · 人間 · 阿修羅 · 畜生 · 餓鬼 · 地獄)의 하나로서 기

부석사(浮石寺)[98]의 소가 되었다. (그 소가) 일찍이 경전을 싣고 갔기에 경전의 힘을 입어서, 전생하여 아간 귀진의 집 여종이 되어 이름을 욱면이라고 하였다. 일이 있어서 하가산(下柯山)[99]에 갔다가, 꿈에 감응을 받고 불심이 일어나, 부처 길에 귀의하려고 발원하였다.[100] 아간의 집은 혜숙법사가 세운 미타사와 거리가 멀지 않아, 아간은 항상 그 절에 가서 염불했는데, 여종도 따라 가서 마당에서 염불하였다."고 운운하였다.

이렇게 하기를 9년, 을미[101] 정월 21일에 욱면은 여느 때와 같이 예불하다가 집 지붕과 대들보를 뚫고 나가, 소백산에 이르러 신 한 짝을 떨어뜨렸으므로, (마침내 달마선사의 고사를 본따) 그곳에 보리사[102]를 짓고, 산 아래에 이르러 그 육신을 버렸으므로, 곧 그 자리에 제이보리사를 짓고, 그 불전에 욱면등천지전이라는 현판을 붙였다. 지붕 용마루에 뚫린 구멍은 열 아름 가량 되었으나, 비록 폭우와 폭설이 와도 젖지 않았다. 나중에 어떤 호사자가 금탑(金塔) 한 좌를 본떠 만들어, 그 구멍에 맞추어 소란반자(承塵)[103] 위에 안치하고, 그 이적을 기록

어다니는 동물을 말한다. 특히 축생 이하의 셋을 3惡道라고 하는데, 여기에 태어나면 부처의 가르침을 들을 기회나 능력이 없다고 한다.

98) DB. 경상북도 영주시 부석면 북지리 봉황산에 있는 절.

99) DB. 영주의 남쪽 안동과 예천의 경계에 위치한 산.

100) DB. '드디어 도심(道心)을 발하였다.'

101) DB. 乙未年은 욱면의 왕생연대를 지칭하는데, 이 부분의 을미년을 본문에서 분명히 밝히지 않았기 때문에 '755년설'과 '815년설'로 양분되어 있다.

102) DB. 이들 보리사의 위치에 대해서는 權相老가 海雲寺의 말을 인용하면서 "且其一菩提寺址 在豊基海村 二菩提寺址 在丹陽郡月山里也"라고 한 견해가 있다. 이들 지명이 현재 어디를 가리키는 지 알 수 없지만 욱면설화는 근대까지 소백산 주변에 남아 있었고 구체적으로 유지까지도 구전되었던 것 같다.

103) DB. 承塵은 원래 먼지나 오물이 떨어지지 않도록 임금의 座所 위에 쳤던 幕이었으나, 건물에서는 天井 즉 天花板을 이른다.

했는데, 지금도 그 현판과 탑이 남아 있다.

욱면이 떠나간 후, 귀진 역시 그 집이 이인(異人)이 의탁해서 태어난 곳이라고 하여, 희사하여 절을 만들어 법왕사라고 하고 전민(田民)을 바쳤다. (절은) 오랜 뒤에 폐허가 되었는데, 대사 회경이 승선[104] 유석 · 소경[105] 이원장과 함께 발원하여 절을 다시 세우려고 했다.[106] 회경이 몸소 토목 일을 했는데, 처음 재목을 운반할 때 꿈에 (어떤) 노인이 삼신과 칡신을 각 한 켤레씩 주었다. 또 옛 신사(神社)에 가서 불교의 이치를 논하고, (그) 신사 곁의 나무를 베어 내어 무릇 5년 만에 (공사를) 마쳤다. 또 노비들을 더 두어 융성해져 동남지방의 유명한 절이 되었는데, 사람들은 회경대사를 귀진의 후신이라고 하였다.

795여러 논의가 있는데, 향중고전[107]을 상고하면, 욱면은 곧 경덕왕 때의 일인데, 징(徵)**a**징(徵) 자는 아마도 진(珍)일 것인데, 바뀐 것이 아닌가 한다.의 본전(本傳)에 의하면, 곧 원화 3년 무자 애장왕 때의 일이라고 하였다. 경덕왕 이후 혜공 · 선덕 · 원성 · 소성 · 애장 등 5대 모두 60여 년이나 된다. 징은 먼저요, 욱면은 나중이 되어 향전과는 다르다. 그러나 두 기록을 남겨서 의문을 없앤다.[108]

796찬하여 말한다.

서편 이웃 옛 절에 등불이 밝은데
방아 찧고 돌아가면 어느새 밤은 2경

---

104) DB. 고려시대 왕명의 代納을 맡았던 中樞院에 소속되어 있었던 정3품의 관직.
105) DB. 고려시대에 太常寺 殿中省 등에 두었던 종4품의 관직.
106) 고증. '조영(造營)하려고 발원했다.' DB. '중창하였다.'
107) DB. 일연이 처음 채록해 놓은 향전을 말한다. 그는 이것을 뒤에 다시 '鄕傳'이라고 하였다.
108) 고증. '그러나 '鄕中古傳'과 '鄕傳'은 모두 남아 있으므로, 양자의 차이를 의심해 보아도 어쩔 수 없는 일이다.'

매 염불마다 성불하기 스스로 기약하여[109]

손바닥 뚫어서 줄로 꿰면 곧 무아의 경지에 들어간다네.

주해

792욱면비념불서승(郁面婢念佛西昇)

793○【景德王】 신라 제35대 왕으로, 재위는 742-765년의 24년간이다. 자세한 것은 고증 상권 '왕력' 신라 제35 경덕왕 조를 참조.

○【康州】 지금의 경상남도 진주시로, 756년 9주의 하나인 청주(菁州)가 강주(康州)로 바뀌었는데, 혜공왕대(765-780)에 원래 청주로 되돌렸다. 그러나 고려 태조왕대(918-943)에 다시 청주를 강주(康州)로 고쳤다. 자세한 것은 고증 중권 주해 306을 참조.

793a○【剛州】【順安】 지금의 경상북도 영주시. '승람' 권25 영천군 조항에 의하면, 경덕왕대에 나령군으로 했다가, 고려 성종(981-997)에 강주(剛州)로 고치고, 인종왕대(1122-46)에 순안현으로 고쳤다고 되어 있다. 본문의 강주(康州)와 분주의 일설(一說) 강주(剛州)는 음이 서로 통하는 것으로부터 혼동했던 것으로 보인다. 후문에 부석사나 소백산의 이름이 있으므로, 강주(剛州)로 보는 것이 좋을 것이다.

793○【彌陁寺】 '승람'에 의하면 경상남도 협천군 초계면이나 황해남도 신천군 문화면 등에 미타사가 있으며, 그 외에 미타사가 두 곳이 보인다. 그러나 영천군 지방에는 미타사라는 이름을 전하는 문헌이 보이지 않는다.

○【阿干】 신라 제6등 관위 아찬(阿飡)의 다른 말. '사' 직관지에 의하면, 제5등 관위 대아간(飡) 이상의 관위는, 특수한 신분인 자(진골)만이 임명되고, 그 이외 귀족은 아찬까지밖에 승진할 수 없었다. 그래서 다른 승진 루트로서 중아찬에서 사중아찬까지가 있었다.

---

109) 고증. '그저 염불하여 스스로 부처가 되고자.'

○ 【貴珍】 인명으로 귀보 혹은 귀진이라고 한다.

793b○ 【俚言】 서민계급의 말(諺). '유'에는 이전(俚傳)에는 향전, 승전 등이 많이 인용되어, 고려조의 사회제도나 풍습을 꽤 잘 전하고 있다.

○ 【已事之忙. 大家之舂促】 직접적인 의미는, '자기 일만 해도 바쁜데 집 주인의 곡물 찧기까지 재촉을 당한다.'로서 언(諺)에서는 자기 일도 바쁜데 더 바쁜 일을 명령받았을 때 쓰는 것.

794○ 【僧傳】 승전의 전기를 말한다. 승전에는 2종류로 되며, 하나는 '해동승전'·'당승전'·'고승전' 등, 다수의 명승, 고승의 전기를 모은 것과, 다른 하나는 '양지법사전'·'원광법사전'·'의상전' 등, 개인의 명승의 전기가 있다. 이곳에서 말하는 승전은 어느 쪽인지 말하기 힘들다.

○ 【知事】 동서(東序)라고도 하며, 사원의 사무를 관장하는 승려를 말한다.

○ 【畜生道】 불교용어로 명토육도 또는 삼악도의 하나를 말한다. 생전의 악업에 의해, 죽은 후 축생으로 다시 태어나 괴로움을 당한다는 것을 말한다. 또 '유' 권제3 '대산월정사오류성중' 조 및 권제4 '심지계조' 조를 참조.

○ 【浮石寺】 경상북도 영풍군 부석면에 있는 화엄종의 사원이다. 자세한 것은 '유' 권제4 '의상전교' 조를 참조.

○ 【下柯山】 말상. '유' 권제4 '의상전교' 조를 참조.

○ 【惠宿法師】 '유' 권제3 '동경흥륜사금당십성' 조 및 권제4 '이혜동진' 조를 참조.

○ 【歲在乙未】 서기 755년, 경덕왕 15년에 해당.

○ 【小伯山】 소백산(小伯山)은 조선 각지에서 보이는데, 이 소백산은 지금의 충청북도 단양군 가곡면. 경상북도 영풍군 순흥면에 있다.

○ 【墮一隻履】 이 설화는 중국의 '달마척리'의 설화를 수용한 것이다. 달마는 중국에서 죽어 매장되었다. 그 후 오공(悟空)이 불전을 구하러 가는 도중에, 짚신 한 짝밖에 신지 않은 달마를 만났다. 달마는 이제부터 서방에 간다고 말했다. 오공은 이 일을 매우 이상하다고 생각하고, 귀국 후 달마의 묘를 파서 관을 열어 본바, 유체는 없고 단지 짚신 한 짝만이 있었다

고 한다. 이러한 설화는 명승을 죽은 후까지 추모하고 그 활약을 기대하는 민중심리를 나타낸 것이라고 할 수 있겠다.

○【菩提寺】보리사(菩提寺)의 이름을 가진 절은, 경주시 남산을 비롯해 여러 곳에서 보이는데, 소백산 부근에는 이 절 이름을 전하는 것은 보이지 않는다.

○【法王(寺)】'유' 왕력 고려 태조 조에, 법왕사 창건에 관한 것이 보이는데, 이 법왕사와는 별개이다.

○【大師懷鏡】달리 보이지 않고 미상.

○【承宣】승선(承宣)이라는 관직명은, 중국오대에서 시작되어 고려왕조에 사용되었다. 처음 승지(承旨)라고 했으며, 왕명을 전하는 승전원의 관직명이 되었다.

○【劉碩】달리 보이지 않고 미상.

○【小卿】약(藥)이나 의료를 다스리는 태의원 및 토지의 개간이나 어업 등 임금에게 바치는 일(御供)을 다스리는 어공원 등의 차관직.

○【李元長】달리 보이지 않고 미상.

○【古神杜】동대본 등은 '고신사'라고 하고 있는데, '神杜'의 용법은 '유', '사' 어지에도 보이지 않는다. '예부터 신이 머무르는 성스런 두(杜)(숲)'라는 의미이다.

795○【鄕中古傳】향고기(鄕古記)·향전(鄕傳) 등이라는 것과 같다. 마을 내에 전승되어 온 설화라는 의미일 것이다.

○【景德後歷…】경덕왕에서 애장왕까지의 계보·왕대 연수를 참고로 다음에 보인다.

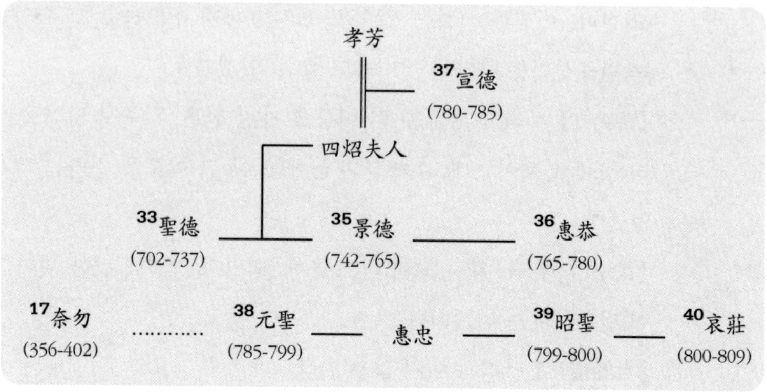
孝芳
37宣德
(780-785)
四炤夫人
33聖德
(702-737)
35景德
(742-765)
36惠恭
(765-780)
17奈勿
(356-402)
38元聖
(785-799)
惠忠
39昭聖
(799-800)
40哀莊
(800-809)

[797]광덕엄장

廣德嚴莊

[798]文武王代. 有沙門名廣德. 嚴莊. 二人友善. 日夕約曰. 先歸安養者須[110)]告之. 德隱居芬皇西里 [a]或云皇龍寺有西去房, 未知孰是. 蒲鞋爲業. 挾妻子而居, 莊庵栖南岳. 大[111)]種刀[112)]耕. 一日. 日影拖紅. 松陰靜暮, 窓外有聲. 報云, 某已西徃矣, 惟君好住. 速從我來. 莊排闥而出顧之, 雲外有天樂聲. 光明屬地. 明日歸訪其居. 德果亡矣. 於是乃與其婦收骸. 同營蒿里. 既事.[113)] 乃謂婦曰, 夫子逝矣. 偕處何如. 婦曰可. 遂留夜宿. 將欲通焉, 婦靳之曰. 師求淨土. 可謂求魚緣木. 莊驚恠問曰. 德既乃爾, 予又何妨. 婦曰, 夫子與我同居十餘載. 未嘗一夕同床而枕, 況觸汚乎. 但每夜端身正坐. 一聲念阿彌陁佛號, 或作十六觀, 觀既熟. 明月入户. 時昇其光. 加趺於上. 竭誠若此. 雖欲勿西. 奚徃. 夫適千里者. 一步可規, 今師之觀可云

---

110) 규장각본, 범어사소장본, 고려대본. [illegible] . 고증. 須.
111) 규장각본, 범어사소장본, 고려대본. 大. 고증. 大(火).
112) 규장각본, 범어사소장본, 고려대본. 刀. 고증. 力. DB. 力의 오기로 보인다.
113) 규장각본, 범어사소장본, 고려대본. 事. 고증. 事(畢).

東矣, 西則未可知也. 莊愧赧[114]而退. 便詣元曉法師處. 懇求津要. 曉作錚觀法誘之. 藏[115]於是潔已悔責. 一意修觀, 亦得西昇. 錚觀在曉師本傳與海東僧傳中. 其婦乃芬皇寺之婢, 盖十九應身之一. **799**德嘗有歌云, 月下伊底亦. 西方念丁去賜里遣, 無量壽佛前乃. 惱叱古音. **a**鄉言云報言也. 多可支白遣賜立. 誓音深史隱尊衣希仰支. 兩手集刀花乎白良, 願往生願往生. 慕人有如白遣賜立. 阿邪, 此身遺也置遣, 四十八大願成遣賜去.

풀이

797광덕엄장(廣德嚴莊)

798문무왕대(661-681)에 중[116] 광덕과 엄장이라는 사람이 있었다. 두 사람은 서로 친하여 밤낮으로 약속하여 말하였다. "먼저 극락으로 가는 사람은 모름지기 알려야 한다." 광덕은 분황사[117]의 서쪽 마을 **a**혹은 황룡사에 서거방[118]이 있다고 하는데 어느 것이 옳은지 알 수 없다.에 은거하며 짚신을 만드는 것을 업으로 삼으며 처자와 함께 살았고, 엄장은 남악(南岳)[119]에 암자를 짓고 살면서 나무를 불태워 힘써 경작하였다.[120]

하루는 해 그림자가, 붉은빛을 띠고 솔 그늘이 고요히 저물었는데,

---

114) 규장각본, 범어사소장본, 고려대본. 赦. 赧의 이체자.
115) 규장각본, 범어사소장본, 고려대본. 藏. 고증. 藏(莊).
116) DB. 梵語로 śramaṇa. 번역하여 功勞·勤息하여 佛道를 닦는다는 의미이다.
117) DB. 현재의 경북 경주시 구황동에 자리한 절로 신라 선덕왕 3년(634)에 건립.
118) DB. 현재 남아 있는 황룡사터에서 북쪽으로 400m 정도에 분황사가 위치하고 있으므로, 황룡사 내부에 西去房이 있었다면 분황 남쪽으로 말해야 할 듯하다.
119) DB. 南岳은 "삼국사기"에는 지리산으로, "新增東國輿地勝覽"에는 경주부 동쪽의 45리에 있는 함월산을 말한다고 하는데, 정확한 곳은 알 수 없다.
120) DB. 본문의 大를 火의 오기로 보면, '숲의 나무를 베어 불살라 재가 된 후에 씨를 뿌린다.'는 의미가 된다. "東齋記事"는 중국 宋 仁宗代(1023-1063) 관리이며 학자인 范鎭(?-1088)이 지은 책이다.

창밖에 소리가 나기에 "나는 이미 서쪽으로 가니 자네는 잘 살다가 빨리 나를 따라오라."라고 알렸다. 엄장이 문을 밀치고 나와 그것을 살펴보니, 구름 밖에 천악(天樂) 소리가 들리고 밝은 빛이 땅으로 이어져 있었다. 다음날 그 집을 찾아가니, 광덕은 과연 죽어 있었다. 이에 그 부인과 함께 시신을 거두고 무덤을 만들었다.

일을 마치자 곧 부인에게 말하기를, "남편이 죽었으니 함께 사는 게 어떻겠는가."라고 하니 부인이 "좋다."고 하여 드디어 머물렀다. 밤에 장차 잘 때 통정하고자 하니 부인이 부끄러워하면서 말하였다. "법사가 정토를 구하는 것은, 나무에 올라가 물고기를 구하는 것[121]이라 말할 수 있겠습니다." 엄장이 놀라고 이상하여 물어 말하였다. "광덕과 그대는 이미 오랫동안 부부의 약속을 맺어 왔지 않은가. 내가 똑같이 하려고 하는데, 어떤 잘못이 있겠는가.[122]" 부인은 말하였다. "남편과 나는 10여 년을 함께 살았지만, 아직 하룻밤도 같은 침상에서 자지 않았는데, 하물며 부정하게 닿아서 더럽혔겠습니까. 다만 매일 밤 단정한 몸으로 바르게 앉아, 한 소리로 아미타불[123]만 염불하였고, 혹은 16관[124]을 만들고 관이 이미 무르익어 밝은 달이 문으로 들어오면, 이때 그 빛 위에 올라, 그 위에서 가부좌를 하였습니다. 정성을 다하는 것이 이와 같으니, 비록 서방으로 가지 않고자 하더라도 어디로 가겠습니까. 무릇 천리를 가는 자는, 한 걸음으로 가히 볼 수 있다고

---

121) DB. "孟子" 梁惠王 上에 '以若所爲 求若所欲 猶緣木而求魚也'에서 나온 말로 불가능함을 의미.
122) DB. "광덕은 이미 하였는데 나 또한 어찌 꺼리겠는가."
123) DB. Amita Buddha는 意譯하여 無量壽佛(如來)이라고 하는데, 보통 彌陀佛이라고 약칭한다.
124) DB. "觀無量壽經"에 나오는 16종의 관법을 말한다. 이 16관법 가운데 바히데히 왕비를 위해 특별히 제시한 것이 定善觀 13가지이고, 일반인들을 위해 정토왕생의 방법을 설한 것이 散善觀 3가지.

하는데, 지금 법사의 관은 동쪽으로 가는 것이라고 말할 수 있습니다. 서쪽으로 가는 길은 아직 알지 못하고 계시는 것 같습니다.[125]" 엄장은 부끄러워 얼굴을 붉히고 물러나왔다.

곧 원효법사가 거처하는 곳으로 나아가 정토로 가는 방법에 가르침을 구하였다.[126] 원효는 쟁관법[127]을 만들어 그를 가르쳤다. 엄장은 이에 몸을 깨끗이 하고 잘못을 뉘우쳤고, 한뜻으로 관을 닦았으니 또한 서방정토에 오를 수 있었다. 삽관[128]은 원효법사의 본전[129]과 "해동승전" 속에 있다. 그리고 광덕의 부인은, 곧 분황사의 종이니 대개 십구응신[130]의 하나였다.

799광덕에게는 일찍이 노래가 있었는데 이르길[131]

"달 아래 서방정토로 가 주시기를.

무량수 부처님 앞에 참회하오니

[a]惱叱古音=우리말로 보언(報言)을 말한다.

사려 깊으신 부처님을 우러러

두 손 모아서 왕생을 원합니다, 왕생을 바랍니다.

하며 그리워하는 사람이 있다고 사뢰옵소서.

---

125) DB. 서쪽은 곧 아직 알 수 없습니다.

126) DB. '거처하는 곳으로 나아가 진요(津要)를 간절히 구하였다.'라고 표현.

127) DB. 삽관법(鍤觀法)이라고 표현했으나 미상.

128) 고증에는 쟁관(錚觀).

129) DB. 알 수 없다. 현재 전해지는 원효 관련 기록에는 쟁관법이 설명되어 있지 않다고 한다

130) DB. 관음보살이 세상을 교화함에 중생의 根器(근성과 기량)에 맞추어 여러 형태로 나타나는데, 이러한 형태에 33가지의 모습이 있다.

131) 고증에는 '예부터 노래 불러 왔던 속요(俗謠)에, 다음과 같은 것이 있다.'고 표현. DB. '원왕생가'의 작자에 대해서는 다양한 견해가 존재한다. 본문의 '其婦乃芬皇寺之婢 盖十九應身之一德嘗有歌云'에서 一德을 어떻게 띄어 읽느냐에 따라 또한 有를 어떻게 해석하느냐에 따라 달라진다.

이 몸을 버려두고서라도

마흔여덟 가지 큰 소원[132]을 이루어 주시기를."[133]

주해 **797**○ 【廣德】 달리 보이지 않고 미상.

○ 【嚴莊】 달리 보이지 않고 미상.

798○ 【文武王代】 서기 661-681년.

○ 【芬皇】 분황사(芬皇寺)를 말하는 것으로, 경주시[134] 구황동에 있으며 634년에 창건되었다. 명승인 자장(慈藏), 원효 등이 수행한 장소로서 유명하며, 문화재도 많다. 특히 그 삼층석탑은 귀중한 것이다. 자세한 것은 '유' 권제3 '아도기라', '황룡사종 분황사약사 봉덕사종' 조항 등을 참조.

798a○ 【皇龍寺】 경주시 구황동에 있으며, 553-645년에 걸쳐 건립한 신라 최대 사원. 자세한 것은 '유' 권제3 '아도기라', '황룡사장륙', '황룡사구층탑', '황룡사종 분황사약사 봉덕사종' 조항 등을 참조.

798a○ 【南岳】 南岳에 대해서는 다음의 4설이 있다. 제1은 '사' 권제32 '제사지' 조항의 중사(中祀) 오악(五岳) 조항에, '남쪽은 지리산(지금의 경상남도 산청군 · 하동군)'이라는 것을 가리키는 설, 제2는 '승람' 권제31 경주부 '산천' 조항에 '含月山[分注. 府의 동(東)45리에 있고, 신라시대에 남악이라고 했다]'이라는 것을 가리키는 설, 제3은 "東京雜記"에서 '府의 동

---

132) DB. 阿彌陀佛이 法藏比丘이던 시절 世自在王佛에게 誓願한 48가지의 바람이다. 아미타불은 그중 하나라도 이루어지지 않는다면 부처가 되지 않겠다고 다짐을 하였다. 이 48 大願 가운데 광덕의 西昇과 밀접한 관련이 있는 것은 18願인 '念佛往生願'이다.

133) 고증. '달빛 아래 서방정토로 가기를 무량수의 부처 앞에 참회하며 간절히 기도하니, 사려 깊으신 부처님을 우러러 양손을 모아 받들어 원왕생(願往生) 원왕생(願往生)이라며 간절하게 원하는 이가 있다고 아뢰어 주시고, 이 몸을 버려서라도 사십팔대원(四十八大願)을 이루게 해 주시옵소서.'라고 표현.

134) 고증에는 '慶集市'.

(東)50리에 있고, 기림산을 주산(主山)으로 한다.'라고 하는 것을 가리키는 설, 제4는 "경주시지"에서 '이 남악은 신라도성의 남방에 있는 남산(南山)이 아닌가.'라고 하는 설이다. 광덕 등은, 경주에 사는 승려이며 설화의 줄거리로 보더라도 경주 남산설이 좋지 않을까.

○ 【蒿里】 중국산동성 태산(泰山)의 산 이름. 옛날 죽은 자의 영혼이 이곳에 모였다고 한다. 그 후 묘지를 의미하게 되고, 장례식을 말하는 경우에도 쓰였다. 더 나아가 장례식 때 부르는 상엿소리(挽歌)라는 의미로도 쓰이게 되었다. 이곳에서는 장례식 의미이다.

○ 【求魚緣木】 중국의 "맹자" 양혜왕上의 조항에 '연목구어'(나무에 올라 물고기를 잡는다는 것으로 불가능한 것을 말한다)에 의한 것이다.

○ 【十六觀】 불교용어로 십육상관, 십육관법이라고도 하며, 서방의 극락정토를 그리는 십육(16)의 수행방법을 말한다. 이러한 수행을 함으로써, 죄나 더러움이 없어지고, 미타의 정토에 왕생할 수 있다고 한다.

○ 【元曉法師】 617-686년. 신라고승으로 서당(誓幢)화상, 화쟁국사, 고선대사 등이라고도 한다. 원효는 여러 파의 불교사상을 통합하여 독자적인 사상체계를 만들었다. 또 가무염불에 의해 서민을 위한 포교에 힘써 민중불교를 만들어, 후세의 조선불교에 큰 영향을 끼쳤을 뿐만 아니라, 중국이나 일본에도 영향을 주었다. 자세한 것은 '유' 권제4의 '이혜동진'·'원효불기'·'의상전교'·'사복불언'의 각 조항을 참조.

○ 【錚觀】 쟁관(錚觀)은 "무량수경"을 말한다. "무량수경"은 2권으로 되어 다른 말로 "쌍권경"이라고도 한다. 쌍권(雙卷)과 쟁권(爭權)은 음이 상통한다.

○ 【曉師本傳】 원효법사 본전의 생략으로, 중국의 "송고승전" 권4 '원효전'을 말한다.

○ 【海東僧傳】 1215년에 각훈(覺訓)이 찬술한 "해동고승전" 2권을 말한다. 그러나 이 쟁관에 관한 기사는 보이지 않는다.

○ 【十九應身】 관세음보살을 가리킨다. 법화경보문품에 의하면 관음은 대

응하는 중생에 의해 모습을 바꾸어, 부처나 범왕, 제석 · 장자 · 거사 · 승니 · 동남동녀 등 19 종류의 모습으로 변신하여 여러 설을 했다고 되어 있다. 관음은 서방정토의 주가 되는 아미타불의 협시로 아미타불을 따르는 불신(佛身)이다.

799○ 【嘗有歌云…】 이 향가는 광덕의 처가 엄장을 충고하는 노래로 보인다. 즉

月下伊底亦(달 아래에). 西方念丁去賜里遣(서방에 가시고자 하오니)

無量壽佛前乃(무량수불 앞에) 惱叱古音鄕言云 報言也. 多可支白遣賜立(한탄하며 아뢰 주시옵고)

誓音深史隠尊衣希仰支(사려 깊으신 부처를 우러러) 兩手集刀花平白良願往生願往生 (양손을 모아 願往生 願往生이라고)

慕人有如白遣賜立阿邪(그리는 사람 있다고 아뢰어 주시고) 此身遺也置遣(이 몸을 두고서라도)

四十八大願成遣錫去(四十八大願을 성취하게 해 주십시오)

라고 오구라 신페이는 번역했다(괄호 내). 또한 다음과 같이 의역했다.

달 아래에서 서방정토를 향하여 무량수불 앞으로 참회를 하게 하소서. 사려 깊으신 부처님을 우러러 보며 양손을 모아 받들어, 願往生 願往生 간절히 바라고 있다고 아뢰어 주시고, (阿邪) 이 내 몸은 두고서라도 四十八大願을 성취하게 해 주십시오.

[참고] 小倉進平博士著作集(1) "郷歌及び吏讀の研究"(교토대학문학부 국어국문학연구실편).

나아가 나카무라 다모쓰는 다음과 같이 번역하고 있다.

서쪽으로 가는 달 위

무량수 부처님에게 꼭 고해 주시길

부처님께 양손 모아

정토로 왕생을 바라오니

오로지 받들어 기도하오니

알려 주시기를
(阿邪)
사십팔 되는 도리도
우러러 받드는 나를 두고서
되지 않는다고 생각한다.

○ 【無量壽佛】 아미타불이라고도 한다. 이 부처의 수명은 헤아릴 수 없을 정도로 긴 것과, 이 부처의 정토에 태어난 자의 수명이 영원하다고 생각한 것에서 무량수(無量壽)라는 이름이 쓰였다.

○ 【四十八大願】 무량수경 상권에 의하면 아미타여래가 법장비구이었을 때, 세자재왕불 앞에서 맹세한 서약을 말한다. 48 소원은 여러 파(波), 여러 사(師)에 따라 다르다.

800 경흥우성

憬興遇聖

801 神文王代. 大德憬興. 姓水135)氏, 熊川州人也. 年十八出家. 遊刄三藏. 望重一時. 開耀元年. 文武王將昇遐. 顧命於神文曰, "憬興法師可爲國師, 不忘朕命. 神文即位. 曲136)爲國老. 住三郎寺. 忽寢疾彌月, 有一尼來謁候之, 以華嚴經中善友原病之說. 爲言曰. 今師之疾. 憂勞所致. 喜笑可治. 乃作十一樣面貌. 各作俳諧之舞, 巉巁成137)削. 變態不可勝言. 皆可脫頤. 師之病不覺洒然. 尼遂出門. 乃入南巷寺[a]寺在三郎寺南.而隱, 所將杖子在幀畫十一面圓通像前. 802 一日將入王宮. 從者先備於東門之外. 鞍騎甚都. 靴笠斯陳. 行路爲之辟易. 一居士[a]一云沙門.形儀踈攣.138) 手杖皆筐來. 憩于下馬臺上, 視筐中乹魚也. 從者呵之曰, 爾着緇. 奚負觸物耶. 僧曰, "與其挾生肉於兩服間. 背139)負140)三市之枯魚. 有何所嫌. 言訖起去. 興

135) 규장각본, 범어사소장본, 고려대본. 水. 고증. 水(木).
136) 규장각본, 범어사소장본, 고려대본. 曲. 고증. 曲(冊).
137) 규장각본, 범어사소장본, 고려대본. 戍. 고증. 成. DB. 순암수택본에는 成 옆에 戍자 가필.
138) 규장각본, 범어사소장본, 고려대본. 率. 고증. 솔(率). DB. 순암수택본에는 率.

方出門. 聞其言. 使人追之. 至南山文殊寺之門外. 抛筐而隐. 杖在文殊像前, 枯魚乃松皮也. 使來告, 興聞之嘆曰, "大聖來戒我騎畜爾." 終身不復騎. 興之德馨遺味俻載釋玄本所撰三郎寺碑. 嘗見普賢章經彌勒菩薩言, "我當來世生閻浮提先度釋迦末法弟子, 唯除騎馬比丘不得見佛." 可不警哉.

讃曰. 昔賢垂範意彌多, 胡乃兒孫莫切瑳.[141] 背底枯魚猶可事, 那堪他日負龍華.

풀이

800경흥우성(憬興遇聖)

801신문왕대(681-692)의 대덕경흥은, 성이 수씨(水氏)이고 웅천주[142] 사람이다. 나이 18세에 출가하여 삼장[143]을 배웠는데, 그때 면학의 태도는 유유하여 여유가 있어, 그 명성은 주변 사람들에게 일찍 알려졌다고 한다. 개요 원년(681)에 문무왕이 죽기 전에 신문왕에게 유언을 남기기를, "경흥법사는 국사[144]가 될 만하니 짐의 명을 잊지 말아라."라고 하였다.

그런데 신문왕이 즉위하자 국로(國老)[145]로 책봉하고 삼랑사[146]에

---

139) 규장각본, 범어사소장본, 고려대본. 背(이체자). 고증. 배(背). 이것을 皆로 보는 것은 지나치다.

140) 규장각본, 범어사소장본, 고려대본. 真. 고증. 眞(負)이라고 표기. DB. 負의 오기로 보인다.

141) 규장각본, 범어사소장본, 고려대본. 瑳. 고증. 瑳(磋)

142) DB. 현재의 公州 지역.

143) DB. 불교 경전은 크게 經藏 · 律藏 · 論藏의 3가지로 분류할 수 있는데 삼장은 바로 이를 총칭하는 말이다.

144) DB. 신라 · 고려 · 조선 초기에 있었던 승려의 최고 法階이다.

145) DB. 국로는 불교계의 최고 元老로서 왕의 자문에 응하거나 불교계를 조정하는 역할을 했던 것으로 보인다.

146) DB. 경상북도 경주시 성건동 西川 옆에 있었던 절로 眞平王 19년(597)에 창건.

살게 하였다. 그러자 경흥은 갑자기 병이 나서 한 달을 지냈는데,147) 그때 한 비구니가 와서 그를 문안하여 병상(病狀)을 들은 후, "화엄경" 중 '좋은 친구가 병을 고친다는 이야기'148)를 가지고 말하였다. "지금 법사의 병은, 근심이 이른 바이니 즐겁게 웃으면 나을 것이다."라고 하고 곧 열한 가지의 모습149)을 만들어, 그것을 쓴 사람들이 각각 광대와 같은 춤을 추니, 딱딱하던 분위기가 누그러지고 그 모습이 너무 우스워, 이러다가 모두 턱이 다 빠지는 것은 아닐까 하고 의심할 정도였다. 그러던 가운데 법사의 병이 자기도 모르게 나았다. 비구니는 드디어 문을 나가서 곧 남항사150)**a**삼랑사 남쪽에 있다.로 들어가 숨어 버렸다. 그러나 이승(尼僧)이 가지고 있던 지팡이는 십일면관음상151) 앞에 놓여 있었다.

802어느 날 경흥이 왕궁에 들어가려 하기에, 시종이 먼저 동문 밖에서 채비하였다. 안장과 말이 매우 화려하고, 신과 갓이 다 갖추어져서 행인들이 그것을 비켜 주었다. 그곳에 한 거사**a**혹은 사문이라고도 한다.가 행색이 남루하고 손에 지팡이를 짚고, 등에 광주리를 이고 와서 하마대152) 위에서 쉬고 있었는데, 광주리 안을 보니 마른 생선이 있었다. 시종이 그를 꾸짖어 "너는 중의 옷을 입고 있으면서, 어찌 더러운 물

---

147) 본문에는 미월(彌月). 고증에는 '10개월이나 아팠다.'고 풀이했다.

148) DB. '착한 친구가 병을 고친다는 이야기.' 또한 주(注)에 "華嚴經"의 賢首菩薩品에 나오는 내용인데, 善友가 병을 살핀다는 말의 뜻으로 선우를 통해 身心과 功德을 닦는다는 것이다.

149) 고증. '가면(假面)'이라고 풀었다.

150) DB. 경상북도 경주시 노서동에 있었던 절로 南花寺라고도 한다.

151) DB. 십일면원통상. 11面觀音菩薩像을 말하는 것이다. 11면관음보살은 阿修羅道에 있는 중생을 구제해 주는 보살로 머리 위에 열한 개의 얼굴이 있어서 중생의 성품에 따라 얼굴을 달리하면서 적극적으로 교화한다고 한다.

152) DB. 말에 타고 내리는 것을 용이하게 하려는 목적으로 문밖에 놓은 디딤돌이다.

건을 지고 있는 것이냐."라고 하였다. 중이 말하기를 "그 살아 있는 고기를 양 넓적다리 사이에 끼고 있는 것과 삼시(三市)[153]의 마른 생선을 등에 지는 것이 무엇이 나쁘단 말이냐."라고 하고, 말을 마치고는 일어나 가 버렸다.

경흥이 바야흐로 문을 들어오다가, 그 말을 듣고 사람을 시켜 그를 좇아가게 하였다. 남산[154] 문수사의 문밖에 이르자 광주리를 버리고 사라졌다. 지팡이만은 문수보살상 앞에 있었고 마른 생선으로 보였던 것은 곧 소나무 껍질이었다. 사자가 와서 고하니, 경흥은 그것을 듣고 한탄하여, "대성(大聖)이 와서 내가 짐승(말)을 타는 것을 경계하였구나."라고 하고 죽을 때까지 다시 말을 타지 않았다.

경흥의 높은 덕행과 유풍은, 석현본이 찬술한 '삼랑사비'[155]에 갖추어 실려 있다. 일찍이 "보현장경"[156]을 보니 미륵보살이 말하기를

"내가 내세에 염부제[157]에 태어나서, 먼저 석가가 가르치시는 말법[158] 제자를 우선 구제할 것인데, 오직 말을 타는 비구는 제외하여 부처를 볼 수 없게 할 것이다. 왜냐하면 그 같은 것은 부처님의 모습을 깨닫지 못했기 때문이다."라고 하였으니 어찌 경계하지 않겠는가.

---

153) DB. "周禮" 地官 司市條에 나오는 것으로 大市 · 朝市 · 夕市를 말한다(大市日昃而市 百族爲主 朝市朝時而市商賈爲主 夕市夕時而市 販夫販婦爲主) 여기에서는 일반적인 의미로 시장을 말한다.

154) DB. 경상북도 경주시 남쪽에 위치한 산으로 북쪽의 금오봉(金鰲峰)과 남쪽의 고위봉(高位峰) 두 봉우리에서 흘러내리는 60여 개의 계곡으로 이루어져 있다.

155) DB. 현재 단국대학교박물관에 파편만이 소장되어 있다.

156) DB. 唐의 清凉國師 澄觀(738-839)이 "華嚴經"의 주석서로 저술한 "行願品疏" 1卷을 말한다.

157) DB. 須彌山 남쪽에 있는 대륙으로 4大洲의 하나인 南洲이며 인도 등이 속하고 16개의 大國, 500개의 中國, 10만 개의 小國이 있다고 한다.

158) DB. 釋迦의 入滅 후 최초의 천년(또는 5백년)을 正法, 다음 천년을 像法, 그 후의 1만 년을 末法이라고 하는데 말법에는 佛法이 滅하여 구제하기 어려운 세상이 된다고 한다.

803찬하여 말한다.

옛 성현의 자비는 후세에 골고루 미친 것이 많았네.

어찌하여 자손들은 덕을 닦지 않는가.

마른 고기 등에 진 건 오히려 옳은 일이라고 해야 할 것이다.

그렇지 않으면 장차 어떻게 용화(龍華)159)의 법회를 감당할 수 있겠는가.160)

주해 800○ 【憬興】 7세기 후반에 활약한 신라 고승인데 이 조항 이외에는 보이지 않는다.

801○ 【大德】 신라시대는 고승에 대한 경칭이었는데, 고려시대에는 승관의 관직명에 쓰였다. 이 경우는 어느 용법인지 불명하다. 자세한 것은 고증 중권의 주해 336을 참조.

○ 【水(木)氏】 달리 보이지 않아 미상. 자형(字形)이 유사하여 목씨(木氏)의 잘못이라면 "수서", "신당서"에 보이는 백성의 대성(유력한 씨족)이라 할 수 있는 목씨라고도 보인다.

○ 【熊川州】 신라9주의 하나로, 지금의 충청남도와 충청북도의 서부에 걸치는 주(州)이다. 이 지방은 백제멸망 후, 당이 웅진도독부를 설치했다가, 671년경 신라가 이 땅에 소부리주를 설치하여, 686년에 웅천주로 이름을 바꾸었다. 웅천주는 757년까지 이어지다가 수 후 웅주(熊州), 공주(公州)가 되었다.

○ 【遊刄】 유인(遊刄)은 유인(游刃)과 통한다. "장자" 양생주 조항의 '游刃有

159) DB. 龍華樹 또는 龍華會의 약칭이다. 석가의 입멸 후 56억 7천만 년이 경과하면 미륵보살이 나타나 용화수 아래에서 성불하고 3회 설법하여 미래의 중생들을 구제한다고 한다.

160) DB. 다음날 용화(龍華)를 저버릴 일 어찌 견디겠는가.

餘地'(고기를 썰 때에, 고기 조각의 틈새에 칼을 넣으면 칼을 마음대로 쓸 수 있다는 것)에 유래하며, 그 의미는 사물에 대처하는데, 천천히 여유를 가진다는 것을 말한다.

○【三藏】경(經)·율(律)·논(論) 삼장(三藏)을 말한다. 장(藏)은 모든 불교 문서, 교의를 넣어 둔다는 뜻. 불교성전의 전체.

○【國師】중국에서는 천자의 사표(師表)가 될 만한 사람으로서, 최고의 관직. 또 불교용어로서는 천자로부터 고승에게 주는 존칭. 신라에서는 불교위의 것으로 왕의 사표가 되는 고승을 말한다. 자세한 것은 '유' 권제4 '자장정률' 조를 참조.

○【國老】나라의 원로를 말하는 경우도 있는데, 유력귀족으로 퇴관한 자를 말한다.

○【三郞寺】절터는 경주시 성건동으로 당간지주가 세워져 있다. 이 절의 창건은 597년으로 '사'에는 883년(헌덕왕 9) 조에 '春二月, 왕은 산랑사에 행차하여 군신들에게 명하여 각기 시(詩)를 1수씩 짓게 했다.'고 있다. 이 절에는 박거물의 찬술과 요극일이 쓴 비문이 있었는데, 지금은 그 파편만이 단국대학교박물관에 있다.

○【華嚴徑】올바르게는 '대방광불화엄경'. 화엄종의 기본경전으로, 신라에서는 원효나 의상 등에 의해 이 경전에 바탕을 두는 화엄종이 성행했다. 자세한 것은 고증 중권 주해 321, 및 '유' 권제3 '남백월이성 노힐부득 달달박박' 조, '대산오만진신' 조, 권제4 '원효불기' 조 등을 참조.

○【南巷寺】삼랑사(三郞寺) 남쪽 약 500m인 곳에, 형산강 옆 노서동에 입상인 석불이 있으며, 남항사 터라고 추정하고 있다.

○【十一面圓通像】원통상(圓通像)은 관음상. 11면관음상을 말한다.

802○【居士】일반적으로는 학문·예술에 뛰어난 사람이면서 관직에 몸을 담고 있지 않은 사람을 말한다. 불교용어에서는 가정생활을 하면서 불교의 뜻을 둔 자를 말한다.

802a○【沙門】일반적으로는 승니(비구니)를 말하는데, 때로는 승니 이외

의 수행자를 말한다.

802○ 【挾生肉於兩股間】 '대지도론' 권4 등에 보이는 유명한 본생담, '시비왕과 합응'의 설화에 유래한다. 이 설화는 시비왕이 양 허벅지 살을 베어 매에게 주었다는 고사이다. 이곳에서는 종교적인 의미보다 비천한 남녀 관계를 의미한다.

○ 【三市之枯魚】 "장자" 외물(外物)편의 '枯魚之肆'의 고사에 유래한다. 이 고사는 굶어 죽는 것을 비유한 것인데, 이곳에서는 앞 구의 생육(生肉)에 대하여, 고어로 하여 약간 의미가 다르다.

○ 【文珠寺】 경주시 남산에 문주사(文珠寺)라는 절 이름을 전하는 것은 달리 보이지 않는다.

○ 【釋玄本】 '사'의 삼랑사비의 찬술자는 박거물로 되어 있는데, 현본(玄本)의 속세 이름인가. 다른 사람인지는 미상.

○ 【三郎寺碑】 앞의 삼랑사에 세워진 비문으로 박거물 찬 비문과 같은 것인지 아닌지는 미상. '사' 권28 말미 편자 김부식의 논(論)에, 삼랑사비에 '신라인 자신이 소호 김천씨의 후예이므로 김씨를 성(姓)으로 했다.'라고 있었다고 한다. 이때부터 삼랑사는 신라의 초기사원으로, 일찍부터 왕조와 관계가 깊었던 사원이라는 것을 알 수 있다. 또 단국대학교박물관소장의 삼랑사비 파편에서는 '공(功)', '사(事)' 두 글자는 알아볼 수 있다.

○ 【普賢章經】 당의 징관(澄觀)이 찬술한 "화엄경" 행원품소10을 말한다.

○ 【閻浮提】 수미산 남쪽 바다에 있는 4대주의 하나를 말한다. 그래서 남염부제라고도 한다. 현실적으로는 인도를 말하며, 더 나아가 널리 인간이 사는 전세계를 말한다. 자세한 것은 '유' 권제3 '황룡사장륙' 조항을 참조.

803○ 【龍華】 용화회 · 용화삼회라고도 한다. 미륵보살이 여래가 되기 위하여, 용화수 곁에서 법회를 열어 사람들을 구제하는 것을 말한다. 이 법회는 초회(初會) · 이회(二會) · 삼회(三會)의 3번 및 상근 · 중근 · 하근의 모든 사람들을 제도하는 것을 말한다.

804 진신수공

眞身受供

805 長壽元年壬辰. 孝昭即位, 始創望德寺. 將以奉福唐室. 後景德王十四年. 望德寺塔戰動, 是年有安史之亂, 羅人云, 爲唐室立玆寺, 宜其應也. 八年丁酉. 設落成會. 王親駕辨供. 有一比丘. 儀彩踈陋. 局束立於庭. 請曰, 貧道亦望齋. 王許赴床杪. 將罷王戲調之曰, 住錫何所, 僧曰琵琶嵓. 王曰 此去莫向人言赴國王親供之齋. 僧笑荅曰, 陛下亦莫與人言供養眞身釋迦. 言訖. 湧身淩空. 向南而行. 王驚愧馳上東岡. 向方遥禮, 使往尋之. 到南山參星谷. 或云. 大磧川源. 石上置錫鉢而隱. 使來復命, 遂創釋迦寺於琵琶嵓下, 創佛無事161)於滅影處. 分置錫鉢焉. 二寺至今存, 錫鉢亾矣.

806 智論第四云. 昔有罽賓三藏. 行阿蘭若法. 至一王寺, 寺設大會. 守門人見其衣服麁幣. 遮門不前. 如是數數. 以衣幣故. 每不得前, 便作防162)便. 假借好衣而來, 門人見之. 聽前. 不禁. 既獲詣坐. 得種種好食. 先以與衣.

---

161) 규장각본, 범어사소장본, 고려대본. 事. 고증. 事(寺). DB. 寺의 오기로 보인다.
162) 규장각본, 범어사소장본, 고려대본, 고증. 方. DB. 순암수택본에는 防 옆에 方.

衆人問言，何以爾乎．荅[163]曰，我比數來．每不淂[164]入，今以衣故．淂此座．得種種食．宜以與衣爾．事可同按．

[807]讃曰．燃香擇佛看新繪，辨供齋僧喚舊知．從此琵琶嵓上月，時時雲掩到潭遲．

풀이

[804]진신수공(眞身受供)

[805]장수[165] 원년 임진 효소왕이 즉위하여, 망덕사[166]를 처음 세워 당 황실의 덕을 받들게 하였다. 그 후에 경덕왕[167] 14년에 망덕사 탑이 흔들리니, 이해에 안사의 난[168]이 있었고, 신라인들이 말하기를, "당 황실을 위해 이 절을 세웠으니, 마땅히 그에 따른 것이다."라고 하였다.

8년 정유년[169]에, 다친 탑(塔)의 낙성법요(落成法要)[170]를 베풀었는데, 경덕왕이 친히 가마를 타고 와서 공양하였다. 그때 한 비구가 왔는데 외양이 남루하였다. 몸을 움츠리고 뜰에 서서 "빈도(貧道)[171] 또한 재를 보겠습니다."라고 청하였다. 왕이 평상의 끝에 나아가는 것

---

163) 답(荅)의 이체자. 고증 본문에는 답(答). DB. 荅의 오기로 보인다.
164) 고증. 得. 규장각본, 범어사소장본, 고려대본, 淂. 得의 오기가 아닌가.
165) DB. 무주(武周: 南周)의 연호이다.
166) DB. 현재의 경상북도 경주시 배반동에 있었던 사찰이다. 현재 절터에는 당간지주(보물 제69호)와 쌍탑지 등이 남아 있다.
167) DB. 신라 35대 왕(742-765). 성은 김(金). 이름은 헌영(憲英). 성덕왕(聖德王)의 아들이자, 효성왕의 아우며 母는 소덕왕후.
168) DB. 당(唐)대 안록산(安祿山)과 사사명(史思明)이 일으킨 반란(755-763).
169) 고증에는 (?)를 붙였다.
170) DB. 낙성회라고 표현.
171) DB. 원문의 빈도는 산스크리트어 슈라마나(Srmana)의 음역(音譯)인 사문나(沙門那: 약하여 사문)의 고역. 정도(政道)를 닦아 빈핍(貧乏)을 끊는다는 뜻. 여기서는 성도(聖道)가 결핍되었다는 뜻으로 사문이 자기 자신을 낮추어 이르는 말이다.

을 허락하였다. 장차 재가 끝나려 하니 왕이 그를 희롱하여 말하였다. "그대가 석장(錫杖)을 두는 곳(소속하는 절)은 어디인가."[172] 중이 비파암(琵琶嵓)이라고 하였다. 왕이 "이제 가면 사람들에게 국왕이 친히 공양하는 재에 참석했다고 하지 말라."라고 말하니 중이 웃으면서 "폐하도 역시 사람들에게 진신[173] 석가[174]를 공양했다고 하지 마십시오."라고 하고 말을 마치고는 몸을 솟구쳐 하늘에 높이 올라 남쪽을 향해 갔다. 왕이 놀라고 부끄럽게 여겨 동쪽 산으로 달려 올라가, 그 방향을 향해 멀리서 예를 취하고 사람들에게 가서 그를 찾게 하였다. 비구는 남산삼성곡, 혹은 대적천원[175]이라는 곳에 이르니 바위 위에 지팡이와 바리를 두고 사라졌다. 사자가 와서 결과를 보고하니, 드디어 비파암 밑에 석가사[176]를 세우고, 모습을 감춘 곳에 불무사[177]를 세워, 지팡이와 바리를 나누어 두었다. 두 절은 지금도 있으나, 지팡이와 바리는 사라졌다.

806"지론"[178] 제4에 말한다. "옛날 계빈국[179]의 삼장이 아란야법[180]

---

172) DB. 어느 곳에 주석하는가?라고 표현.

173) DB. 보신(報身), 법신(法身)을 지칭하는 말. "대지도론" 30권에 "불신에 2종이 있으니 진신(眞身)과 화신(化身)이다.'라고 한다. 부처란 말은 본래 불타(佛陀)이고, 이 말은 본래 산스크리트 원어인 붓다(buddha)의 음을 묘사한 한자말이다.

174) DB. 공양을 받는다는 뜻.

175) DB. 이 지역을 새롱골이라고 부르는데 새롱은 모래가 많이 쌓여 있다는 뜻으로 사롱(沙籠)으로 풀이될 수 있으니, 그 뜻은 대적(大磧)과 같이 모래가 많이 쌓인다는 뜻임.

176) DB. 현재의 경북 월성군 비파동에 있던 절.

177) DB. 경주 남산에 있던 절. 비파암의 북쪽. 삼형제 바위의 동쪽. 새롱골의 서북쪽에 있다.

178) DB. 용수(龍樹)가 지은"大智度論"의 준말.

179) DB. 북인도에 있던 나라. 지금의 카슈미르 지방.

180) DB. 아란야란 시끄러움이 없는 한적한 곳으로서 수행하기에 적당한 곳. 즉, 모래사장 넓은 들, 삼림 등을 가리키는데 줄여서 보통 난야(蘭若) 또는 연야(練若)라고 부른다. 승려는 혼잡스런 마음이나 거리를 떠나 아란야를 두루 돌아다니며 수행하는데, 이것을 아란야법이라

을 행하여 일왕사에 이르니, 절에서 큰 모임을 열고 있었다. 문지기가 삼장의 의복이 남루한 것을 보고, 문을 막고 나아가지 못하게 했다. 이와 같이 하기를 여러 번 하였다. 옷이 남루한 이유로 매번 나아갈 수 없으니, 곧 방편을 만들어 좋은 옷을 빌려 입고 가니, 문지기가 그를 보고 들어가는 것을 금하지 않았다. 이미 자리에 앉아 여러 음식을 얻었는데 먼저 옷에게 주었다. 여러 사람들이 '어찌 그렇게 하느냐'고 물으니 대답하여 말하기를 '나는 여러 번 올 때마다 매번 들어오지 못하였으나, 지금 옷 때문에 이 자리를 얻어 여러 음식을 얻었으니, 먼저 옷에게 주는 것뿐이다.'라고 하였다. 사적이 지금 살펴본 것과 같다고 할 수 있다."

807찬하여 말한다.

향을 태우는 몸이면서 또한 불문에 있는 자를 이리저리 차별하고,

새 비단 옷(훌륭한 옷을 입은 자)으로 눈길을 돌린다.

공양을 갖추고 중을 받들면서 한편으로는 습속(習俗)에 젖는다.

이래서는 비파암을 비추는 달도 구름에 가리고, 그 빛을 쬐는 것도 더딜 것이다.[181]

주해 **804**○ 【眞身】 '유' 권제3 '오만진신' 조항을 참조.

○ 【受供】 이 조항의 글은 진인(眞人)이 공양을 받았다는 두 가지 설화에서

한다.

181) 고증.의 원문을 그대로 옮겼다. DB.는 어려워 잘 이해가 되지 않는다. 다음과 같다. 향을 태우고 부처님을 가려 새 그림을 보았고, 음식 만들어 중을 대접하고 옛 친구 불렀다. 이로부터 비파암 위의 달은, 때때로 구름에 가려 못에 더디게 비치었다.

온 것이다.

805○ 【長壽元年壬辰. 孝昭即位. 始創望德寺】 장수(長壽)는 측천무후 주(周)조의 원호이며, 그 원년 임진은 서기 692년, 신라 효소왕 원년이다. '나기'(제8)의 효소왕 원년 조항에는 망덕사 창건에 관한 것은 보이지 않는다. 창건에 대한 것은 '나기'(제8) · 신문왕 5년(685) 조항에 '夏四月. 望德寺成'이라고 보인다. 또한 효소왕에 대해서는 '유' 권제2 '효소왕대 죽지랑' 조항을 참조.

○ 【望德寺】 절터는 경주시 배반동의 남천 북쪽 강 언저리에 있으며, 약간의 초석이 남아 있다. '나기'에 의하면 685년 4월에 완성했다고 하며, 이 기사와는 창건 연차를 달리한다. 자세한 것은 주해 269를 참조.

○ 【景德王十四年. 望德寺塔戰動】 '나기' 제9, 경덕왕 4년(755) 춘(春) 조항에 '望德寺塔動'이 있으며 이에 주를 달아 '唐令狐澄新羅國記曰. 其國爲唐立此寺. 故以爲名. 兩塔相對高十三層. 忽震動開合. 如欲傾者數日. 其年祿山亂. 疑其應也.'라고 했다.

○ 【是年】 서기 755년. 신라에서는 경덕왕 14년. 당에서는 현종 천보 14세.

○ 【安史之亂】 755-763년까지 당 왕조를 향한 안록산이나 사사명 등에 의한 반란이다. 직접적인 원인은, 변방의 절도사 안록산과 중앙의 재상 양국충과의 권력 다툼이었는데, 그 결과 당의 지방정책이 파탄되고, 당조의 권력이 떨어져, 중국사회에 큰 변혁을 부르게 되었다.

○ 【八年丁酉. 設落成會】 이것을 효소왕대의 일이라고 본다면, 효소왕 8년(699)의 간지는 을해(乙亥)이며, 정유는 그 2년 전인 효소 6년으로, 간지와 연차가 많이 다르다. 또 '나기'에서는 그 어느 해에도 망덕사 관련 기사는 보이지 않는다. 그런 이곳은 경덕왕 14년에 탑이 손상되었기 때문에, 그 보수가 이루어지고 그 낙성회가 열렸다고 보는 것이 자연스러울 것이다. 그렇다면 그 연차는 경덕왕 14년 이후이다. 그러나 이해가 8년 정유라는 것은 이해가 안 된다. 그래서 경덕왕대의 정유년은 경덕왕 16년(757)밖에 되지 않는다. 그래서 '八年丁酉'는 '十六年丁酉'라고 해야 할

것이다. 그러나 '나기' 경덕왕 16년 조에는 망덕사에 관한 기사는 보이지 않는다.

○ 【琶琶嵓】 경상북도 경주군 내남면 용장동 비파동의 동쪽 비파계(溪)의 상류에 있었다고 한다. "동경잡기"에 의하면 바위 머리가 비파 모양을 닮은 비파암이 그곳에 있었다고 한다.

○ 【東岡】 망덕사 절터 동북에 있는 낭산(狼山)을 말하는가.

○ 【南山】 경주시 탑정동에서 남쪽으로 걸쳐 이어지는 산들을 남산이라고 한다. 높이는 466m이며, 신라시대의 불교유적이 특히 많은 곳이다.

○ 【參星谷】【大磧川】 경상남도 경주군 내남면 용장리 비파동을 흐르는 비파계의 다른 이름.

○ 【或云. 大磧川源】 이 6자는 위의 참성곡의 주로 보인다.

○ 【釋迦寺】【佛無事(寺)】 "경주시지(誌)"에는 다음과 같은 취지의 기사가 있다.

… 비파동의 동쪽에서 비파계를 따라 오르면, 속칭 불무사 절터가 나온다. 그곳에는 석탑의 돌 뚜껑 하나가 남아 있다. 그 상류 약 300-400m 되는 곳의 소나무 숲에 하나의 절터가 있다. 그곳에는 돌담과 자연의 암반을 사각형으로 깎아 기단으로 하고, 그 위에 작고 큰 3층의 석탑을 두고, 그 초층(初層)의 탑신과 석등의 간석(竿石)을 세운 기대(基臺)가 있다. 또 그 위아래 큰 돌을 비파암이라고 하며, 이 지역을 석가사지(址)라고 하고 있다. 또 이곳에서 100m 상류에도 절터가 있다.

806○ 【智論第四】 지론(知論)은 대지도론(大智度論) 100권의 약어이다. 그러나 이 설화는 이 자료 제4에는 보이지 않는다.

○ 【罽賓】 한대에서 당대까지의 중국 사료에 보이는 서역의 나라 이름으로, 지금의 인도 북부 카슈미르 지방에 있었던 나라.

○ 【三藏】 불교에서는 經·律·論의 삼장(三藏)을 말하며, 바뀌어 삼장으로 통했던 고승 이름으로 쓰인다.

○ 【阿蘭若法】 승려가 수행하는 데 적절한 곳을 아란야라고 하며, 인도에서

는 사원 주변에 작은 오두막을 만들거나, 큰 나무 곁의 빈터에 그대로 거주하며 수행을 했다. 이것을 아란야라고 한다. 일반적으로는 불문에 들어가고자 하는 수행자들이, 마을의 번잡한 곳을 피해 산림, 황야에서 수행하는 것을 말한다. 이 경우는 한곳에 머물지 않고, 걸식을 하며 각지를 돌아다니는 것을 가리킨다.

○ 【一王寺】 이 기사에서 인도의 사원이라고 여겨지는데, 달리 보이지 않아 미상.

808 월명사도솔가

月明師兜𢁿歌[182)]

809 景德王十九年庚子四月朔. 二日並現. 挾旬不滅. 日官奏請, 緣僧作散花功德則可禳. 於是潔壇於朝元殿. 駕幸青陽樓. 望緣僧. 時有月明師. 行于阡陌時之南路, 王使召之. 命開壇作啓. 明奏云. 臣僧但屬於國仙之徒, 只解鄕歌不閑聲梵. 王曰, 既卜緣僧. 雖用鄕歌可也. 明乃作兜率歌賦之. 其詞曰. 今日此矣散花唱良, 巴寶白乎隱花良汝隱, 直等隱心音矣命叱使以惡只, 彌勒座主陪立羅良. 解曰. 龍樓此日散花歌, 挑送青雲一片花. 殷重直心之所使, 遠邀兜𢁿大僊家. 今俗謂此爲散花歌誤矣. 宜云兜𢁿歌. 別有散花歌, 文多不載. 既而日恠即滅. 王嘉之賜品茶一襲. 水精念珠百八箇. 忽有一童子. 儀形鮮潔, 跪奉茶珠. 從殿西小門而出. 明謂是内宮之使, 王謂師之從者, 及玄徵而俱非. 王甚異之. 使人追之, 童入内院塔中而隱, 茶珠在南壁畫慈氏像前. 知明之至德與至誠. 能昭假于至聖也. 如此

182) 규장각본, 범어사소장본, 고려대본. 率. DB. 𢁿. 고증. 率. DB. 만송문고본, 순암수택본에는 率으로 되어 있다.

朝野莫不聞知. 王益敬之. 更贐絹一百疋. 以表鴻誠. 810明又嘗爲亡妹營齋,183) 作鄕歌祭之. 忽有驚飇吹紙錢. 飛擧向西而沒. 811歌曰. 生死路隱, 此矣有阿米次肹伊遣, 吾隐去内如辭叱都, 毛如云遣去内尼叱古. 於内秋察早隱風未, 此矣彼矣浮良落尸葉如, 一等隱枝良出古, 去奴隱處毛冬乎丁. 阿也, 彌陁刹良逢乎吾, 道修良待是古如. 812明常居四天王寺, 善吹笛. 嘗月夜吹過門前大路, 月馭爲之停輪. 因名其路日月明里. 師亦以是著名. 師即能俊大師之門人也. 羅人尚鄕歌者尚矣. 盖詩頌之類欤.184) 故往往能感動天地鬼神者非一.

813讃曰. 風送飛錢資逝妹, 笛揺明月住姮娥. 莫言兜攣連天遠. 萬德花迎一曲歌.

풀이

808월명사도솔가(月明師兜率歌)

809경덕왕 19년 경자(760) 4월 삭185)에, 두 해가 함께 나타나 10일이 지나도 사라지지 않았다. 일관(日官)186)이 아뢰기를, "인연이 있는 중을 청하여 산화공덕을 행하면 물리칠 수 있을 것입니다."라고 하였다. 이에 조원전187)에 단을 깨끗이 만들고 왕의 가마는 청양루에 행차하여 인연이 있는 중을 기다렸다. 이때에 월명사가 밭두둑의 남쪽 길을 가고 있으니, 왕이 사람을 보내 그를 불러오게 하여 단을 열고,

183) 규장각본, 범어사소장본, 고려대본. 齊. DB. 순암수택본에는 齋 옆에 齊 자가 가필되어 있다. 고증. 齋. DB. 본문에는 以表鴻誠明. 又嘗爲亡妹營齋.

184) 어조사 '여(歟)'의 이체자. 규장각본, 범어사소장본, 고려대본. 欤. 고증. 歟.

185) 고증. '4월 1일에'.

186) DB. 삼국시대에 천문(天文)관측과 점성을 담당한 관원이다.

187) DB. 조원전은 신라왕궁의 正殿인데 내정 외교의 주요한 행사를 행하는 곳.

부처님께 푸닥거리(祓) 법요를 하라고 하였다.

그러나 월명사가 아뢰었다. "신승은 단지 국선의 무리에만 속하여 향가만 풀 뿐이고 범성[188]은 익숙하지 않습니다." 그래도 왕은 "이미 인연 있는 중으로 뽑혔으니 비록 향가를 쓰더라도 좋다."라고 하였다. 월명사가 이에 도솔가[189]를 지어서 읊었다. 그 가사는 이러하다.

오늘 이에 산화(散花)가를 불러
뿌린 꽃아 너는
곧은 마음의 명령을 부림이니
미륵좌주를 모셔라[190]

풀이하면 이렇다.

궁중에서는 이날, 산화를 하며 노래를 불러, 하늘을 향해 복숭아 꽃잎을 흩뿌렸다. 그것은 맑디맑은 하늘로 흩날려 한 잎 꽃이 되었다. 올곧은 마음을 그대 안에 품어, 도솔천에 보내는 꽃, 그대는 얼마나 넉넉하고 얼마나 존귀한가. 도솔천의 부처님이 멀리서 목을 길게 하고 기다리신다.[191]

지금 세상에서 이를 산화가라고 부르는데 잘못이다. 마땅히 도솔

---

188) 범패(梵唄). 범어 노래.

189) DB. 도솔가는 미륵보살이 상주하는 도솔천의 찬가를 가리키지만, 별도로 신라의 향가를 도솔가라고 부르기도 하는데, 이것은 民을 기쁘고 편안하게 하는 노래라는 의미이다.

190) 고증. 원문을 옮기면 다음과 같다. 오늘 이곳에 산화(散花)의 노래를 불러, 제사에 바친 꽃이여. 그대는 올곧은 마음을 전하는 사자로서, 우리가 기원하는 말을 그대로 도솔천에 계시는 미륵님에게 전하고, 그 가까이에서 섬기도록 해 주소서.

191) DB. 원문을 옮기면 다음과 같다.
용루(龍樓)에서 오른 산화가를 불러
청운(靑雲)에 한 조각 꽃을 뿌려 보낸다
은근 · 정중한 곧은 마음이 시킴이니
멀리 도솔천의 부처님을 맞이하라

가라 해야 한다. 그 외에도 산화가는 노래 부르고 있는데, 그 가사는 많아 이곳에서는 싣지 않기로 한다.

이를 마치자 두 개로 보이던 해의 괴변이 곧 사라졌다. 왕이 가상히 여겨, 좋은 차 1봉과 수정 염주 108개를 하사하였다. 그러자 갑자기 외양이 곱고 깨끗한 한 동자가 나타나, 무릎을 꿇고 차와 염주를 받들고 궁전의 서쪽 작은 문으로 나갔다. 월명사는 내궁(內宮)의 사자라고 하였고 왕은 월명사의 시종이라고 생각했다. 그러나 그 동자는 하늘의 계시로 나타난 증거로 그 모습에는 그윽한 오묘함이 분명했다. 왕과 법사는 두 사람 모두 틀렸다는 것을 알게 되었다. 왕이 매우 이상하게 여겨 사람으로 하여금 그를 쫓아가게 하니 동자는 내원(內院)의 탑 안으로 들어가 사라졌고 차와 염주는 남쪽 벽 벽화의 자씨(慈氏)(미륵보살) 앞에 있었다.

월명사의 지극한 덕과 지극한 정성이, 지성을 이와 같이 감동시킬 수 있는 것을 모두 알게 되었다. 조정과 민간에서 이 일을 모르는 자가 없었다. 왕이 더욱 그를 공경하여 다시 명주 100필을 주어서 정성을 나타내었다.

810월명사는 또한 일찍이 죽은 누이를 위하여, 재를 올리고 향가를 지어 그를 제사하였다. 문득 세찬 바람이 불어 종이돈을 날려 서쪽으로 사라지게 하였다. **811**향가는 이러하다.

이승의 피할 수 없는 생사의 기로를 우려하며, "나는 갑니다."라는 말도 없이 가 버린 누이여. 언제인가 가을바람 불 때, 나뭇잎은 너무 이르다고 생각하던 가운데 흩어져 간다. 한 잎 한 잎, 가지에게 이별을 알리고, 어디로 가는지 그곳은 알 수 없다. 언젠가 미타의 정토에 왕생할 터인 나는, 수행에 힘쓰면서 그때를 기다리겠다.[192)]

[812]월명사는 항상 사천왕사[193]에 살았는데, 피리를 잘 불었다. 일찍이 달밤에 문 앞 큰길을 불면서 지나가면 달이 그를 위해 가는 것을 멈추었다. 그로 인해 그 길을 월명리라고 불렀다. 월명사는 또한 이로써 이름이 났다.

월명사는 곧 능준대사[194]의 문인이다. 신라 사람들이 향가를 숭상한 것은 오래되었다. 대개 시송과 같은 것이다. 그러므로 종종 천지의 귀신을 감동시킨 것이 한번이 아니었다.

[813]찬하여 말한다.

바람은 지전(紙錢)을 날려 죽은 누이가 정토로 가는 여비를 대었다.

법사가 부른 피리 소리는, 밝은 달조차 멈추고, 명(明)도 그 마음이 흔들렸고,

죽은 누이는 달에 사는 항아(姮娥)와 같이, 그 몸을 달에 맡겼다.

도솔은 아득한 하늘 저쪽에 있어 못 간다고 하지 말라.

산화(散花)의 공덕의 마음을 담은 한 곡 노래로, 누이는 도솔천에 들어갔다.

주해 **808**○ 【月明師】 본명은 미상. 월명리에 사는 법사라는 의미이며, 뒷글에 보

192) DB. 다음과 같다.
생사의 길은 여기 있으매 두려워하고 나는 간다는 말도 못다 이르고 갔습니까.
어느 가을 이른 바람에 여기저기 떨어지는 잎처럼 한 가지에 나고 가는 곳을 모르는구나. 아, 미타찰(彌陀刹)에서 만날 나는 도를 닦으며 기다리련다.

193) DB. 경주시 배반동 낭산 남쪽 기슭에 있던 사찰로, 문무왕 19년(679) 8월에 창건된 신라의 대표적인 호국사찰이다.

194) DB. 신라의 고승인 월명사의 스승.

이듯이 이 법사는 피리를 잘 불며 그 음색은 달의 운행을 멈출 정도였다고 한다. 월명리라는 명칭은 이것에 유래한다.

○ 【兜率歌】 미륵보살이 상주한다는 도솔천의 찬가를 말한다. 또 향가로서 국민의 행복과 안녕을 노래한 도솔가도 있다. 자세한 것은 주해 147을 참조.

809○ 【景德王十九年庚子四月朔. 二日並現】 '나기' 경덕왕 19년(760)의 천재지변 기사는 '춘정월에 왕성의 동북쪽에서 북을 치는 듯한 소리가 났다. 사람들은 이것을 귀고(鬼鼓)라고 했다.'라는 한 조항뿐이다. 비교적 유사한 기사로서는 '20년(761)에 무지개가 태양을 가로질러 태양의 귀걸이 같았다.'라는 기사가 있다. 그러나 이 기사와 부합하는 '나기'의 기사는 보이지 않는다.

○ 【日官】 책력(冊曆)을 관장하는 천문관계의 관리로, 천관(天官)이라고도 한다.

○ 【朝元殿】 '사'에 의하면 조원전(朝元殿)은 신라왕궁의 정전(正殿)에 해당하며, 내정 · 외교의 중요한 행사를 행하는 곳이었다. '나기'의 중요한 관계기사를 들면 다음과 같다.

진덕왕 5년(651) 춘정월 1일에, 왕이 조원전에 나와, 백관(百官)으로부터 정월의 하례를 받았다. 새해를 축하하는(賀正) 예(禮)는 이때부터 시작되었다.

애장왕 7년(806) 춘3월에 일본국의 사자가 와서 조원전에서 만났다.

조원전은 경주시 인왕동의 월성 내에 있었다고 보이는데, 그 유적은 확인되고 있지 않다.

○ 【青陽樓】 청양(青陽)은 천자의 봄의 거실(居室)을 말하며, 누(樓)라고 하는 것으로부터 신라왕궁의 왕이 거주하는 건물은 2층 건물이었다는 것을 알 수 있다.

○ 【時之南路】 이 4글자는 위의 천맥(阡陌)의 주문이다.

○ 【國仙之徒】 국선(國仙)은 화랑을 말하는 것으로, 화랑에 모이는 사람들

을 말한다. 자세한 것은 주해 229를 참조.

○ 【鄕歌】 신라의 가요. 현존하는 것은 '유'에 14수(首), 균여전에 11수가 있으며, 한자의 음훈을 빌려 신라어를 나타내는 방식을 보인다. 향가는 6-10세기의 노래로 8세기의 것이 가장 많다. 향가는 신라인의 자연 풍물을 노래하는 풍습에서 일어나, 불교관계의 찬불가나 군가(軍歌) 등이 있다. 향가에는 설화를 동반한 것이 많으며, 양자를 통일적으로 이해하는 것에 의해 신라인의 생활과 감성을 알 수 있다.

○ 【梵】 범어(梵語)의 가요로 불덕을 찬미하기 위해, 가락을 넣어서 경문 등을 노래하는 것이다.

○ 【其詞曰. …】 이 향가는 오구라 신페이에 의해 다음과 같이 번역되어 있다.

今日此矣散花唱良巴寶白乎隱花良汝隱(오늘 이곳에 산화를 불러 모시는 꽃이여 그대는)

直等隱心音矣命叱使以惡只[곧은 마음의 명(命)으로 하여금]

彌勒座主陪立羅良(미륵좌주를 모실 것이다.)

더 나아가 다음과 같이 의역을 하고 있다.

오늘 이곳에 산화의 노래를 불러, 모시는 꽃이여 그대는, 나의 곧은 마음의 사신으로서, 미륵좌주의 곁을 지킬 것이라.

[참고] 전게 "小倉進平博士著作集(1)"

또 나카무라 다모쓰(中村完)는 다음과 같이 옮기고 있다.

오늘 이곳에 산화의 노래를 부르면서

바치는 꽃이여 그대야말로 나의 진심의 사자로서

미륵의 곁으로 갈 것이다.

[참고] 나카무라 다모쓰 "新羅殘夢(13세기 한 고려승에 의해 기록된 향가의 세계)"

○ 【龍樓】 중국 한대에서 당대에 걸치는 태자의 궁문 명칭으로, 때로는 태자의 궁전 자체로도 쓰였다. 이곳에서는 궁중의 누문(樓門)의 명칭, 내지 궁중 그 자체를 가리킨다. 그 유래는 누문의 지붕 위에 동으로 만든 용을

올린 것에서 이 이름이 생겼다.

○ 【兜率大僊家】 미륵보살이 산다는 도솔천의 내원(內院)을 말한다. 대선가(大僊家)는 대선(大仙)의 집이라는 의미로, 미륵보살과 화랑을 연결한 생각이라고 할 수 있다.

○ 【品茶】 원래 의미는 차를 마시고 이것을 품평하는 것이다. 후세 여러 차를 마시고 그것을 맞추는 것을 다투는 유희로도 쓰였다. 그러나 이곳에서는 명차(銘茶)의 의미로 보인다.

○ 【水精念珠百八箇】 수정으로 만든 수주(數珠)이며, 독경이나 염불을 할 때에 쓰는 불구(佛具)이다. 수주(數珠)의 주(珠)는 백팔번뇌에 대응하여, 108개를 잇는 것이 정해진 법칙이다. 그러나 실제로는 절반인 54개, 4분의 1인 27개, 8분의 1인 14개 등이 있다. 수주(數珠)는 '주주(ずず)'[195]라고도 한다. 또 수주, 송주(誦珠), 염주(念珠)라고도 한다.

○ 【慈氏】 미륵보살의 다른 말로, 자비로서 중생을 제도(濟度)하는 것을 말한다.

810○ 【紙錢】 중국에서는 장사를 치를 때(送葬), 지신(地神) 등에게 주기 위해 돈 모양으로 자른 종이를 관 속에 넣었다. 이 풍습은 신라나 일본에도 전해졌다. 또 신라에서는 이 돈 모양의 종이를 기도나 법회 때, 불전의 기둥 등에 붙여, 귀신에게 주는 일도 있었다. 종이돈은 음전(陰錢)이라고도 한다. 이곳에서는 갑작스런 회오리가 지전을 서방으로 날렸다고 하고 있다. 이것은 망매(亡妹)가 서방정토를 향해 갔다는 것을 보인다.

811○ 【歌曰】 이 향가는 '월명사위망매영재가'라고 부르는 것인데, 오구라 신페이는 다음과 같이 옮겼다.

生死路隱(생사의 길은)此矣有阿米次肹伊遣(이곳에 있다고 두려워)

吾隱去內如辭叱都(나는 간다는 말도)毛如云遣去內尼叱古(못하고 가

---

195) 고증 원문, 數珠(じゅず)は「ずず」とも言う(쥬주는 주주라고도 한다). 이 글이 왜 이곳에 있어야 하는지 의문이나, 일본 국내용으로 이해하면 될 것이다.

는가)

於内秋察早隱風未(어느 가을 이른 바람에)

此矣彼矣浮良落尸糸如一等隱枝良出古(이리 저리 흩날리는 나뭇잎이여 하나는 가지에서 나와)

去奴隱處毛冬乎丁(갈 곳을 몰라) 阿也

彌陀刹良逢乎吾道修良持是古如(미타의정토에 만나는 나는 도(道)를 닦으며 기다리련다.)

또 다음과 같이 의역을 했다.

생사의 기로에 서서 두려워하여 '나는 간다는 말도 없이'라며 그대는 가는가. 어디서인가 불어오는

가을 세찬 바람에 나뭇잎은 이리저리 흩날려 가는데, 하나는 가지에서 나와 갈 곳을 모르니(阿也). 미타의 정토에 만날 날이 있거든 나는 도를 닦아 그날을 기다리련다.

[참고] 전게 "小倉進平博士著作集(1)"

또 나카무라 다모쓰는 다음과 같이 옮기고 있다.

떠날 때 나서는 길목에서 이별의 말도

없는 채 떠났네.

이는 바람 술렁이는 가을 날 한 자리 가지에서 나와

이러 저리 흩날리는 잎이 갈 곳을 모르고

사라져 가는 것처럼

어여

그러하면 그저 도를 닦아

만날 날을 기다리니 미타의 정토에서

[참고] 다카무라 다모쓰 "新羅殘夢(13세기 한 고려승에 의해 기록된 향가의 세계)"

812○ 【四天王寺】 경주시 배반동에 절터가 있다. 그 금당 · 동서 두 개 탑의 초석들이 있으며, 귀부(龜趺)나 당간지주 등도 남아 있다. 674-679년에

걸쳐 건립되었으며, 당군의 침략으로부터 신라를 지키고자 호국사로서 세워졌다. 자세한 것은 주해 217을 참고.

○ 【能俊大師】 신라의 고승으로 월명사의 스승이라고 한다. 달리 전하는 것이 없어 미상.

813○ 【姮娥】 상아(嫦娥)라고도 한다. 달의 다른 말 또는 달에 사는 미인의 이름이다. "회남자" 남명훈이나 "후한서" 천문지 등에 의하면 원래는 활의 명수 수예의 처로, 예(羿)가 서왕모에게 부탁하여 얻은 불사의 약을 훔쳐 마시고, 선인이 되어 달로 도망가, 달의 정령이 되었다고 한다.

[814]선율환생

善律還生

[815]望德寺僧善律. 施錢欲成六百般若, 功未周. 忽被陰府所追至寞. 司問曰, 汝在人間作何業. 律曰, 貧道暮年欲成大品經功未就而來. 司曰, 汝之壽籙雖盡, 勝願196)□□宜復人間. 畢成寶典, 乃放還. 途中有一女子. 哭泣197)拜前曰, 我亦南閻州新羅人, 坐父母陰取金剛寺水田一畝, 被寞府追檢. 久受重苦. 今師若還古里, 告我父母速還厥田. 妾之在世. 胡麻油埋於床下. 幷藏緻密布於寢褥間, 願師取吾油點佛燈, 貨其布爲經幅, 則黃泉198)亦恩. 庶幾脫我苦惱矣. 律曰 汝家何在 曰 沙梁部久遠寺西南里也. 律聞之方行. 乃蘇, [816]時律死已十日. 葬于南山東麓. 在塚中呼三日, 牧裡

---

196) 규장각본, 고려대본. 두 칸 공백. 범어사소장본. 勝願未終宜復人間. '未終'으로 '아직 끝나지 않았으니'라는 해독이 가능하다. 그래서 범어사소장본이 최고의 선본(善本)임을 알 수 있다. DB. 만송문고본은 願 뒤로 두 칸이 비어 있으며, 순암수택본에는 未 자가 가필되고 그 다음은 빈칸이다. DB. 勝願未宜復人間.

197) 고증. 泋(泣).

198) 규장각본, 범어사소장본, 고려대본. 川. 고증. 川(泉). DB. 泉. 순암수택본에는 옆에 川 자가 가필되어 있다.

聞之來告於本寺. 寺僧歸發塚出之. 具說前事. 又訪女家, 女死隔十五年. 油布宛然. 律依其諭作寞福. 女來魂報云, 頼師之恩. 妾已離苦得脫矣. 時人聞之莫不驚感, 助成寶典. 其經秩199)今在東都僧司藏中, 每年春秋. 披轉禳災焉. 817讃曰. 堪羨吾師仗200)勝緣, 魂遊却返奮林泉. 爺孃若問兒安否, 爲我催還一畝田.

풀이 814선율환생(善律還生)

815망덕사의 중 선율은 보시받은 돈으로 "육백반야경"을 이루고자 하였으나, 공이 아직 이루어지기 전에 갑자기 명부의 쫓김을 받아서 저승에 이르렀다. 명사(冥司)가 묻기를 "너는 인간세계에서 무슨 일을 하였는가?"라고 하니 선율이 "빈도는 말년에 "대품경"을 이루고자 하였으나 공이 아직 이루어지지 않았는데 왔습니다."라고 하였다. 명사가 "너의 수록(壽籙)은 비록 다 되었으나, 뛰어난 소원이 아직 끝나지 않았으니 마땅히 인간세계로 돌아가 보전을 완성하여라."라고 하고 곧 놓아 돌려보냈다.

그가 돌아가던 도중에 어떤 여자가 앞에 울면서 절을 하며 말하기를 "나 또한 남염주201)의 신라 사람인데, 부모가 몰래 금강사의 논밭 1무(畝)를 취한 것에 연좌되어, 명부에 잡혀 와서 오랫동안 괴로움을 받고 있습니다. 지금 법사가 만약 옛 마을로 돌아가면, 나의 부모에게

---

199) 고증. 秩(帙). 규장각본, 범어사소장본, 고려대본. 秩.
200) 규장각본, 범어사소장본, 고려대본. 仗. 仗의 이체자. 고증. 仗. DB. 仗의 오기로 보인다.
201) DB. 南贍部州의 약칭으로 불교의 우주관을 보면 우주의 중심에 수미산이 있고 그 남쪽에 있는 섬이 바로 남섬부주라고 한다.

알려 빨리 그 논을 돌려주게 하십시오. 제가 세상에 있을 때, 참기름을 침상 아래에 묻어 놓았고, 아울러 곱게 짠 포를 침상과 요 사이에 넣어 두었으니, 원컨대 법사가 나의 기름을 취하여 불등을 켜고, 그 포는 경폭을 위한 밑천으로 하여 주시면,[202] 곧 황천에서 또한 은혜로워 거의 저를 고뇌에서 벗어나게 해 줄 것입니다." 선율이 "너의 집은 어디인가?"라고 하니 "사량부[203] 구원사 서남쪽 마을입니다."라고 하였다. 선율이 그것을 듣고 바야흐로 가서 곧 소생하였다. **816**이때는 선율이 죽은 지, 이미 10일이 지나 남산 동쪽 기슭에 장사 지낸 뒤였다. 무덤 속에 있으면서 3일을 외쳤는데, 목동이 그것을 듣고 황급히 망덕사에 와서 알려 주었다. 절의 중이 와서 무덤을 파내어 그를 꺼내 주었다. 선율은 그간의 일을 다 설명하였다.

또 여자의 집을 찾아가니 여자가 죽은 지, 15년이 지났는데 기름과 포는 그대로였다. 선율은 그 말에 따라 명복을 빌었다. 여자의 혼이 와서 말하기를

"법사의 은혜에 힘입어, 저는 이미 고통에서 벗어나 해탈을 얻었습니다."라고 하였다.

그때의 사람들이 그것을 듣고 놀라고 감동하지 않은 자가 없었고, 또 선율을 도와 보전(寶典)을 이루는 일을 하였다. 그 경전을 담은 질(帙)은, 지금 동도[204] 승사의 장(藏) 안에 있고 매년 봄가을에 전독하

---

202) 고증에는 '그 포(布)를 팔아서 불경의 괘축(掛軸)으로 써 주십시오.'

203) DB. 신라시대 6부 중의 하나이다. 급량부와 더불어 6부 중 가장 우세한 집단으로, 남천(南川) 이북, 서천(西川) 이동, 북천(北川) 이남 일대를 포함했던 것으로 추측되며, 김씨 출신이 중심이 된 조직체였을 것으로 생각된다.

204) DB. 경주의 별칭이다. 고려에는 왕도인 개경에 대하여 경주는 동도, 평양은 서경, 양주는 남경이라고 하였다.

여 재앙을 물리친다.

[817]찬하여 말한다.

부럽도다. 스님은 좋은 인연에 따라
영혼이 다시 돌아와 옛 고향에서 노닌다.
부모님이 저의 안부를 물으시거든
나를 위해서 1무(畝)의 논을 빨리 돌려주라 하시오.

주해

814○ 【善律】 선율(善律)의 출신은 불명. 그러나 왕도의 망덕사(望德寺)의 승려였다는 사실로 문무왕 이후의 사람이라는 것을 말할 수 있다. 또 선율의 행적에 대해서도 '유'의 해당되는 조항에 의해서만 알 수 있을 뿐이다. 특히 현저한 것은 그가 "대반야경"의 사경을 이룬 것이다. 그리고 이 경전은 나중에 고려시대에 동도 승사(僧司)의 장(藏) 속에 보관되었다는 것이 '유'의 후문에서 입증되는데, 이것을 통해서 선율의 업적도 전해졌을 것이다. 그래서 '유'를 찬술할 때에 일연이 다루었을 것이다.

○ 【還生】 선율이 죽고 일단 남산의 동쪽 기슭에 묻혔다. 그러나 그는 무덤 안에서 소생하여 3일간 외치는 것을, 우연히 지나던 목동이 이것을 듣고 망덕사에 알렸기 때문에, 절의 승려가 무덤을 파내어 선율을 구했다. 그리고 그는 보전의 완성을 이루었던 것이 이 조의 뒤에 기록되어 있다. 사람의 죽음은 무엇으로 정하는 것일까. 뇌사로서 죽음이라고 하는 사고방식으로는, 이 설화는 이해가 되지 않을 것이다. 또 명계에서 선율과 만난 여성과의 대화로부터 영혼·영계 등에 대해서도 생각나게 하는 문제가 들어 있을 것이다.

815○ 【望德寺】 '유' 권제2 '문호왕법민' 조에 사천왕사의 개창과 함께 망덕사의 개창에 관한 것, 망덕사라는 절 이름의 유래 등이 실려 있다. 또 '나기'에는 신문왕 4년(684)에 망덕사가 준공되었다는 것을 기록하고 있다.

그러나 언제쯤 폐사(廢寺)되었는지는 불명. 이 절터는 사천왕사 터에서 남쪽으로 울산가도를 끼고 있는데, 1968년 이후 발굴조사 결과, 가람의 규모 등이 상당히 밝혀졌다.

또 '유' 권제2 '문호왕법민' 조항 및 주해 184, '유' 권제5 · 감통 제7 '진신수공'의 조항 및 주해 805를 참조.

○ 【六百般若】 '大般若'라고 약칭되는 현장 역 "대반야바라밀경" 600권이라는 집대성된 경전을 말한다. 불교의 진실된 예지를 설법하는 "반야경"은 "반야바라밀다경"이라고 부르지만, 반야경전 류의 총칭으로서 "반야경"이라고 한다.

"반야바라밀다경"이라는 것은 범어 prajnā-pāramitā-sūtra로 프라냐(prajnā)는 지혜를 의미하고, 파라미타(pāramitā)는 '완성, 구극의 경지'를 보이기 때문에, 바냐파라밀(다)은 '진실의 예지의 완성'을 의미한다. 그러나 반야는 대승불교의 기본적 실천덕목인 포시, 지계, 인욕, 정진, 선정, 반야의 6가지 완성을 의미하며, 육바라밀을 실천하는 것이 대승불교도를 표방하는 당연한 행위이다. 그 마지막이 전체를 총괄하는 반야바라밀이며, 그 이상과 실천을 말하는 것이 반야바라밀경이라는 것이 된다. [참고] "佛教經典の世界" 수록 '般若經'(1991년 12월, 자유국민사).

○ 【陰府】 모로하시 데쓰지(諸橋轍次) "大漢和辭典"에는 '지옥의 염라대왕이 있는 곳, 명부, 명토(冥土) (하략)' 등이라고 있다.

한국의 불교사원에는 종종 삼성각(산신, 칠성, 독성) 외에 명부전(地藏殿)이라는 건물이 있다. 옛날에는 더 많이 있었던 것 같은데, 이것은 사자(死者)가 방황하지 않고 성불할 수 있도록 건립된 것이다. 그리고 본존으로서 지장보살을 모시고 양쪽에 도명존자와 무독귀왕, 나아가 염마대왕을 비롯한 지옥의 십대왕을 모시고 있다.

○ 【大品經】 대품반야. "마가반야바라밀경"은 구마라집 역으로 일반적으로 "大品般若"라고 하는데, 범본에서는 '二萬五千頌般若'라고 제목을 다는 것도 있다.

○ 【勝願□□】 결자 부분은 '미취(未就)' 혹은 '미성(未成)' 2자를 넣어야 할 것이다.[205]

○ 【南閻州】 남섬부주의 약어로 보인다. 불교의 우주관에 의하면, 우주의 중심에 수미산이 있고, 그 남쪽에 우리가 사는 섬(州)이 있다고 하는데, 이것을 염부제 혹은 섬부주, 남염부주라고도 한다. 염부제는 염부(jambu) 나무가 우거진 섬(dvipa 提波)을 의미한다. 신라는 이 남섬부주에 속한다고 생각했던 것 같다.

○ 【金剛寺】 이 절 이름은 '유' 권제2 '원성대왕' 조항 및 권제4 · 의해제5 '이혜동진' 조항에도 보인다. '이혜동진' 조에는 신인종의 개조인 명랑(明朗)이 금강사를 새롭게 세운 것이 실려 있는데, 그 후에 대해서는 미상. 그 터도 미상.

○ 【黃川(泉)】 황천을 말한다. 천(川)과 천(泉)은 같은 음인데, 황천(黃川)은 잘못. 황천(黃泉)은 이곳에서는 죽은 자가 가는 곳이다. 또 황천의 객(客)은 사자(死者)를 의미한다.

○ 【沙梁部】 이곳의 사량부는 왕도의 구획제도로서 6부 가운데 하나이다. 자세한 것은 '유' 권제1 '신라시조혁거세왕' 조(주해 773)를 참조.

816○ 【南山】 고증하3의 '혜통강룡' 조 주해 773 및 그 뒤의 피은제8 '염불사' 조를 참조.

○ 【經秩】 경질(經帙). 질(秩)과 질(帙)은 같은 음. 經秩은 잘못. 경질은 경전과 그 덮는 것을 말한다.

○ 【東都】 경주. 고려에서는 왕도(開城)에 대하여 경주를 동도(東都), 평양을 서경(西京), 양주(揚州)를 남경(南京)이라고 했다.

○ 【僧司】 "고려사"에는 보이지 않는다. 미상인데, 승려를 관장하는 관청인가. "고려사"(선거지)에 '승록사'가 보이는데, 이것에 맞추는 것은 부적절하다.

---

205) 앞서 보인 범어사소장본에 '未終'이 있으니, 이로써 해결될 것이다.

[818] 김현감호

金現感虎

[819]新羅俗每當仲春. 初八至十五日. 都人士女. 競遶興輪寺之殿塔爲福會. 元聖王代. 有郎君金現者. 夜深獨遶不息, 有一處女念佛隨遶, 相感而目送之. 遶畢. 引入屛處通焉. 女將還. 現從之. 女辭拒而強隨之. 行至西山之麓. 入一茅店, 有老嫗. 問女曰, 附卛206)者何人. 女陳其情, 嫗曰.雖好事不如無也. 然遂事不可諫也. 且藏於密. 恐汝弟兄之惡也. 把郎而匿之奧. 小遶有三虎. 咆哮而至. 作人語曰, 家有腥膻之氣. 療飢何幸. 嫗與女叱曰, 爾鼻之爽乎. 何言之狂也. 時有天唱. 爾輩嗜害物命尤多, 宜誅一以徵207)惡. 三獸聞之. 皆有憂色. 女謂曰, 三兄若能遠避而自懲, 我能代受其罰. 皆喜俛首妥尾而遁去. [820]女入謂郎曰, "始吾耻君子之辱臨幣族. 故辭禁爾. 今既無隱. 敢布腹心. 且賤妾之於郎君. 雖曰非類, 得陪一夕之

---

206) 고증에는 솔(率). 규장각본, 범어사소장본, 고려대본. 率. DB. 卛. 순암수택본에는 率으로 되어 있다. 솔(卛)은 솔(率)의 이체자.

207) 고증. 徵(懲). 이하 같다.

歡．義重結褵之好．三兄之惡天旣猒之，一家之殃予欲當之．與其死於等閑人之手．曷若伏於郎君刄下．以報之德乎．妾以明日入市爲害劇．則國人無如我何，大王必募以重爵而捉我矣．君其無㤼．追我乎城北林中．吾將待之．現曰，人交[208]人彛倫之道．異類而交．盖非常也．旣得從容．固多天幸．何可忍賣於伉儷之死．僥倖一世之爵祿乎．女曰．郎君無有此言．今妾之壽夭盖天命也，亦吾願也，郎君之慶也，予族之福也，國人之喜也．一死而五利備．其可違乎．但爲妾創寺．講眞詮．資勝報．則郎君之惠莫大焉．遂相泣而別．次日果有猛虎．入城中，剽甚無敢當．元聖王聞之．申令曰，戡虎者爵二級．現詣闕奏曰，小臣能之，乃先賜爵以激之．現持短兵入林中，虎變爲娘子．熙怡而笑曰，昨夜共郎君繾綣之事．惟君無忽．今日被爪傷者．皆塗興輪寺醬．聆其寺之螺鉢聲．則可治．乃取現所佩刀．自頸而仆．乃虎也．現出林而託曰，今玆虎易摶矣．匿其由不洩．但依諭而治之．其瘡皆效．今俗亦用其方．現旣登庸，創寺於西川邊．號虎願寺，常講梵網經．以導虎之冥遊，亦報其殺身成己之恩．現臨卒．深感前事之異．乃筆成傳，俗始[209]聞知．因名論虎林．稱于今．**821**貞元九年．申屠澄自黃冠調補漢州什方[210]縣之尉，至眞符縣之東十里許．遇風雪大寒．馬不能前，路旁有茅舍．中有煙火甚溫．照燈下就之．有老父嫗及處子．環火而坐，其女年方十四五．雖蓬髮垢衣．雪膚花臉．擧止姸媚．父嫗見澄來．遽起曰．客甚衝寒雪．請前就火．澄坐良久．天色已暝．風雪不止．澄曰．西去縣尙遠．

---

208) 규장각본, 범어사소장본, 고려대본. 交(友?). 交의 오기일 것이다. DB. 만송문고본에는 友로 되어 있으며, 순암수택본에는 交 옆에 友 자 가필. 오기로 보인다.

209) 고증에는 姑(始). 규장각본, 범어사소장본, 고려대본. 姑(姑?). DB. 만송문고본에는 姑로 되어 있고, 순암수택본에는 始 옆에 姑 자 가필.

210) 고증. 方. 규장각본, 범어사소장본, 고려대본. 邡. DB. 순암수택본에는 方 옆에 邡 자 가필.

請宿于此. 父嫗曰. 苟不以蓬蓽爲陋. 敢承命. 澄遂解鞍施衾幃. 其女見客方止. 修容靘糚. 自帷[211]箔間出, 有閑雅之態. 猶過初時. 澄曰. 小娘子明惠過人甚. 幸未婚. 敢請自媒如何. 翁曰. 不期貴客欲採拾. 豈定分也. 澄遂修子婿之禮, 澄乃以所乘馬載之而行. 旣至官. 俸祿甚薄, 妻力以成家. 無不歡心. 後秩滿將歸. 已生一男一女, 亦甚明惠. 澄尤加敬愛. 嘗作贈內詩云. 一筥慚梅福, 三年愧孟光. 此情何所喩, 川上有鴦[212]鴦. 其妻終日吟諷. 似默有和者. 未嘗出口. 澄罷官. 罄室歸本家, 妻忽悵然謂澄曰, 見贈一篇. 尋卽有和. 乃吟曰. 琴瑟情雖重, 山林志自深. 常憂時節變. 辜負百年心. 遂與訪其家. 不復有人矣. 妻思慕之甚. 盡日涕泣. 忽壁角見一虎皮. 妻大笑曰, 不知此物尙在耶. 遂取披之. 卽變爲虎, 哮吼拏欆.[213] 突門而出. 澄驚避之. 携二子尋其路. 望山林大哭數日, 竟不知所之. **822**噫, 澄現二公之接異物也. 變爲人妾則同矣. 而贈背[214]人詩. 然後哮吼拏欆而走. 與現之虎異矣. 現之虎不淂[215]已而傷人, 然善誘良方以救人. 獸有爲仁如彼者, 今有人而不如獸者. 何哉.[216] 詳觀事之終始, 感人於旋遶佛寺中, 天唱徵惡. 以自代之, 傳神方以救人. 置精廬講佛戒. 非徒獸之性仁者也. 盖大聖應物之多方, 感現公之能致情於旋遶. 欲報冥益耳. 宜其當時能受禧佑乎.

823讚曰. 山家不耐三兄惡, 蘭吐那堪一諾芳. 義重數條輕萬死, 許身林

---

211) 고증에는 [illegible]. 규장각본, 범어사소장본, 고려대본. 帷. DB. 순암수택본에는 판독하기 어려우나, 그 옆에 帷 자 가필.

212) 고증. 鴦(鴛). 규장각본, 범어사소장본, 고려대본. DB. 鴦.

213) 규장각본, 범어사소장본, 고려대본. 欆. 고증. 攫. DB. 攫의 오기로 보인다. 이하 같다.

214) 고증. 背. DB. 皆. 규장각본에는 글자의 상단은 比, 하단은 月인 형태로 되어 있다. 규장각본, 범어사소장본, 고려대본. [illegible]. 背의 이체자. 皆와 아무런 상관이 없다.

215) 고증. 得. DB. 得의 오기로 보인다. 규장각본, 범어사소장본, 고려대본. 淂(?). 오기이다.

216) 규장각본, 범어사소장본, 고려대본. 𢦏(哉).

下落花忙.

풀이 818김현감호(金現感虎)

819신라의 풍속에 매해 중춘[217]에 이르러, 초8일부터 15일까지 도성의 남자와 여자들이 흥륜사[218]의 전탑을 다투어 돌면서 복회[219]로 삼는다. 원성왕대 낭군[220] 김현이라는 자가, 밤이 깊도록 홀로 쉬지 않고 돌고 있는데, 한 처녀가 염불하며 따라 돌았고, 서로 마음이 맞아 눈길을 보냈다. 돌기를 마치자 가려진 곳으로 이끌고 들어가 통정하였다. 처녀가 장차 돌아가려고 하자 김현이 그를 따라갔다.

처녀가 사양하고 거절하였으나, 억지로 따라가서 서산(西山)의 기슭에 이르러, 한 초가집으로 들어가니 어떤 노파가 처녀에게 묻기를 "데리고 온 사람은 어떤 사람인가?"라고 하였다. 처녀가 그 사정을 이야기하니 노파가 말하기를 "비록 좋은 일이지만 없는 것만 못하다. 그러나 이미 벌어진 일이니 나무랄 수 없다. 또 은밀한 곳에 숨겨라.[221] 너의 형제가 해칠까 두렵다."라고 하였다. 김현을 데리고 구석진 곳에 숨겼다. 잠시 후 세 호랑이가 포효하면서 들어와서 사람의 말로,

217) 고증. 매년 2월마다.
218) DB. 신라의 불교전래 및 공인과정과 연관되어 가장 일찍 국가적 사찰로 창건되었고 신라 왕경 내 칠처가람(七處伽藍)터 중의 하나인 천경림(天鏡林)에 건립되었다. 신라에 불교를 전파하기 위해 온 최초의 승려 阿道가 창건한 사찰이라 전하며 법흥왕 14년 이차돈의 순교와 함께 신라의 대가람으로 중창되어 544년(眞興王 5년)에 완공되었다.
219) DB. 福을 빌기 위한 모임으로, 신라에서 복회가 시작된 확실한 연대는 밝혀져 있지 않으나, 본조의 기록에 의하면 원성왕대는 이미 복회가 행해지고 있음을 알 수 있다.
220) DB. 일반적으로 귀공자나 他人을 존경하는 말.
221) 고증. '비밀로 하여라.'라고 표현.

"집에 비린내가 난다. 요깃거리가 있으니 어찌 다행이 아닌가."라고 하였다. 노파와 처녀가 꾸짖어서, "너의 코는 좋기도 하구나. 어찌 미친 말을 하는가."라고 하였다. 이때 하늘에서 외치는 소리가 있어, "너희들은 만물의 목숨을 즐겨 해치는 것이 매우 많다. 마땅히 하나를 죽여서 악행을 징계할 것이다."라고 하니 세 호랑이가 그것을 듣고 모두 걱정하는 빛이 있었다. 처녀가 일러 말하기를, "세 오빠가 만약 멀리 피해, 스스로 뉘우칠 수 있다면 내가 그 벌을 대신 받겠다."라고 하니 모두 기뻐하며 머리를 숙이고 도망가 버렸다.

820 처녀가 들어와 낭군에게 일러 말하였다. "처음에 저는 낭군이 우리 집에 욕되이 오는 것을 부끄럽게 여겨서 고로 사양하고 막았습니다. 지금 이미 숨김이 없이 속마음을 펼치겠습니다. 또한 천첩은 낭군에게 비록 같은 종족은 아니라 하겠지만. 하룻밤의 즐거움을 같이 할 수 있었으니 의(義)가 중하여 혼인의 즐거움을 맺었습니다. 세 오빠의 악행은 하늘에서 이미 미워하여 한 집안의 재앙이 되었고, 저는 그것을 감당하고자 합니다. 그 죽음을 상관없는 사람의 손에 주는 것이 어찌 낭군의 칼 아래에 죽어서 은혜를 보답하는 덕과 같겠습니까. 저는 내일 저자에 들어가서. 사람을 심하게 해칠 것입니다. 그러면 국인이 나를 어찌할 수 없어. 대왕이 반드시 높은 관작을 가지고서, 사람을 모아 나를 잡게 할 것입니다. 낭군은 그것을 겁내지 말고 성 북쪽의 숲속으로 나를 쫓아오면, 내가 장차 그것을 기다리겠습니다." 김현이 말하였다. "사람이 다른 사람을 사귀는 것은 인륜의 도리이나, 다른 종류와 사귀는 것은 대개 떳떳한 것이 아니다. 이미 이렇게 되었으니 진실로 천행(天幸)이 많은 것인데, 어찌 차마 항려(伉儷)의 죽음을 팔아 한 세상의 벼슬을 바라겠는가." 처녀가 말하였다. "낭군은 그

같은 말을 하지 마십시오. 지금 저의 이른 죽음은 대개 하늘의 명령이고, 또한 내가 바라는 것이고, 낭군의 경사이고, 우리 일족의 복이자 국인의 기쁨입니다. 한 번 죽어 다섯 가지 이로움을 갖추는 것이니 어찌 그것을 거역하겠습니까. 다만 저를 위하여 절을 짓고, 불경을 강론하여 좋은 과보(果報)를 얻는 데 도움이 되게 해 주신다면, 즉 낭군의 은혜가 이보다 더 큰 것이 없겠습니다." 마침내 서로 울면서 헤어졌다.

다음날 과연 사나운 호랑이가 성안에 들어왔는데, 사나움이 심하여 감히 당할 수 없었다. 원성왕이 그것을 듣고 명령을 내려 이르기를, "호랑이를 감당하는 사람에게 2급의 작(爵)을 주겠다."고 하였다. 김현이 대궐에 나아가 "소신이 할 수 있습니다."라고 아뢰니 이에 왕이 먼저 관작을 주고서 그를 격려하였다. 김현이 칼을 쥐고 숲속으로 가니, 먼저 호랑이는 변하여 낭자(娘子)가 되어 반갑게 웃으면서 말했다. "어젯밤에 낭군과 함께 마음속 깊이 맺던 일을 오직 그대는 잊지 마십시오. 오늘 내 발톱에 상처를 입은 사람들은, 모두 흥륜사의 간장을 바르고 그 절의 나발(螺鉢) 소리를 들으면 곧 나을 것입니다." 이에 김현이 차고 있던 칼을 잡고, 스스로 목을 찔러 쓰러지니 바로 호랑이었다. 김현이 숲을 나와 기탁하여 말하기를 "지금 이 호랑이는 쉽게 잡았다."라고 하였다. 그 연유는 말하지 않고, 단지 그 말에 따라서 치료하였다. 그 상처는 모두 나았다. 지금 민가에서는 또한 그 방법을 쓴다.

김현은 벼슬에 오르자, 서천 가에 절을 지어 호원사[222]라 하고 항상 "범망경"[223]을 강론하여서 호랑이의 저승길을 인도하고, 또한 호

---

222) DB. 경상북도 경주시 황성동에 있던 절로, 양 탑지가 존재하고, 폐 탑재도 남아 있다.

랑이가 그 몸을 죽여 자기를 성공하게 해 준 은혜에 보답했다. 김현은 죽기 전에 지난 일의 기이함에 매우 감동하여, 이에 붓으로 써서 전(傳)을 완성하여 세상에서 비로소 듣고 알게 되었다. 이로 인하여 "논호림"[224]이라 이름하였고, 지금도 그렇게 일컫는다.

821정원[225] 9년에 신도징[226]이 황관에서 한주 십방현위[227]로 임명되어, 진부현 동쪽 10리가량 되는 곳에 이르렀다. 눈보라와 심한 추위를 만나, 말이 앞으로 나아가지 못했는데 길가에 초가집이 있어, 그 안에 불을 피워 매우 따뜻했다. 등불이 있는 곳으로 가니[228] 늙은 부모와 처녀가 불을 둘러싸고 앉아 있었는데, 그 처녀는 나이가 바야흐로 14,5세쯤 되어 보였다. 비록 머리는 헝클어지고 때 묻은 옷을 입었으나, 눈처럼 흰 살결과 꽃 같은 얼굴이며 동작이 아름다웠다. 그 부모는 신도징이 온 것을 보고, 황급히 일어나서 말했다. "손님은 심한 한설(寒雪)을 만났으니, 청컨대 앞으로 나와 불을 쪼이십시오." 신도징이 한참 앉아 있었는데, 하늘색은 이미 어둑어둑해졌으나 눈보라는 그치지 않았다. 신도징이 말하기를 "서쪽으로 현(縣)에 가려면 아직 멀었으니, 여기에서 자게 해 주기를 부탁합니다."라고 하였다. 부모가 말하였다. "진실로 누추한 집안이라도, 미천하게 여기지 않으시다

---

223) DB. 본 경전은 "梵網菩薩戒經"이라고도 하는데, 정확히는 "梵網經盧舍那佛說菩薩心地法門品"이다. … 경전명의 범망이라는 것은 여러 부처들이 중생들의 根機에 따라 설하고 병에 따라 약을 주되, 하나도 빠짐이 없는 것이 梵天인 인다라의 그물과 같다는 뜻이다.

224) DB. 이와 관련한 기록으로는 "勝覽"에 虎願寺 緣起說話인 "論虎藪', 閔周冕이 편찬한 "東京雜記", 崔滋의 "補閑集" 등에 비슷한 유형의 설화가 실려 있다.

225) DB. 당 덕종(德宗)의 연호 중 하나로 785-804년에 사용.

226) DB. 신도징의 이야기는 宋의 李昉 등이 찬한 "太平廣記" 권429 호4의 신도징조에 의거한다.

227) DB. 四川省 成都府 부근으로 보인다.

228) DB. 등불을 비춰 나아가 보니.

면 감히 명을 받들겠습니다." 신도징이 마침내 말안장을 풀고 침구를 폈다. 그 처녀는 손님이 바야흐로 머무는 것을 보고 얼굴을 닦고 곱게 단장을 하고는 장막 사이에서 나오는데, 그 한아(閑雅)한 자태는 처음보다 오히려 뛰어났다. 신도징이 말했다. "소낭자는 총명하고 슬기로움이 남보다 뛰어납니다. 다행히 아직 혼인하지 않았으면, 감히 혼인하기를 청하니 어떠합니까?" 노인은 말하기를 "기약하지 않은 귀한 손님께서 거두어 주신다면 어찌 연분이 아니겠습니까." 신도징은 마침내 사위의 예를 행하였고, 곧 타고 온 말에 그녀를 태우고 갔다. 이미 임지(任地)에 이르니 봉록이 매우 적었으나, 아내가 힘써 집안 살림을 돌보아서 즐거운 마음이 아닌 것이 없었다. 후에 임기가 차서 장차 돌아가려 하니 이미 1남 1녀를 낳았는데 또한 매우 총명하고 슬기로워 신도징은 더욱 공경하고 사랑했다.

일찍이 아내에게 주는 시를 지었는데 다음과 같았다.

한 번 벼슬하니 매복(梅福)229)에게 부끄럽고
3년이 지나니 맹광(孟光)230)에게 부끄럽다.
이 정을 어디에 비하겠는가.
냇물 위에 원앙이 있구나.

그 아내는 종일 이 시를 읊어 묵묵히 화답하는 것 같았으나, 아직 입 밖에 내지 않았다. 신도징이 관직을 그만두고, 가족을 데리고 본가

229) DB. 중국 前漢의 학자로 "尙書", "春秋"에 통하였다. 南昌尉가 되어 成帝와 哀帝 때 자주 상서하여 時事를 말하였다. 후에는 관직을 버리고 독서를 즐겼다. 王莽이 專政하자 처자를 버리고 九江으로 가서 신선이 되었다고 한다.

230) DB. 중국 後漢 시대의 학자인 平陵 사람 梁鴻의 아내이다. 가난한 어진 선비 양홍의 뜻을 잘 받들어 함께 覇陵山으로 들어가서 농사짓고 천을 짜며 평생의 고락을 같이하여 어진 아내로 불렸다.

로 돌아가려 하니, 아내가 갑자기 슬퍼하면서 말하기를 "주신 시 한편에 화답할 것이 있습니다."라고 하고 이에 읊었다.

금슬(琴瑟)의 정이 비록 중요하나

산림(山林)에 뜻이 스스로 깊다.

항상 시절의 변화를 걱정하였다.

백년해로 하려는 한 마음 괴로워라.

드디어 함께 그 집에 찾아갔는데 사람은 없었다. 아내는 그리워하는 마음이 커서 하루가 다하도록 울었다. 문득 벽 모퉁이의 호피(虎皮) 한 장을 보고, 아내는 크게 웃으면서 말했다. "이 물건이 아직 있는 것을 몰랐다." 마침내 그것을 뒤집어쓰니 곧 변하여 호랑이가 되었고, 으르렁거리며 할퀴고 문을 박차고 나갔다. 신도징이 놀라서 피했다가, 두 아이를 데리고 그 길을 찾아 산림을 바라보고, 며칠을 크게 울었으나 끝내 간 곳을 알지 못했다.

822아아 슬프도다. 신도징과 김현 두 사람이 짐승과 접했는데 변하여, 사람의 아내가 된 것은 같다. 그러나 사람을 배반하는 시를 주어 그런 뒤에 으르렁거리고 할퀴고 달아난 것은 김현의 호랑이와 다르다. 김현의 범은 어쩔 수 없이 사람을 상하게 했으나 좋은 방책을 가르쳐 줘서 사람들을 구했다. 짐승도 어질기가 그와 같은 것이 있는데 사람으로서도 짐승만 못한 자가 있다. 어찌 된 일인가. 이 사적의 처음과 끝을 자세히 살펴보면, 절 안을 돌 때 사람을 감동시켰고, 하늘에서 외쳐 악을 징계하자, 자신으로 그를 대신했으며, 신이한 방책을 전하여 사람을 구하니, 절을 지어 불계(佛戒)를 강론한 것이다. 다만 짐승의 본성이 어진 것은 아니다. 대개 부처가 사물에 감응함이 여러 방면이어서, 김현이 능히 탑을 돌기에 정성을 다한 것에 감응하여, 명

익(冥益)을 갚고자 했을 뿐이다. 그때에 복을 받은 것은 당연하지 않겠는가.

823 찬하여 말한다.

산가(山家) 세 오빠의 악에 참기 어려웠는데,

난(蘭)이 뱉은 한마디 승낙은 더없이 향기롭다.

의를 지키는 것은 무엇보다 중하고, 이에 대해 만 가지 죽음은 오히려 가볍다.

몸을 숲속에 맡기고(죽어) 황량한 꽃이 흩어졌다.[231]

주해

818○【金現感虎】이 조항은 신라 원성왕대에 김현(金現)이라는 인물이 있어, 호랑이 화신인 산중의 여성과 결혼했는데, 그 여성의 희생 덕에 입신출세를 할 수 있었고, 처녀의 공양을 위해 절을 세워 호원사라고 한 소위 '호원사 전설'과 "태평광기"에 보이는 중국의 신도징의 처가, 호랑이 가죽을 쓰고 호랑이가 되었다는 이야기로 되어 있다. 한국의 사원에는 산신을 모신 산신각(山神閣)이 있다는 것은 이미 앞서 말했는데, 이 산신각의 벽에 그려진 산신은 백발의 노인이 호랑이를 데리고 앉아 있는 모습이거나, 또 상(像)을 만들거나, 더 나아가 이 양쪽을 모신 곳도 있다.

한국에서는 호랑이는 민속에서도 문헌에서도 여신의 표상(表象)이며, 지금도 호랑이를 산신(할머니, 조모, 老軀)이라고 부르며 신봉한다고 한다. 또 한국에서는 산신을 여성으로 하는 관념이 일반적이었던 것 같다.

---

231) DB. 산가(山家)의 세 오빠가 죄악이 많아
고운 입에 어찌 한 번 승낙 어떻게 할까
의리의 중함은 여러 가지이고 죽음은 가벼워
숲속에서 맡긴 몸 낙화(落花)처럼 져 갔구나.

호랑이 이야기와 같은 이야기는 이 조항 말미에 실은 고려 최자 찬술 “보한집”(권하) ‘변산노승전’에도 보인다.

819○【仲春】음력 2월을 말한다.

○【初八至十五日】복회(福會) 기간은 8일에서 15일에 걸치는 동안이었다.

○【興輪寺】‘유’ 권제3 · 홍법제3 ‘아도기라’ 조항 ‘아도본비’에는, 홍륜사 창건을 미추왕대 일이라고 말하고 있는데, 다음의 ‘원종홍법 염촉멸신’ 조항의 ‘국사’, ‘향전’에는 법흥왕14(527)에 시작하여, 22년에 천경림을 잘라 착공, 계초석감을 갖추어, 진흥왕 5년(544)에 이르러 완성했다고 되어 있다. ‘나기’에도 진흥왕 5년 2월 완성, 그 10년 양(梁)에서 불사리를 가져왔다고 되어 있다. 신라의 불교 시행 시기로 보아 후설을 따라야 할 것이다. 자세한 것은 주해 170 참조.

○【元聖王代】내물왕(奈勿王) 12세손이라고 하는 신라 제38대 왕, 원성왕 재위연간은 785-799년인데 죽은 해에 대해서는 의문이다. 자세한 것은 고증 상권 ‘왕력’ 제38 원성왕 조항의 주해를 참조.

○【郞君】① 도령, ② 새로이 진사에 급제한 자, ③ 귀공자, ④ 당대 번진(藩鎭)의 장군 자손, ⑤ 아내가 남편을 부르는 말, ⑥ 일반 타인을 존경하여 부르는 말. 등 “대한화사전”(諸橋徹次) 등에는 설명하고 있다. 이곳에서는 ③, ⑥ 등을 말하는 것이 적당하다고 생각하는데, 낭군(郞君)의 낭(郞)에는 낭관(郞官)의 의미가 있으므로, 김현은 혹은 원성왕대에 가까이 모신 낭관적 지위에 있었던 것은 아닌가라고도 생각한다. 또 화랑인가라고도 생각할 수 있겠는데, 이 조항에 보이는 김현의 행적으로는 화랑이라고는 증명하기 힘들다. 어쨌든 김현이 호랑이를 공양한 절(호원사)을 세우거나 한 것으로 보아, 그가 귀인의 자제였던 것은 증명될 것이다.

○【金現】그는 원성왕대 사람이었는데 그 출신은 불명. 또 그 행적도 이 조항에 보이는 것 외는 불명. 그러나 뒷글에 ‘(金)現臨卒, 深感前事之異, 乃筆成傳. 俗始聞知. 因名論虎林. 稱于今.’이라고 하듯이, 그가 남긴 이야기(論虎林)에 의해 ‘감호(感虎)’ 이야기가 후세에 전해졌던 것이다.

○ 【西山】 현재의 경주시의 서쪽으로 이어지는 선도산(표고 381m), 왕녀봉(215m) 등의 서쪽 산악을 가리키는 것 같다. 그리고 서천은 이 서산 동쪽 기슭을 북쪽으로 흐르고 있다

820○ 【西川】 옛 경주읍의 서쪽을 흐르는 강의 이름. 이 서천의 하류는 영일만으로 흐른다.

또 이 지류의 모량(牟粱)(毛良)천, 북천(閼川, 東川), 남천(蚊川, 史等伊川)은 경주시에서 서천으로 합류된다. 자세한 것은 '육촌고략' 항을 참고.

○ 【虎願寺】 절터는 옛 경주읍 황성리로 추정되며, 양 탑 터가 존재하며 폐탑재도 남아 있다(齋藤忠 "朝鮮古代文化の研究" 지인서관, 1943년 12월). 이 호원사 건립은 신라의 귀족 개인에 의한 사원건립의 하나의 자료가 될 것이다.

○ 【梵網經】 이 불경은 "범망보살계경"이라고도 하는데 올바르게는 "범망경려사나불설보살심지법문품"이라고 한다. 이 불경의 서문에 의하면 "범망경" 광본(廣本)에서 보살의 위계와 계율에 관한 제10의 보살심지의 1품만을 따온 것이 본경이라고 기록되어 있다. 이 경전은 대장경에서는 대승율부에 속하며, 대승보살계의 근본성전으로서 유명하다. 불경 이름인 범망이라는 것은 여러 부처가 중생의 기회에 대하여 가르침을 마련하고, 병에 대해 약을 주어 하나도 빠트릴 수 없다는 것, 마치 대범천왕의 인다라망과 같은 것이기 때문에 범망이라고 했던 것이다. 일본의 도다이지 대불의 연변에 새긴 연화장 세계는 보통 "범망경"의 설에 의한다고 하는데, "범망경"은 "화엄경"에 대하여 '소화엄'이라고 해도 좋은 불경이다. "화엄경"을 대경(大經)이라고 한다면 소경(小經)이라고 해도 좋다. 더 나아가 "범망경"은 구마라집역으로 되어 있는데, 사실은 중국에서 만들어진 위경(僞經)이다("佛教經典の世界" 총해설 참조).

821○ 【貞元九年. 申屠澄 … 竟不知所之】 이 이야기는 송의 이방(925-996) 등이 봉칙에 의한 찬술인, "태평광기" 권제429, 호(虎)4의 '신도징' 조항에 의하고 있다. 글은 참고를 위해 주해 가장 마지막에 들고 있으니 참조.

○ 【貞元九年】 이해의 간지는 계유. 서기 793년 신라 원성왕 9년에 해당. 정원(貞元)은 당 덕종 조의 원호.

○ 【黃冠】 이곳에서는 관직이 없는 야인이라고 번역하는 것이 적당할 것이다.

○ 【漢州什方懸】 중국의 지명. 이 한주 · 십방현(漢州 · 什方縣)은 모두 지금의 사천성 성도시 부근이다.

○ 【縣之尉】 현(縣)의 군사(軍事), 경찰, 형벌을 다루는 관직. 현의 장관은 현령(縣令).

○ 【眞符縣】 미상.

○ 【蓬蓽】 봉호(蓬戶), 필문(篳門)으로 통한다. 가난한 생활. 자기 집을 낮추어 하는 말.

○ 【官】 이곳에서는 임관한 역소(役所).

○ 【秩滿】 임기가 찼다는 것을 의미.

○ 【梅福】 매복(梅福)은 한나라 수춘(壽春) 사람으로 자(字)는 자진(子眞). 그 학문은 상서, 춘추곡량전에 통했다. 일시적으로 남창위가 되었는데, 결국 관직을 버리고 복서를 즐겼다. 때로 대장군 왕봉이 친정을 전담했기에, 자주 상서하여 왕씨가 위엄을 갖출 것을 말했으나, 들어주지 않았다. 결국 왕망이 집권하자, 집을 버리고 나와 구강(九江)에 갔다. 이미 신선으로서 사라졌다고 전한다. 그 후 회계에서 그를 봤다고 하는 사람이 있었다. 이름을 바꾸어 오(吳)의 시문의 졸병이 되었다고 했다.

○ 【孟光】 동한(후한)시대 양홍의 처가 된 맹광은, 평릉 사람으로 자는 덕요라고 했다. 그 자태는 살찌고 추했으며 검은색을 띠었다. 30세에 양홍에게 시집을 갔는데, 처음에 대단하게 화장을 하고 접했지만 7일이 지나도 양홍은 대답이 없었다. 맹광은 추계(머리를 뒤로 돌려 틀어 묶어 올린 모양) 포의(서민 옷)를 입고 나아가 일에 힘썼기 때문에 양홍은 기뻐하며 '이것이 진정한 양홍의 처이다.'라고 말했다고. 남편인 양홍은 평릉 사람으로 자는 백란이라고 했다. 젊었을 때는 가난했지만 기백이 있었다. 장성함에 따라 널리 많은 서적에 걸쳐 깊이를 추구했다. 돼지를 키워 자급

자족 생활을 했다. 맹광과 결혼을 해도 패릉산에 숨어 살았는데, 나중애 오(吳)에 가서 사람을 위해 품팔이[232]를 했다. 처인 맹광은 늘 남편 곁에 있으면서 사이좋게 살았는데, 결국 오(吳)로 도망갔다고 한다.

○ 【辜負】 고부(孤負)와 같다. 배반하는 것.

822○ 【良方】 치료방법.

○ 【神方】 신기한 처방의 약어. 불가사의한 치료방법.

○ 【精廬】 정사(精舍)와 같다.

○ 【佛戒】 대승보살계. 범멍경은 이 성전으로서 예부터 중시되었다.

○ 【大聖】 부처.

○ 【蘭吐】 난신(蘭信)(마음이 서로 통하는 말)과 통하는 말이다. 난(蘭)은 아름다움을 난(蘭)에 비유한 것이다. 난교, 난계(마음을 허락한 친구 간의 교제) 등도 이 예이다.

변산노승전(邊山老僧傳)

邊山有一老宿. 自言往時聞高敞縣人設燃燈會. 往觀焉. 有一少年異於尋常者. 問諸左右. 皆曰不知誰之子. 及罷去. 踵其後追至于山麓. 少年告曰莫我追. 我居陋不堪寄宿. 師曰日暮矣. 將安適歸. 曰業已俱來. 不可辭以僻陋. 行有老嫗出迎曰. 咄爾兒子. 若汝兩兄見之. 此師其爲食乎. 師至是. 知其爲虎窟. 欲出去. 嫗曰二子已回來. 若強去必殆矣. 因携持而入. 少年曰. 吾恐甚. 請以師置母之後. 須臾二虎將一兎入來. 嫗欲其不久滯化. 曰. 我與汝等共一兎. 其何以療飢. 速遠出更求食來. 虎作人語而對曰. 母有食. 何更求爲. 即出去. 良久復來曰我從山主所乞禱. 各得食. 小妹可從來. 何能忍飢自苦. 復出去. 俄有來呼者曰. 以若之子女. 婆娑於州里間. 主命罰之. 詰朝當往入高敞縣檻穽中就死. 少年曰主命也. 不可逃. 今幸逢師亦命也. 方我入檻中. 衆來制我. 恐不忍生嗔. 師宜來告衆寧却曰. 我能獨斃之. 持短槍而前. 吾出一言而死. 師之惠也.

---

232) 고증, DB에서는 임용(賃舂)으로 표현.

明旦至縣．聞檻中有虎．師往如其言刦衆．持知槍以直前．虎曰．我向某村某家．受生爲男子．至年十二三時．往謁師．剃髪以度我．即接刃自穴其胸而斃，後十五年師偶出洞門．見一童子拜於道左．問之．曰我乃某村男子也．師憶向檻虎之言．而髠爲沙彌．頗穎悟可愛．忽循去不知所之．後聞日嚴寺師修秘呪以加持力日服人．承命赴畿內蘭若．師往省之乃向沙彌也．此説甚怪誕．世謂讖有虎僧之説．惟日嚴師當之．此亦難憑．

("補閑集" 下)

신도징(申屠澄)

申屠泄者貞元九年．自布衣調補濮州什邠尉之官．至眞打縣東十里許遇風雪大寒．馬不能進．路旁茅舍中有烟．火甚溫煦．澄往就之．有老父嫗及處女環火而坐．其女年方十四五．雖蓬髪垢衣．而雪膚花臉．擧止姸媚．父嫗見澄來．遽起曰．客衝雪寒甚．請前就火．澄坐良久．天色已晩．風雪不止．澄曰．西去縣尙遠．請宿於此．父嫗曰．苟不以蓬室爲陋．敢不承命．澄遂解鞍．施衾幬焉．其女見客．更修容靚飾．自帷箔間復出．而閑麗之態．尤倍昔時．有頃．嫗自挈酒壺至．於火前煖飮．謂澄曰．以君冒寒．且進一杯．以禦凝冽．因揖讓曰．始自主人．翁即巡行．澄當婪尾．澄因曰．座上尙欠小娘子．父嫗皆笑曰．田舍家所育．豈可備賓主．女子即回眸斜睨曰．酒豈足貴．謂人不宜預飮也．母即牽裙．使坐於側．澄始欲探具所能．乃擧令以觀其意．澄執盞曰．請徵書語．意屬目前事．澄曰．厭散夜飮．不醉無歸．女低鬟微笑曰．天色如此．歸亦何往哉．俄然巡至女．女復令曰．風雨如晦．雞鳴不已．澄愕然歎曰．小娘子明彗若此．某幸未昏．敢請自媒如何．翁曰．某雖寒賤．亦嘗嬌保之．頗有過客．以金帛爲問．某先不忍別．未許．不期貴客又欲援拾．豈敢惜．即以爲託．澄遂修子壻之禮．祐囊以遣之．嫗悉無所取．曰．但不棄寒賤．焉事資貨．明日．又謂澄曰．此孤遠無隣．又復湫隘．不足以久留．女既事人．便可行矣．又一日．咨嗟而別．澄乃以所乘馬載之而行．既至官．俸祿甚薄．妻力以成其家．交結賓客．旬日之內．大獲名譽．而夫妻情義益浹．其於厚親族．撫甥姪．洎僮僕廝養．無不歡心．

後秩滿將歸. 已生一男一女. 亦甚明慧. 澄尤加敬焉. 常咋贈内詩一篇曰. 一官慙梅福. 三年愧孟光. 此情何所喩. 川上有鴛鴦. 其妻終日唫諷. 似黙有和者. 然未嘗出口. 每謂澄曰. 爲婦之道. 不可不知書. 倘更作詩. 反似嫗妾耳. 澄罷官. 即罄室歸秦. 過利州. 至嘉陵江畔. 臨泉籍草憩息. 其妻忽悵然謂澄曰. 前者見贈一篇. 尋即有和. 初不擬奉示. 今遇此景物. 不能終黙之. 乃吟曰. 琴瑟情雖重. 山林志自深. 常憂時節變. 辜負百年心. 吟罷. 潸然良久. 若有慕焉. 澄曰. 詩則麗矣. 然山林非弱質所思. 倘憶賢尊. 今則至矣. 何用悲泣乎. 人生因緣業相之事. 皆由前定. 後二十餘日. 後至妻家. 草舍依然. 但不復有人矣. 澄與其妻即止其舍. 妻思慕之深. 盡日悌泣. 於壁角故衣之下. 見一虎皮. 塵埃積滿. 妻見之. 忽大笑曰. 不知此物尚在耶. 披之. 即變爲虎. 哮吼拏攫. 突門而去. 澄驚走避之. 携二子尋其路. 望林大哭數日. 意不知所之. 出河東記

("太平廣記" 卷第四二九)

[824]융천사혜성가 진평왕대

融天師彗星歌 眞平王代

[825]第五居烈郎. 第六實處郎. [a]一作突處郎. · 第七寶同郎等. 三花之徒. 欲遊楓岳, 有彗星犯心大星. 郎徒疑之. 欲罷其行. 時天師作歌歌之, 星怪即滅, 日本兵還國. 反成福慶. 大王歡喜, 遣郎遊岳焉. [826]歌曰. 舊理東尸汀叱. 乹[233)]達婆矣遊烏隐城叱肹良望良古, 倭理叱軍置來叱多烽燒邪隐邊也藪耶, 三花矣岳音見賜烏尸聞古, 月置八切爾數於將來尸波衣, 道尸掃尸星利望良古, 彗星也白反也人是有叱多. 後句 達阿羅浮去伊叱等邪, 此也友物比所音叱彗叱只有叱故.

풀이 [824]융천사혜성가 진평왕대(融天師彗星歌 眞平王代)

[825]제5 거열랑, 제6 실처랑[a]돌처랑이라고도 한다. 제7 보동랑 등 세 화랑의

233) 규장각본, 범어사소장본, 고려대본. 乹. 건(乾)의 이체자. 고증. 乾.

무리가, 풍악을 유람하려 하였는데, 혜성이 심대성[234]옆에 나타났다. 낭도들은 이를 괴이하게 여겨 유람하는 것을 그만두려 하였다. 이때 융천스님이 노래를 지어서 그 노래를 부르니, 기이한 별은 곧 사라졌고, 일본의 병사들이 그들의 나라로 돌아가 반대로 복된 경사가 되었다. (진평)대왕은 매우 기뻐하며, 낭도들을 예정대로 풍악에 유람하게 하였다.

826혜성가 노래는 다음과 같다.

일찍이 동해 물가에, 일찍이 건달파[235]가 올랐다는 성을 우러러보고.

왜군이 쳐들어와 봉화를 올린 근처를,

우연히 세 화랑이 산을 유람하려고 하자,

달도 이것을 듣고 함께하려고 할 때,

별은 길을 밝히듯 나타난 것을,

아아 그것을 혜성이라고 아뢰는 사람이 있다.

후렴

달은 이미 올랐다. 별은 이정표이다.

어찌 수상한 비(篲)별(星) 따위라 할 수 있을까.[236]

---

234) DB. 28숙 중 동방에 心, 尾宿의 하나. 心宿은 天王正位이고 大星은 天王이기에 혜성이 심대성을 범한 것은 국가의 안위나 국왕 신변의 이상으로 볼 수 있다.

235) DB. 생업에 종사하지 않고 음식향기만 맡고 다니며 음악을 연주하며 생계를 유지하는 배우.

236) DB. 옛날 동쪽 물가에서 건달바가 놀았던 성을 바라보고, 왜군이 왔다, 횃불을 사르라 변방의 무리여, 세 화랑이 산을 보려 함을 듣고, 달도 밝게 불을 켜는 바에, 길을 밝히는 별에, 혜성에게 사뢴 사람 있다, (후구) 달아 떠 있어라, 이런데 무슨 혜성이 있겠느냐.

주해 **824**○ 【融天師】 사문융천에 관한 것은 이 조항에만 보인다. 융천은 노래로 혜성을 물리치고, 일본병을 격퇴했다고 하는 향가(혜성가)를 남긴 것으로 유명하다.

○ 【眞平王代】 신라 제26대 왕. 진평왕은 579년부터 632년까지 장기에 걸쳐 재위했다. 이 진평왕 및 왕대에 대해서는 '유' 권제1 '천사옥대' 조항(주해 208) 및 '유' 왕력 '제26대 진평왕' 조항을 참조. 또한 '나기' 제4, 진평왕기도 참조.

825, 825a○ 【第五居烈郎前】【第六實處郎 一作突處郎】【第七寶同郎】 이 3명은 진평왕대의 화랑인데, 그 행적에 대해서는, 이 조에만 보인다. 그리고 제5, 제6, 제7은 그들이 화랑에 임명된 순서로 보인다.

그러면 제1에서 제4까지의 화랑은 누구였는가. 미시나 아키히데(三品彰英)의 "新羅花郎の研究"(三品彰英論文集, 제6권)에 의하면, 진평왕대의 화랑으로서 다음의 3사람 앞에 김유신, 김영윤, 근랑(近郎), 죽지랑, 호세랑(好世郎), 앵참공(罌岊公)의 6명을 들고 있다. 이 가운데 김영윤과 근랑은 '사'에만 보이고 '유'에는 보이지 않는다. 그래서 제1에서 제4까지의 인물은 '유'에 보이는 김유신, 죽지랑, 호세랑(好世郎), 앵참공(罌岊公) 4명인가.

○ 【三花之徒】 삼화(三花)는 위 3명의 화랑을 말하며, 도(徒)는 낭도(郎徒).

○ 【楓岳】 금강산의 다른 말. '유' 권제4 의해제5 '관동풍악발연수석기' 조항(주해 739)을 참조.

○ 【有彗星犯心大星】 혜성이 심대성 가까이 나타났다는 것을 말한다. '혜성'은 추성(빗자루 별). '심대성'은 심성(별 이름)을 말한다. 전갈자리 별의 알파성 안타레스[237]로 한여름의 저녁, 남쪽 지평에 붉은빛을 내며 빛난다. 일명 대화(大火), 또 이것을 포함한 3개의 별을 말한다. '나기' 진평왕기에는 이 혜성에 관한 것은 기록되어 있지 않다[그 8년(586) 하5월에 '번

---

237) 전갈자리 머리 부분의 알파성. 지름이 태양의 230배인 적색초거성.

개가 치고 별이 비처럼 떨어졌다.' 또 그 53년(631) 추7월에 '토성이 달을 가렸다.'라는 것은 기록되어 있지만].

○ 【郎徒】 통솔자인 화랑을 중심으로 하는 집단에 속하는 멤버.

○ 【天師作歌歌之. 云云】 천사(天師)는 융천사. 이것은 융천사가 노래로 혜성을 물리치고, 일본병을 격퇴했다는 것을 말한 것이다. 노래는 뒤에 보이는 것으로 '유'에 실려 있는 14수의 향가 가운데의 하나이다. 원래 향가는 주로 화랑이나 승려가 주원(呪願)적인 의미를 노래한 것인데, 이 조항은 후자에 의해 만들어진 예이다. 이와 같이 승려에 의해 만들어진 예는 충담사('유' 권제2 '경덕왕 충담사 표훈대덕'), 대거(大炬)화상('유' 권제2 '경문대왕'), 월명사('유' 권제5 '월명사 도솔가') 등에 보인다. 또한 주해 298을 참조.

○ 【日本兵還國】 진평왕대에 신라가 자주 고구려와 백제(특히 백제)에게 침략을 당한 것이 '나기' 진평왕기에 보이는데, '日本兵 云云'이라는 것은 기록되어 있지 않다. 또 진평왕대에 일본은 일본이라고 부르지도 않았다. '사'에서는 '나기' 문무왕기에, 비로소 일본이라는 국호가 나온다. 즉 '나기'(제6) 문무왕 10년(760) 12월 조항에 '倭國更號日本. 自言近日所出. 以爲名.'이라고 있다. 이것은 왜국이 670년에 일본이라고 국호가 바뀌었던가 하는 것이다. 그러나 이것은 "신당서"(권220) 동이전 · 일본 조항에 '咸亨元年(670). 遣使賀平高麗. 後稍習夏音. 惡倭名. 更號日本. 使者自言. 國近日所出. 以爲名'이라고 하는 것을 잘못 이해한 것이다.

이어서 중국에서 일본이 일본이라고 국호를 고친 것은 알았던 것은 측천의 장안 2년(702, 대보 2년)에 부임한 견당사(執節使粟田眞人 등)에 의한 것으로 보인다. "석일본기"(권1) 해제 '號日本濫觴, 見大唐何持書哉' 조에 인용되어 있는 "당력"에는 '此歲(장안 2년, 702). 日本國遣其大臣朝臣眞人貢方物. 日本國者. 倭國之別名也.'라고 있으며, 또 "善隣國寶記"의 주기에 보이는 "당록"에는 '則天長安三年(703). 日本國遣其大臣朝臣眞人來貢方物. 因言. 其國近日所出. 故號日本國.'이라고 있다. 이것으로 일본에서는 적어도 대보(大寶) 연간에는 일본 국호가 쓰였던 것을 알 수 있는데, 그 시작이 된 해는 불명. 대부 원년을 거슬러 올라 그리 멀지 않은 시기, "일본서기" 편찬 개시 이후인가.

미시나 아키히데는 그 논고 "日本國號"(昭和 42년)에서 그 결론으로 '日本', '日本天皇', '日本府' 등의 호칭은 최초 백제 성명왕이 경칭적으로 사용한 명사(名辭)이며, 처음 보이는 것은 6세기 중엽에 해당한다. 거기에는 조선에서 예부터 동쪽의 먼 저쪽에, 구체적으로 일본에, 해가 뜨는 곳이 있다는 전설과 영일신앙이 있어, 그것이 일본이라는 호칭에 대한 시사이기도 했다. 한편 일본에서는 일신(日神) · 히르메(해의 여신) · 아마테라스 오미카미의 신앙과 종의(宗儀)가 발달하여, 수이코시대에는 대외적으로 스스로 '日出處天子'라고 했던 것이다. 그 후 "일본서기"의 찬술에 있어 "고지키"와는 다른 방침에 의해 백제 사적을 비롯해 외국문헌을 활용하여, 대외적 의식을 바탕으로 편찬을 하는 과정에서 '日本'이라는 국호를 채택하고 또 그때 대보 2년의 견당사 때에 대외적으로 '日本'이라는 국호를 처음으로 쓴 것이라고 말하고 있다.

826○【歌曰. …】이 향가(융천사 혜성가)에 대하여 오구라 신페이는 다음과 같이 옮기고 있다.

舊理東尸汀叱.(옛 동쪽 물가에)

乹達婆矣遊烏隐城叱肹良望良古(건달파가 놀던 성을 바라보며)

倭理叱軍置來叱多烽燒邪隱邊也藪耶(왜군이 오면 봉화를 지피던 근처에 이르러)

三花矣岳音見賜烏尸聞古(삼화의 낭도 산을 보는 연유를 물어)

月置八切爾數於將來尸波衣(달도 이미 쉬는데)

道尸掃尸星利望良古(길을 밝히는 별을 바라보며)

彗星也白反也人是有叱多(혜성이라고 아뢰는 사람 있었더라)

後句

達阿羅浮去伊叱等邪(달은 올라가니)

此也友物比所音叱彗叱只有叱故(이것 없이 밤 빗자루 있을까).[238]

[의역]

동해 가, 일찍이 건달파 놀던 성을 얻으려고 왜군이 쳐들어오면, 봉화 올려 경계하니, 삼화의 도(徒)의 산에 놀다가 그 땅에 이르니, 달도 이것을 듣고 쉬노라면, 별은 그 때문에 길을 밝히려고 나온 것을, 혜성이라고 아뢰는 사람이 있었다. (후구) 달은 이미 올라갔거늘 어디서 또 빗자루를 구해야 하는가.

("小倉進平博士著作集(1) 郷歌及び吏讀の研究" 수록 '郷歌註解' 215면).

또 나카무라 다모쓰는 다음과 같이 옮기고 있다.

동해 물가에 세우는 옛날에 건달파 등 놀았던 성을 우러러
왜의 싸움 쳐들어오는 것을 불 쏘아 올려 알리는 곳
삼화랑 산에 가 비추는 달빛에 혜성 길을 치우면
사람은 말한다.

(후구)

달 가까이 올라 보면 혜성은 분명히 달의 길잡이라.

(나카무라 다모쓰 "新羅殘夢")

○ 【乾達婆】 건달파, 산스크리트어 gandharva의 음 전사. 향신, 식향 등으로 옮기며, 또 건달파, 건달박, 건향화 등으로도 음 전사한다. 천상의 음악사, 악신 간다르바.[239]

238) 고증 원문을 그대로 옮겼다.

239) Gandharva. 인도신화에 나오는 반신(半神)반수(半獸)의 악단. 많은 신이 있는 궁전에서 아름다운 음악을 담당하는 주악(奏樂) 신단(神團).

827정수사구빙녀

正秀師救氷女

828第四十哀莊代, 有沙門正秀. 寓止皇龍寺. 冬日雪深. 旣暮. 自三郞寺還. 經由天嚴寺門外, 有一乞女産兒. 凍臥瀕死. 師見而憫之, 就抱良久. 氣蘇. 乃脫衣以覆之, 裸走本寺. 苫草覆身過夜.

829夜半有天唱於王庭. 曰, 皇龍寺沙門正秀宜封王師. 急使人撿之. 具事升聞. 王備威儀, 迎入大內. 冊爲國師.

풀이 827정수사구빙녀(正秀師救氷女)

828제40대 애장왕[240]대, 사문(沙門)[241] 정수가 있었는데, 황룡사에 머물렀다. 겨울날 눈이 깊게 쌓이고, 이미 날이 저물었다. 삼랑사[242]에

---

240) DB. 신라 40대 왕. 재위 800-809. 13세에 즉위하였으나 숙부 金彦昇이 섭정하였다. 801년에 태종무열왕과 문무왕의 廟堂을 세우고, 802년에는 해인사를 창건하였다.

241) DB. 비구.

242) DB. 신라 진평왕 19년(597)에 창건된 절. 절터는 경상북도 경주시 위건동에 있고 당간지주

서부터 돌아오면서 천엄사 대문 밖을 지나고 있었는데, 한 거지 여인이 아이를 낳고 언 채로 누워 죽음이 임박해 있었다. 스님이 발견하고 불쌍히 여겨, 나아가 안으니 조금 있다가 기운을 찾았다. 이에 옷을 벗어 덮어 주고, 벌거벗은 채로 본사(本寺)로 달려와서, 거적으로 몸을 덮고 밤을 보냈다.

829한밤중에 왕궁의 뜰에 하늘의 소리가 있으니, "황룡사 사문 정수를 마땅히 왕사(王師)로 봉하라." 하였다. 이에 급히 사람을 보내어 그것을 조사하여 상세한 일을 아뢰었다. 왕은 위엄 있는 몸가짐과 차림새를 준비하고, 왕궁 안으로 맞이하여, 책봉하여 국사(國師)로 삼았다.

주해

827○ 【正秀師】 애장왕대에 신라 국사가 된 승려 정수(正秀)에 대해서는 이곳에만 보인다.

828○ 【第四十哀莊王代】 신라 제40대 왕, 애장왕(재위, 800-809) 및 그 왕대에 대해서는 '유' 왕력 · 제40 애장왕 조항, '유' 권제2 '조설'의 조항(주해 325)을 참조, '나기' 제10 · 애장왕기도 참조. "팔만대장경"을 보관하는 가야산 해인사는 애장왕 3년(802) 창건, 또 4년(803) 7월, 5년(804) 5월, 7년 3월, 9년 2월 조항에― 일본과의 국교 기사가 '나기'에 보이므로 보충해 둔다.

829○ 【皇龍寺】 '나기' 진평왕기에 '十九年, 三郎寺成.'이라고 있다. 즉 597년에 절이 준공되었다. 지금 그 절터는 경주시 성건동에 있으며, 당간지주가 많이 있다. 박거물 찬, 요고 일서의 비문의 조각이 단국대학교박물관에 소장되어 있다.

○ 【天嚴寺】 이 조에만 보인다. 그 절터도 미상.

가 남아 있다. 박거물이 찬하고 요극일이 글씨를 쓴 비가 있는데 그 파편은 현재 단국대 박물관에 보관.

피은 제8
避隱 第八

[830]피은 제8

避隱第八

[831]낭지승운 보현수

朗智乘雲普賢樹

[832]歃良州阿曲縣之靈鷲山[a]歃良今梁州. [b]阿曲一作西, 又云求佛又屈弗. [c]今蔚州置屈弗馹,[243] 今存其名. 有異僧. 庵居累紀, 而鄕邑皆不識, 師亦不言氏名.[244] 常講法華. 仍有通力. [833]龍朔初. 有沙彌智通, 伊亮公之家奴也. 出家年七歲, 時有烏來鳴云, 靈鷲去投朗智爲弟子. 通聞之, 尋訪此山. 來憩於洞中樹下. 忽見異人出. 曰. 我是普[245]大士. 欲授汝戒品, 故來爾. 因宣戒訖乃隐. 通神心豁爾, 智證頓圓. 遂前行路逢. 一僧. 乃問朗智師何所住, 僧曰奚問朗智乎. 通具陳神烏之事. 僧莞[246]爾而笑曰, 我是朗智, 今玆堂前亦

---

243) 규장각본, 범어사소장본, 고려대본. 馹. 고증. 驛. DB. 馹, 순암수택본에는 馹.
244) 규장각본, 범어사소장본, 고려대본, 고증. 名氏.
245) DB. 普 뒤에 賢 자가 누락된 것으로 보인다.
246) DB. 규장각본과 만송문고본, 순암수택본에는 글자의 상단은 宀, 하단은 死인 형태로 되어 있다. 고증. 莞. 달리 언급이 없다.

有烏來報, 有聖兒投師將至矣, 宜出迎. 故來迎爾. 乃執手而嘆曰, 靈烏驚爾投吾, 報予迎汝. 是何祥也. 殆山靈之陰助也. 傳云. 山主乃辨才天女. 通聞之泣謝. 投禮於師. [834]既而將與授戒, 通曰. 予於洞口樹下. 已蒙普賢大士乃授正戒. 智嘆曰, "善哉. 汝已親禀大士滿分之戒. 我自生年來. 夕惕慇懃, 念遇至聖. 而猶未能昭格, 今汝已受, 吾不及汝遠矣. 反禮智通, 因名其樹曰普賢. 通曰. 法師住此其已久. 如曰, "法興王丁未之歲. 始寓足焉, 不知今幾. 通到山之時. 乃文武王即位元年辛酉歲也, 計已一百三十五年矣. [835]通後詣義湘之室, 升堂覩奧, 頗資玄化, 寔爲錐洞記主也. 元曉住礒高寺時, 常往謁智, 令著初章觀文及安身事心論. 曉撰訖, 使隱士文善奉書馳達, 其篇尾述偈云, 西谷沙彌稽首禮, 東岳上德高巖前 [a]礒高在靈鷲之西北, 故西谷沙彌乃自謂也. 吹以細塵補鷲岳, 飛以微滴投龍淵. 云云. 山之東有大和江, 乃爲中國大和池龍植福所創, 故云龍淵. 通與曉皆大聖也, 二聖而摳[247]衣師之, 道邁可知. [836]師嘗乘雲往中國清涼山, 隨衆聽講. 俄項[248]即還. 彼中僧謂是隣居者. 然罔知攸止. 一日令於衆曰, 除常住外, 別院來僧. 各持所居名花異植. 來獻道場. 智明日折山中異木一枝. 歸呈之. 彼僧見之. 乃曰, 此木梵號怚[249]提伽, 此云赫, 唯西竺・海東二靈鷲山有之. 彼二山皆第十法雲地. 菩薩所居, 斯必聖者也. 遂察其行色, 乃知住海東靈鷲也. 因此改觀. 名著中外. 鄉人乃號其庵曰赫木. 今赫木寺之北崗有古基, 乃其遺趾. [837]靈鷲寺記云, 朗智嘗云, 此庵趾乃迦葉佛時寺基也. 堀地得燈缸二. 隔元聖王代. 有大德緣會. 來居山中, 撰師之傳. 行于世. 按華嚴經, 第十名法雲地. 今師之馭雲, 蓋佛陁屈三指, 元曉分百身之類也

---

247) 규장각본, 범어사소장본. 樞(이체자). 고증. 樞(摳).
248) 규장각본, 범어사소장본. 項(?). 頃의 이체자. DB. 頃의 오기로 보인다.
249) 규장각본. 怛, 범어사소장본. 怛 , 고증, DB. 怚(怛). 怚로 인식한 것이 不可解.

坎. [838]讃曰. 想料嵓藏百歲間, 高名曾未落人寰, 不禁山鳥閑饒舌, 雲馭無端洩往還.

풀이 [830]피은 제8(避隱第八)

[831]낭지승운 보현수(朗智乘雲普賢樹)

[832]삽량주 아곡현의 영취산[250)][a]삽량은 지금의 양주(梁州)다. [b]아곡은 아서라고도 하고, 또 이르길 구불 혹은 굴불이라고 한다. [c]지금 울주에 굴불역이 있는데, 지금도 그 이름이 남아 있다.에, 신이한 스님이 암자에 여러 해 살았는데, 마을에서는 모두 알지 못했고, 스님도 이름을 말하지 않았다. 항상 법화경을 읽어, 신통력을 가지고 있었다.

[833]용삭 연간 초에 사미[251)] 지통[252)]이 있어, 이량공의 집에 노비였다. 이해에 출가하여 나이 17세였다. 이때에 까마귀가 와서 울며 지통에게 이르길, "영축산에 가서 낭지[253)]에게 의탁하여 제자가 되어라." 하였다. 지통이 그것을 듣고, 그 산을 찾아 골짜기 나무 아래에서 쉬고 있었다. 문득 이상한 사람이 나오는 것을 보았는데, 말하길, "나는 보현보살(普大士)[254)]로, 너에게 계품[255)]을 주고자 하여, 그 까닭에 여기에 왔다." 하였다. 이에 계를 베풀고 마치자 사라졌다. 지통은 신

250) DB. '영축산', 불가에서는 영축. 영취산은 고대 인도의 마가다국(magadha國)의 수도 라자그리하(王舍城)에서 동쪽 약 3㎞ 지점에 있는 산으로, 석가모니가 설법한 장소로 유명하다.

251) DB. 출가하여 10계를 받아 지니는 19세 전의 어린 승려.

252) DB. 신라의 고승으로 의상의 10대 제자 중 한 사람.

253) DB. 신라 문무왕대의 고승으로 그의 출신과 행적에 대해서는 자세하지 않다.

254) DB. 문수보살과 함께 석가여래의 협시보살.

255) DB. 계품은 계의 여러 종류로 5戒를 비롯하여 사미 10戒 보살 10重大戒 48輕戒, 비구 250戒, 비구니 348戒 등이 있다.

심을 깨닫고, 지혜가 깨우쳐지고 문득 원만해졌다.

지통은 산길을 따라 더 가다가, 마침 길을 가던 한 스님을 만났다. 이에 낭지스님이 어디에 사는지를 물으니, 스님이 말하길, "어찌 낭지를 묻느냐?" 하니, 지통이 신이한 까마귀의 일을 자세히 말하였다. 스님이 빙그레 웃으며 말하길, "내가 그 낭지인데, 지금 당 앞에 또한 까마귀가 와서 알리니, 성스러운 아이가 있어 스님에게 의탁하려고 올 것이니, 마땅히 마중 나가 그를 맞이하라." 하였다.

이에 손을 잡고 감탄하여 말하길, "신령스런 까마귀가 너를 깨우쳐 나에게 의탁하게 하였고, 나에게 알려 너를 맞이하게 하니, 이 얼마나 큰 상서로움인가? 마땅히 산신령이 몰래 도운 것이다. 전하여 이르길 이 산의 주인은 변재천녀[256]라고 한다." 지통은 그것을 듣고 눈물로 사례하여 낭지에게 절을 하였다.

834이윽고 계를 주려고 하니, 지통이 말하길, "저는 마을 입구의 나무 아래에서, 이미 보현보살(普賢大士)에게 정계를 받았습니다." 하였다. 낭지가 감탄하여 말하길, "좋구나! 너는 이미 친히 보현보살의 만분지계[257]를 받았구나. 나는 태어난 이후로 저녁때까지 삼가고 겸손하였으나, 지금까지 성인(至聖)[258]을 만나길 염원했으나, 오히려 이르지 못했으나, 지금 너는 이미 받았다. 나는 너에게 멀리 미치지 못하는구나."라고 하고는, 반대로 지통에게 예를 올리고, 이로 인해 그 나

256) DB. 음악을 받은 여신으로 걸림 없는 변재를 가져 불법을 유포하고 재복과 수명과 지혜를 주는 신으로 알려져 있다. DB.에 '밭은'은 '맡은'.

257) DB. 재가 시나가 삼귀의계를 받은 뒤에 1계를 받는 것을 1분계, 2계를 받는 것을 소분계, 3,4계를 받는 것을 다분계라고 하고 5계를 모두 받는 것을 만분계라고 한다.

258) DB. 보현보살.

무를 보현(普賢)이라 하였다. 지통이 말하길, "법사는 여기에 머문 지 이미 오래되었습니까?" 낭지가 말하길, "법흥왕 정미년(丁未之歲)(527)에 처음 발을 들였으니, 지금 얼마나인지는 모르겠다." 하였다. 지통이 산에 온 때가, 이미 문무왕 즉위 원년 신유년(661년)이니, 계산하면 이미 135년이다.

835지통은 후에 의상의 제자가 되어, 불법의 오묘함을 깨닫고 그것을 넓히는 데 힘썼다. 이 사람이 추동기(錐洞記)[259]의 주인이다. 원효가 반고사[260]에 머무를 때, 항상 낭지를 뵈러 가, 초장관문과 안신사심론을 저술하게 하였다. 원효가 저술을 마치고, 은사(隱士)인 문선으로 하여금 낭지에게 글을 받들어 보내면서, 그 편(篇) 뒤쪽에 게(偈)를 지어 이르길, "서곡(西谷)의 사미인 우승(愚僧) 원효는, 동악(東岳)의 고승인 고암(高巖)(지통)의 어전에 계수(稽首)하고 예배합니다. 동악의 은덕(上德)은 높은 바위 앞에 [a]반고사는 영축의 서북에 있는 까닭에 서쪽 골짜기의 사미는 스스로를 말한다. 작은 티끌 불어 영축산에 보태고, 작은 물방울 날려서, 용이 사는 연못에 던집니다."운운하였다.라고 하였다. 영취산의 동쪽에 태화강이 있는데, 중국 태화지의 용(龍)이 복을 기원하여 만든 까닭[261]에 용연이라 하였다. 지통과 원효는 모두 큰 성인으로, 두 성인이 공손하게 낭지를 스승을 섬기니(摳衣),[262] (낭지의) 도가 높은지를 알 수 있다.

836스님은 일찍이 구름을 타고 중국의 청량산[263]에서 머무르며, 대

---

259) DB. 지통이 소백산 추동에서 90일의 화엄법호에서 의상의 강해를 기록한 책.
260) DB. 경남 울산군 영취산에 서북쪽에 있던 절이다.
261) DB. 중국의 태화지의 용을 위해 복을 심어 창건한 것.
262) DB. 옷을 걷고 공손히 하는 것을 이른다.

중을 따라 강의를 듣고 조금 있다가 돌아왔다. 그 스님은 이웃에 사는 사람으로 여겼으나, 거주지를 아는 사람이 없었다. 하루는 대중에게 말하길, "평소 이 절에 사는 자를 제외하고, 별원(別院)에서 온 스님은 각기 사는 곳의 이름 있는 꽃과 특이한 식물을 가져와서 도량(道場)에 바쳐라." 하였다. 낭지는 다음날 산중의 이상한 나뭇가지 하나를 꺾고 돌아와 바쳤다. 그 스님이 그것을 보고 말하길, "이 나무는 범어로 달제가[264]라 부르는데, 이것을 혁(赫)이라 하고, 오직 서축[265]과 해동의 두 영축산에만 그것이 있다. 이 두 산은 모두 제10 법운지[266]의 보살이 사는 곳이니, 그는 반드시 성스러운 사람이다." 마침내 그의 행색을 살피고, 이에 해동의 영축산에 사는 것을 알았다. 이로 인해 다시 알게 보게 되니, 이름이 안팎[267]에서 두드러졌다. 고향 사람들은 이에 그 암자를 부르길 '혁목이라 하였다. 지금 혁목사(赫木寺)[268]의 북쪽 언덕에 옛 터가 있는데, 그 옛 터이다.

837"영축사기"에 이르길, 낭지는 일찍이 말하길, "이 암자의 터는 가섭불 때의 절터이다." 하고, 땅을 파서 등항[269] 2개를 얻었다. 원성왕대에 대덕 연회가 와서 산속에 살면서, 스님의 전(傳)[270]을 지어, 세상에 내보냈다.

---

263) DB. 중국 산서성 오대현에 있는 오대산의 다른 이름이다.

264) DB. 달제가(怛提伽)는 동경제국대학 연인본에는 '휼제가(恤提伽)', 조선사학회본에는 '저제가(怚提伽)'로 나온다.

265) DB. 옛 인도의 명칭.

266) DB. 보살이 수행하여 증득하는 階位인 52위 가운데 제50위이다.

267) 고증. 나라의 안과 바깥.

268) DB. 경남 울산 영축산에 있던 절로 그 위치를 알 수 없다.

269) DB. 등에 기름을 넣는 항아리로 등잔이라고 짐작된다.

270) 고증. 전기(傳記). 개인 일생의 사적인 기록.

"화엄경"을 살펴보면, 제10지 법운지[271]를 살펴보면, 지금 낭지가 구름을 탄 것은, 대개 부처가 세 손가락을 구부리고, 원효(元曉)가 백 개의 몸으로 나누어진 것[272]과 같지 아니한가!

838찬(讚)하여 말한다.

생각하면 바위산에서 숨어 살기를 백 년간
높은 이름은 인간 세상에 알려지지 않았다.
산새가 한가로이 하는 말을 금하지 않았는데
구름을 타고 오는 것 알려졌구나.

주해

830○ 【避隱】 명리(名利)를 피하여 심산유곡 등에 은거하는 것.

832○ 【歃良州阿曲縣】 '사' 지리지(1)에 '良州. 文武王五年. 麟德二年. 割上州下州地. 置歃良州. … 景德王改名'이라고 되어 있는 것처럼, 삽량주는 신라시대의 한 주(州)로서, 지금의 경상남북도에 걸치는 지역이다. 아곡현은 양주의 임관군에 속하며 '사' 지리지(1)의 양주 임관군의 항목에, '河曲一作西縣. 婆沙王時. 取屈阿火村. 置縣. 景德王改名.'이라고 적혀 있는 아곡현이라고 생각되며, 경상남도 울주군 · 울산시에 해당하는 지역이다. '유' 기이 제1 '내물왕 김제상'의 조항 주해 177 '歃羅郡太守'를 참조. 또한 아(阿)와 하(河)는 음 상통.

○ 【靈鷲山】 경상남도 울주군 청량면에 존재하는 산(336m)으로, 서쪽으로 문수산(598m)이 이어져 있으며 각각 봉우리를 가진 하나의 산이라고 할

271) 고증. '第十名法雲地'.

272) DB. 원효의 몸이 100개의 소나무에 나뉘었던 일에 비유한 말이다. "삼국유사" 권4 의해 원효불패조에 曾住芬皇寺 纂華嚴疏 至第四十廻向品 終乃絶筆 又嘗因訟 分軀於百松 故皆謂位階初地矣라고 나온다. DB.에서는, '원효불기'를 '원효불패'라고 하고 있다. 굴레 '기(羈)'를 으뜸 '패(覇)'로 착오했을 것이다.

수 있다. '유' 권제2 '처용랑 망해사' 조가 망해사의 위치를, '영취산동록승지'라고 기록했고, '승람' 권22 · 울산군 조가 '望海寺. 青松寺. 具在文殊山', '文殊山. 在郡西二十五里'라고 적고 있는 것에 의하면, 영취산은 문수산이라고도 부른 산일 것이다. 그러나 '처용랑 망해사' 조가 '靈鷲山'이라고 부르고, 또 다음 조항의 '緣會逃名文殊岾' 조에서는 '영취산'에 은거한 연회가 서령에서 문수보살을 만나, 서령을 문수점이라고 했다는 일화가 전해지는 것에 의하면, 처음 두 봉우리를 합쳐서 영취산이라고 했는데, 나중에 서령을 문수산이라고 부르게 되었던 것은 아닐까. 그런데 이 항목에는 다음에 다루듯이 '歃良 今梁州'라는 주기(注記)가 달려 있다. 이 주기가 영취산 소재에 대한 주기라고 한다면, 이 조항의 영취산은 고려시대의 양주(경상남도 양산군 일대)에 존재했다는 것이 된다. 그 양주(梁州)에는 영취산 통도사가 있으며, 홀활곡쾌천 "朝鮮禪教史"는 제1편 5장 제3절의 낭지 · 반고사(磻高寺) 항목, 및 제11절의 지통 항목에 이 조항을 인용하여, 영취산에 '通度寺山號'라고 주기하여 영취산을 통도사에 비정(比定)하고 있다. 통도사는 경상남도 양산군 하북면의 취서산 동남 기슭에 소재하며, 조선3대 사원의 하나로 들고 있는 고찰이다. 그러나 이 조항에서는 삽량주 아곡현이라고 소재가 명시되어 있고, 이 조항에 등장하는 대화강이나 용연과의 관련으로 보더라도, 울주군 청량면의 영취산이라고 판단해야 할 것이다.

832a○ 【歃良, 今梁州】 '今梁州' 즉 고려시대의 양주, 신라시대의 良(歃良)州의 일부이기는 하지만, 신라시대의 하곡(河谷)현이 속하는 울주와는 다른 행정단위이며, 조선시대의 양산군('승람'22)에 해당하며, 지금의 경상남도 양산군을 중심으로 하는 지역이다. 자세한 것은 '유' 기이 제1 '내물왕 김제상' 조항의 '삽라군태수(歃羅郡太守)' 항목을 참조.

832b○ 【阿曲一作西. 又云求佛. 又屈弗】 아곡(阿曲)에 대해서는 이 조의 주해 832를 참조. 또한 '승람' 권22 · 울산군 조항에도 '河曲. 一作西'라고 보인다.

832c○ 【今蔚州置屈弗驛, 今存其名】 굴불역에 대해서는 '승람' 권22 · 울산군 조항의 '역원' 항목에 '堀火驛.在郡西十五里 古之河谷縣遺址'이라고 보이며, 지금의 울산시 서부 굴화리에 해당한다.

833○ 【龍朔初】 용삭은 당 고종 조의 원호. 그 첫해는 서기 661년, 신라 문무왕 원년에 해당한다.

○ 【智通】 이 조항과 '유' 권제4 '의상전교' 조항 이외 전하는 바가 없어, 상세한 것은 알 수 없는데, 이 조항에 의하면 서기 7세기 후반의 신라승려로 의상의 제자이며, 원효의 스승이었다. '유' 권제4 '의상전교' 조항에서는 오진 · 표훈 · 진정 등과 함께 10인의 고제(高弟)의 한 사람으로 들고 있다. 또 10인의 고제에는 각각 그 전기가 남아 있다고 하는데, 지통 전(傳)은 남아 있지 않다. 저서로는 이 조항에서 전하고 있는 "추동기"(주해 835) 외에 "동역전정목록"에 "열반경라십역출십일음변 1권"이 지통 찬으로서 전하고 있는데, 그것은 남아 있지 않고, 동국대학교불교문화연구소 편 "한국불서해제사전"에 의하면, 찬술자가 당의 지통인지, 신라의 지통인지 판명이 되지 않는다고 한다.

○ 【伊亮公】 미상.

○ 【有鳥來鳴云】 새가 신이(神異)를 전달하는 것에 대해서는 '유' 권제1 '사금갑' 조항 190, 190b를 참조.

○ 【朗智】 이 조항 이외 전하는 바가 없어, 상세한 것은 알 수 없다. 이 조항에 의하면 법흥왕대의 신라승려이며, 원성왕대에 고승 연회가 '낭지전'을 찬술하여, 널리 읽혀졌다고 하는데 남아 있지 않아 미상이다. 낭지가 영취산에 온 연대에 대해서는 주해 834를 참조.

○ 【普大士】 보현보살을 말한다. 산스크리트어 Samantabhadra, 삼만다발타라라고 하며, 번역으로 보현 혹은 편길(遍吉)이라고 한다. 문수보살과 나란히 석가여래의 협시로서 알려져 있다. 문수보살이 사자에 올라타 여래 왼쪽을 지키며, 지(智) · 증(證)을 다스리는 것에 대해서 보현보살은 육아의 흰 코끼리에 올라타서 오른쪽을 지키며, 이(理) · 정(定) · 행(行)

의 덕을 다스린다. 문수와 함께 여러 보살의 우두머리로서 늘 여래의 화도섭익에 대한 것을 조성선양한다고 한다. 또 보현, 문수 모두 단독으로도 신앙의 대상이 된다. 밀교에서는 금강살타와 동체(同體)가 된다. 지통 앞에 보현이 나타난 것은 낭지가 늘 화엄경을 수행했던 것과 관계되며, "법화경" 보현권발품에서 말하는 '是人若行若立. 讀誦此經. 我爾時乘. 六牙白象王. … 俱詣其所而自現身. 供養守護. 安慰其心. ….'과 관계되는 것일까. 또한 대사라는 것은 개사라고도 하며, 보살을 말하는데, '보살대사'로도 이어진다.

○ 【戒品】 계(戒)의 다양한 종류, 오계(五戒)나 십계(十戒) 등을 말한다. 혹은 계를 밝힌 편장(篇章)을 말한다. 이곳에서는 전자이며, 사미 지통에게 주는 계이니까, 구족계를 가리키는 것이 아닐까. 이 구족계를 받으려면 삼사칠증과 백사갈마를 필요로 하는 규정이 있는데, 이곳에서는 등장하지 않는다. 이 조항은 소위 영험담이기도 하므로, 교의를 엄밀하게 요구할 필요도 없을 것이다. 또한 이 조항 뒤에 나오는 '정계', '만분지계'의 주해를 참조.

○ 【智橙】 올바른 지(智)에 의해 열반을 증명하는 것. 깨달음을 아는 것. 이곳에서는 올바른 지혜(사물을 올바르게 분명하게 하는 능력)라는 뜻인가.

○ 【辨才天女】 올바르게는 변재천녀라고 적는다. Sarasvati(살라살벌저)라고 하며, 번역으로 대변재천 · 묘음인 · 미음천 · 대변재공덕천이라고 한다. 인도의 오하지방[펀자브(Punjab)[273] 북부, 인더스강 지류 가운데 큰 다섯 개의 강이 흐르는 지역]의 하신(河神)으로 숭배받고, 나중에 범천의 비(妃)가 되었다. 음악 · 변재 · 재복 · 지혜의 덕이 있는 천녀로 길상천과 함께 많은 신앙을 모아 왔다. 원래 하신(河神)이므로 강가에서 모시(제사)는 일이 많으며, 이 조항 및 다음 조항과 같이, 산신령으로 삼는 것은 드물다.

273) 인도 북서부 인더스강 유역의 지방. 현재 동부는 인도, 서부는 파키스탄에 속해 있다.

834○ 【正戒】 올바른 행위. 혹은 수계(授戒)할 때, 계를 받는 당사자가 출석해서 7일간 수행을 하고 계맥을 받는 것을 말한다. 이곳에서는 후자의 의미로 지통이 직접 보현보살로부터 계를 받았다는 것을 의미할 것이다.

○ 【滿分之戒】 속세 신자가 삼귀(三歸)를 받은 후, 오계를 받는 것을 만분계라고 한다. 또 속세 신자나 사미 등의 오계(五戒) · 팔계(八戒)에 대하여 구족계를 만분계라고 하며, 이곳에서는 후자의 의미로 생각된다.

○ 【如曰】 글의 의미로 보아 '如'는 智(낭지)라고 해야 할 것이다.

○ 【法興王丁未之歲】 서기 527년. 낭지가 영취산에 온 연대에 대해서는 '유' 권제3 '원종흥법 염촉멸신' 조항에도, '法興大王即位十四年. … 是年. 朗智法師亦始住靈鷲山開法.'이라고 적혀 있어, 이 조항과 일치한다. 정미는 법흥왕 즉위 원년을 갑오('사' 연표, '유' 왕력)라고 한다면, 14년에 해당한다. 법흥왕에 대해서는 '유' 왕력, '유'권3 '원종흥법 염촉멸신' 조항을 참조.

○ 【文武王即位元年辛酉】 서기 661년, 당 고종의 용삭 원년에 해당한다. 이 조항의 주해 261을 참조. 문무왕에 대해서는 '유' 왕력, '유' 권제1 '대종춘추공' 조항 주해 237 및 '유' 제2 '문호공법민' 조항 주해 260을 참조.

835○ 【義湘】 '유' 권제4 '의상전교' 및 권제5 '진정사효선쌍미' 조항을 참조.

○ 【升重覩奧. 頗資玄化】 '堂에 올라 속(奧)을 覩(보고), 頗(골고루) 현화(玄化)를 가진다(資).'라고 읽을 것이다. 말을 풀어서 옮긴다면 의상의 제자가 되어 그 승당에서 수행하여 불교의 오묘한 진리를 보고, 사람들에게 불교를 깊이 깨우쳐 넓히는 일에 크게 도움이 되었다라는 뜻일 것이다.

○ 【錐洞記】 동국대학교불교문화연구소편 "한국불서해제사전"에 의하면, 올바르게는 "華嚴要義問答二卷"이라고 한다. 현존하지 않지만, 그 성립 경위에 대해서는 '유' 권제5 '진정사효선쌍미' 조항에 적혀 있다. 그 조항을 참조.

○ 【元曉】 '유' 권제4 '원효불기' 조항을 참조.

○ 【磻高寺】 이 조항의 뒷글 게(揭)에 '磻高在靈鷲之西北'이라는 주(注)가 달려 있는데, 그 이외는 없어 불명.

○【著初章觀文及安身事心論】두 책 모두 원효의 저서로 "新編諸宗敎藏総錄" 제3권("대정신수대장경" 제55권 수록)에도 실려 있는데, '초장관문'은 '초장일권'으로 되어 있다. 또한 두 책은 현존하지 않아 내용은 불명.

○【隱士文善】달리 출처가 없어 불명.

○【山之東有大和江・乃爲中國大和池龍植福所創. 故云龍淵. 云云】이 부분은 원래 게(偈)의 '용연(龍淵)'에 대한 주기였다고 생각된다. 대화강은 영취산의 북쪽에서 동쪽으로 흐르며, 울산만으로 유입되는 하천이다. 용연은 '승람' 권22・울산군의 조항, '黃龍淵. 在郡西十里大和津上流'라고 보이는 황룡연일 것이다. 중국의 대화지의 용과 용연과의 관계는 '유' 권제3 '황룡사구층탑' 조항에 보이며, 자장이 중국 대화지에서 용신으로부터 받은 청원에 '慈藏以五臺所授舍利百粒. 分安柱中幷通度寺戒檀及大和寺塔. 以副池龍之請'과 같이 전해지고 있다. 대화사와 용연[274]과의 위치관계는 '승람' 권22・울산군의 조항의 '대화루'에 주로 인용되어 있는 "권근기"에 대화강의 하구부근의 경관을 소개하여 '有大川. 南流東析而入海. 其東析也. 水尤未闊而澄深. 曰黃龍淵. 其北石崖截然壁立'. …藏春塢. 新羅之時. 始置寺于北崖之上. 曰大和.'라고 하는 것에 의하면 인접해 있었다는 것을 알 수 있다. 또한 대화사는 자장이 중국에서 귀국할 때, 창건한 절로서 전해지고 있다. 자세한 것은 '유' 권제3 '황룡사구층탑' 권제4 '자장정률' 조항을 참조.

○【樞(摳)衣】추(樞)는 구(摳)의 잘못일 것이다. 구(摳)는 옷깃을 걷어 올리고 당에 오르는 것. 이곳에서는 지통과 원효가 낭지를 스승으로 모신 것을 말한다.

836○【中國之淸涼山】중국의 청량산(淸涼山)이라는 것은 중국 산서성 오대현에 있는 오대산을 말한다. 동서남북과 중앙에 5봉이 있어, 각각 대 모양(臺狀)을 하고 있어 오대산으로 부르며, 아미산・보타산과 함께 중

---

274) 고증에서는 자주 연(淵)을 연(渕)으로 나타내고 있다. 같은 글자이다.

국불교의 3대 영산이 되어 청량산이라고 한다. "화엄경" 보살 주처품(住處品)에, 문주보살은 동북방의 청량산에서 산다는 것으로 보아, 중국에서는 문수보살의 주 거주지로 여기고, 그 영험을 구해 많은 승려가 찾는 곳이 되었다. 후한시대 명제(明帝) 때, 마등이 인도의 영취산을 닮은 것으로 가람을 세워 영취사라고 이름을 지었다고 한다. 북위시대에 효문제가 대부도사(후에 화엄사)를 열었고, 당대에는 불공삼장이 금각사를 세워 문수신앙을 넓혔기 때문에, 오대산의 이름은 아시아 전역에 퍼졌다. 또한 원문에 '中國之'라고 있는 것은, 조선의 오대산('유' 권제3 '대산오만진신', '명주오대산보질도태자전기', '오대산문수사석탑기'를 참조)와 구별하기 위한 것이다.

○ 【梵號怛(怚)提伽, 此云赫】 노무라 요쇼 "삼국유사"("국역일체경" 史傳部 十, 대동출판사)에는 '赫이라고 훈독한다면 범어 iyati(빛나다)인가. 그러나 나무 이름으로서는 불명.'이라고 주를 달고 있다.

○ 【第十法雲地】 보살이 수행해야 하는 52단계 가운데, 특히 41위(位)에서 50위까지를 십지(十地)라고 하며, 십지(十地)의 제10 즉 50위를 법운지라고 한다. 이 지(地)는 지혜의 구름이 골고루 감로의 비를 내리게 하는 계위(階位)로, 설법이 전 세계로 진리의 비를 내리게 하는 비와 같이 있으므로 법운지라고 한다.

837 ○ 【靈鷲寺記】 '유' 권제3 '영취사' 조항을 참조. 영취사 소재에 대해서는 다음 조항의 '연회도명 문수점'을 참조.

○ 【迦葉佛】 '유' 권제3 '가섭불연좌석' 조항을 참조.

○ 【燈缸】 등불 기름을 담는 큰 병(瓶). 병은 "說文解字中"(예문인서관) 제5편 하의 '缸 瓨也'275)의 단옥재 가운데, '瓨似罌. 長頸. 受十斗'라고 있다. 그러나 '十斗'는 "한서" 화식열전의 안사고 주에서는 '瓨, 長頸罌也, 受十

275) 고증에는 항아리 강(瓨) 자의 왼쪽 공(工)을 토(土)로 보이고 있다. 사기그릇 자(瓻)일 수도 있으나, 모래섬 지(坻)는 더더욱 아닐 것이다.

升'이라고 되어 있다(중화서국본 3688면의 주3).

○【元聖王代】 원성왕은 신라 38대왕(재위 785-798년). 원성왕에 대해서는 '유' 권제2 '원성대왕' 조를 참조.

○【大德緣會. 來居山中. 撰師之傳】 연회(緣會)에 대해서는 다음 조항의 '緣會逃名 文殊岵'을 참조. 연회가 낭지전을 찬술한 것은 달리 보이지 않으며, 현존하지 않아 불명.

○【華嚴經】 자세하게는 '대방광불화엄경'. 자세한 것은 '유' 권제4 '현유가해화엄' 조항을 참조.

○【元曉分百身】 '유' 권제4 '원효불기' 조항에 보인다.

[839]연회도명 문수점

緣會逃名 文殊岾

[840]高僧緣會. 嘗隐居靈鷲, 每讀蓮經. 修普賢觀行, 庭池常有蓮數朶. 四時不萎. [a]今靈鷲寺龍藏殿是緣會舊居. 國主元聖王聞其瑞異. 欲徵拜爲國師. 師聞之. 乃棄庵而遁. 行跨西嶺嵓間. [841]有一老叟今爾耕. 問. 師奚適. 曰. 吾聞, 邦家濫聽. 縻我以爵. 故避之爾. 叟聽曰, 於此可賈, 何勞遠售. 師之謂賣名無猒乎. 會謂其慢己. 不聽. 遂行數里許. [842]溪邊遇一媪問, 師何往. 荅如初. 媪曰, 前遇人乎. 曰. 有一老叟侮予之甚. 慍且來矣. 媪曰, 文殊大聖也, 夫言之不聽何. 會聞即驚悚. 遽還翁所. 扣顙[276]陳悔曰, 聖者之言敢不聞命乎. 今且還矣. 溪邊媪彼何人斯." 叟曰,[277] 辯才天女也, 言訖遂隱. [843]乃還庵中. 俄有天使賷詔徵之. 會知業已當受. 乃應詔赴闕, 封爲國師. [a]僧傳云, 憲安王封爲二朝王師號照, 咸通四年卒, 與元聖年代相朩, 未知孰是. 師之感老叟處. 因名文殊岾, 見女處曰阿尼岾. [844]讃曰. 倚市難藏久陸沉,[278] 囊錐

276) 규장각본, 범어사소장본. 頛. 이마 상(顙).
277) 고증. 溪邊媪彼何人. 斯叟曰.

旣露括難禁. 自緣庭下靑蓮誤. 不是雲山固未深.

풀이 [839]연회도명 문수점(緣會逃名 文殊岾)

[840]고승 연회279)는 일찍이 영축280)산281)에 숨어 살면서, 언제나 "법화경(蓮經)"282)을 읽고 보현 관행을 닦았는데, 뜰의 연못에는 항상 연꽃 몇 송이가 있어 사시사철 시들지 않았다. [a]지금의 영축사283) 용장전이 연회의 옛 거처이다. 국왕 원성왕이 상서로운 이적을 듣고 (그를) 불러 벼슬을 주어 국사로 삼고자 하였다. 스님이 이 소식을 듣자 암자를 버리고 도망하였다. 서쪽 고개 바위 사이를 넘어갔다.

[841]한 노인이 이제 막 밭을 갈다가 묻기를, "스님은 어디로 가십니까?"라고 하였다. (스님이) 말하기를, "내가 듣자니, 나라에서 잘못 듣고 나를 관작으로 얽어매려고 하므로 피해서 갑니다."고 하였다. 노인이 듣고서 말하기를, "여기서도 팔 수 있을 것인데, 어찌해서 수고로이 멀리서 팔려고 합니까? 스님이야말로 이름 팔기를 싫어하지 않는다고 하겠습니다."고 하였다. 연회는 그가 자기를 업신여긴다고 생

---

278) DB. 규장각본과 만송문고본, 순암수택본에는 沉. 고증에는 침(沉).

279) DB. 신라 원성왕 때의 고승으로 靈鷲山에 은거하면서 "法華經"을 독송하고 普賢觀行을 닦았다고 하나 자세한 기록은 없다.

280) DB. 靈鷲山은 불가에서는 영축산이라고 하며, 석가모니가 "法華經"을 설법한 곳.

281) DB. 영축산은 고대 인도의 마가다국(magadha國)의 수도 라자그리하(王舍城)에서 동쪽 약 3㎞ 지점에 있는 산. 정상에 있는 검은 바위의 모양이 마치 독수리 같으므로 鷲라 하고, 이 산을 신성시 여겨 靈이라고 하였다.

282) DB. "妙法蓮華經"의 약칭. 흔히 "法華經"이라고 한다. 대표적인 대승경전 중의 하나로 鳩摩羅什이 번역한 8권본이 유명하다.

283) DB. 이 절 이름은 "삼국유사" 권3 塔像 靈鷲寺條에 보인다.

각하고 (그 말을) 듣지 않고 몇 리를 더 나아갔다.

842강 언덕 시냇가에서 한 노파를 만났는데 묻기를, "스님은 어디로 가십니까?"라고 하였다. (연회는) 처음과 같이 대답하였다. 노파가 말하기를, "앞에서 사람을 만났습니까?"라고 하였다. (그는) 말하기를, "한 노인이 나를 업신여기는 것이 심하여 불쾌해서 또 오는 것입니다."라고 하였다. 노파가 말하기를, "(그분은) 문수대성[284)]인데, 그 말씀을 듣지 않았으니 어찌하겠습니까?"라고 하였다. 연회는 (그 말을) 듣고 놀라고 송구스러워 급히 노인이 있는 곳으로 되돌아가 머리를 숙이고 사과하기를, "성자의 말씀을 감히 듣지 않을 수 있겠습니까? 이제 다시 돌아왔습니다. 그런데 강 언덕의 그 노파는 어떤 사람입니까?"라고 하였다. 노인이 말하기를, "변재천녀[285)]입니다."고 하고 말을 마치자 그만 숨어 버렸다.

843이에 암자로 돌아갔더니, 조금 뒤에 왕의 사자가 조서를 받들고 와서, 그를 불렀다. 연회가 마땅히 받아야 할 것임을 알고, 이에 조서에 응하여 대궐로 가니 국사로 봉해졌다. [a]"승전"[286)]에는 "헌안왕[287)]이 (그를) 두 왕대의 왕사(王師)로 삼아 조(照)라고 호하고 함통[288)] 4년에 죽었다."고 하여 원성왕의 연대와 서로 다르니, 어느 것이 옳은지 모르겠다. 스님이 노인에게 감응 받은 곳을 문수점

---

284) DB. 文殊菩薩. 普賢菩薩과 一對가 되어 왼편에서 항상 釋迦如來를 모시고 지혜를 맡아 본 보살이다. 문수보살은 항상 부처님의 왼쪽에 자리를 잡고서 불법의 지혜를 상징한다.

285) DB. 梵語 Sarasvati(薩羅薩伐底). 음악을 맡은 여신으로 걸림 없는 변재를 가져 불법을 유포하고, 재복과 수명과 지혜를 주는 신으로 알려져 있다. 變才天女는 노래 · 음악을 맡은 여신으로 거침없이 변하는 재주가 있어 불법을 유포하고 수명을 늘려 주며 원수를 쫓아내는 이익을 준다.

286) DB. 현재 전하고 있는 高僧傳에는 이와 같은 내용이 없으므로 어느 승전인지 알 수 없다.

287) DB. 신라의 제47대 왕. 재위 기간은 857-860년.

288) DB. 당(唐) 의종(懿宗)의 연호로 860-873년.

이라고 하고, 여인을 만난 곳을 아니점이라고 하였다.

844찬하여 말한다

저자의 현인은 오래 숨기 어렵고

주머니 속 송곳[289]은 이미 드러났으니 감추기도 어렵구나.

뜰아래 푸른 연꽃에 머물며 숨지 못했던 것은

운산(雲山)이 깊지 않은 탓은 아니라네.[290]

주해 **839**○ 【緣會】 8세기 후반의 원성왕대의 신라 승이라고 생각되는데, 상세한 것은 알려져 있지 않다. 앞 조항에서 전하는 연회 찬술 '낭지전'(주해 833), 이 조항에 보이는 '승전'(주해 843a) 모두 불명이다. 원성왕에 대해서는 '유' 왕력 조항, 기이 제2 '원성대왕' 조를 참조.

○ 【逃名】 명예 · 이익을 피하고 구하지 않는 것.

○ 【文殊岾】 영취산의 서쪽에 있는 문수산을 가리킬 것이다. 자세한 것은 앞 조항의 주해 영취산을 참조. 또한 점(岾)은 조선 조자(造字)로 고개(峠)라는 뜻이며, 영(嶺), 현(峴) 등과 같은 뜻이다. 자세한 것은 '유' 기이 제2 '가락국기' 조의 주해 437을 참조.

840○ 【蓮經】 자세하게는 "묘법연화경"이라고 하며 범어 Saddharma-puṇḍarika-sūtra의 번역으로, 보통은 '법화경'이라고 한다. 대승불교의 중요경전의 하나로, 불타의 참 정신을 알기 위하여, 시(詩)나 비유, 상징을 주로 한 문학적 수법을 구사하여, 영원의 생명으로서 불타(久遠實成의 부처)를 찬미하여, 불교사상사 위에, 불교문학사 위에 불후의 경전으로서 받들

289) DB. 囊中之錐, 주머니 속의 송곳은 끝이 뾰족하고 밖으로 나오는 것과 같이 재능이 뛰어난 사람은 많은 사람 중에 함께 있어도 곧 드러나고 만다는 뜻이다.

290) DB. 저자에서 오래 숨기 어렵고 주머니 속 송곳은 감추기가 어렵구나. 뜰아래 푸른 연꽃으로 세상에 나갔지 운산(雲山)이 깊지 않은 탓은 아니라네.

고 있다. 한역은 3역(譯)이 전해지고 있는데, 구마라집 역이 저명하며, '법화경'이라고 하면 구마라집역(7권 27품에 제파달다품이 더해, 8권 28품)을 가리킨다. 이 불경의 공덕영험은 어떤 죄악이라 해도 금방 없앤다고 믿으며, 이 불경을 실천 경험하는 행자를 낳았는데, 이 조항의 연회도 그 가운데 한 사람이다. 다음 주를 참조.

○ 【普賢觀行】 '법화경'을 본경(本經), 본경의 서론적인 것을 말하는 '무량의경'을 개경이라고 하며, 본경의 마지막 장(章) 28품 · 보현보살권발품을 받은 내용을 가진 '관보현보살행법경'을 결경이라고 하여, 이것을 '법화삼부경'이라고 하는데, 결경인 '관보현보살행법경'에 의해 수행하는 것을 보현관행이라고 한다. 앞 조항의 주해 833 보대사를 참조.

840a○ 【今靈鷲寺龍藏殿. 是緣會舊居】 본문에 따르면 고려시대의 영취산에는 영취사가 존재한 것이 된다. 앞 조항에는 혁목사가 존재했다고도 전하기 때문에 적어도 두 개의 절이 존재했다는 것이 되는데, 모두 상세하게 알 수 없다. 영취사라는 절 이름은 '유' 권3 영취사 조항에도 보인다. 이 영취사는 같은 조항에 인용되어 있는 '사중고기'에 의하면 신라의 신문왕대 영순 2년 · 홍도 원년(683)에, 재상 충원공이 굴정현의 현청을 다른 곳으로 이전하고, 그 자리에 창건한 절이다.

김사엽은 이 영취사를 경상북도 영일현의 장기에 절터를 남기는 영취사에 비정하고 있다(완역 "三國遺事"). 장기의 영취사는 '승람' 권33 장기현의 조항에 '石南寺, 平等寺, 靈鷲寺. 具在妙峰山'과 같이 보인다. 자세한 것은 '유' 권3 · 영취사의 조항을 참조.

840○ 【國師】 뒤 글의 주 '僧傳云…'(주해 843a)에는 왕사(王師)라고 보인다. 신라의 승위로서는 '사' 직관지 가운데에 중앙제도로서 국통, 지방제도로서 주통과 군통, 또 이것과 직무를 달리하며 원성왕 원년(785)에 개설된 정관 등이 기록되어 있는데, 국사, 왕사는 보이지 않는다. 일본에서는 율령시대에 행정구획인 국(國)에 설치되어, 국내 승니를 통괄하는 승위(僧位)를 국사라고 부른 일도 있는데, 국사는 보통 국민의 스승, 또는

국왕의 스승에 걸맞은 덕이 높은 승려에게 주어지는 호칭이며, 중국에서는 북제(北齊)시대에, 문선왕이 천보 원년(550)에 법상을 국사로 맞이하는 것에서 시작된다. '사' 직관지(하)에 의하면, 국통은 사주(寺主)라고도 하며, 전국의 승려를 통괄하는 최고의 승관으로, 한 사람이 임명되었다. 또 정관은 정법전이라고도 하여, '始以大舍一人. 史二人爲司. 至元聖王元年, 初置僧官. 簡僧中有才行者, 充之有. 故則遆, 無定年限.'이었다고 한다. 이 조항의 국사 · 왕사는 이 국통이나 정관을 가리킬 것이다. 굳이 추측한다면 연회가 '每讀蓮經, 修普賢觀行'하고, 연못의 연꽃이 '四時不萎' 하는 기적을 보인 것에 의해 원성왕으로부터 국사로 추대 받았다는 경위로 본다면, 정관을 가리킨다고 판단해야 할까. 또한 '유' 권4 '자장정률'의 조항(주해 713b)을 참조.

842○ 【文殊大聖】 문수보살을 말한다. 산스크리트어 Manjuśri, 문수사리 · 만수실리라고 음 전사되며, 묘덕, 묘길상, 묘락이라고 번역된다. 이성(已成)의 부처, 실재 인물 등으로 이설이 많으며, 따라서 명칭도 많다. 문수, 만수는 묘(妙)의 의미이며, 사리 · 살리는 머리(頭) · 덕(德) · 길상의 의미이다. 이 보살은 대부분 보현보살과 한 짝으로 석가의 왼쪽에 협시하며, 부처의 지덕 · 혜덕을 다스리며 그 상징인 사자에 올라타고 있다. 또한 앞 조항의 주해 836의 청량산을 참조.

○ 【扣顙】 구(扣)는 두들기다 · 때리다의 뜻. **顙**[291]은 상(顙)과 같은 자로 이마(額)를 뜻한다. 무릎을 굽히고 낮춰 이마를 땅바닥이나 마룻바닥에 대고 예배하는 자세를 말한다.

○ 【辨才天女】 앞 조항의 주해 833을 참조.

843a○ 【僧傳云, 憲安王封爲二朝王師號照, 咸通四年卒, 與元聖年代相朩,[292] 未知孰是】 연회는 원성왕대 8세기 후반의 승려로 판단되므로, 그

291) 이마 상(顙).
292) 고증에는 朩(差)로 나타냈다.

를 기술한 '승전'으로서는 중국에서 편찬된 것으로서 북송의 옹희 4년(987)에 이루어진 찬녕 찬술 "송고승전", 조선에서 편찬된 것으로는 고려시대 고종 2년(1215)에 화엄종 영통사의 각훈에게 명하여 찬술하게 한 "해동고승전"을 생각할 수 있다. 그러나 "송고승전"에는 연회에 대한 기술은 없고, "해동고승전"은 일문(佚文)이 전해질 뿐으로 연회에 대한 기술의 유무도 확인할 수 없어, 이 조항의 '승전'은 불명이다. 헌강왕은 신라 제47대왕으로 재위기간은 서기 857년에서 860년이다. 함통은 당 의종조의 원호로, 그 4년은 서기 863년, 헌강왕을 이은 경문왕 3년에 해당하며, 주(注)가 주장하듯이 원성왕대(785-798)와는 70년간 정도의 차이가 있다. 연회가 조호를 하사받은 것도 불명이다. 아마 전후에 빠진 글자가 있을 것이다. 또한 원문 '年代相朩'의 '빈(朩)'에 대해서 노무라 요쇼는 "대정신수대장경" 수록본이 '시(示)'로 하는 것으로서 '좌(左)' 글자의 와전으로서 '左', '差' 음 상통이므로 '差'라고 정정(訂正)하고 있다. 따라야 할 것이다.

844○ 【倚市】 의(倚)는 의지하다 · 기대다 · 원인하다는 뜻. 이곳에서는 시정(市井)에서 생활한다는 뜻일 것이다.

○ 【陸沉】 침(沉)은 침(沈)과 같다. 물 없이 가라앉는 것, 나라가 멸망하는 것을 말한다. 또 세상으로부터 도망가려고 해도 벗어나지 못하고 어쩔 수 없이 세속에 섞이는 것을 말한다. 이곳에서는 후자이다. "장자" 칙양(則陽)편의 '陸沈'의 주에 '人中隱者, 譬之無水而沈也'라고 보인다.

○ 【誤】 이 오(誤)는 망설이다는 뜻일 것이다. 수련(水蓮)의 기적에 의해, 국사로 추대받게 되어, 받아야 할지, 말아야 할지, 헤매었다는 것을 가리킬 것이다.

[845]혜현구정

惠現求靜

[846]釋惠現. 百濟人. 小出家. 苦心專志. 誦蓮經爲業, 祈禳請福. 靈應良稠. 兼攻三論. 染指通神. 初住北部修德寺. 有衆則講, 無則持誦. 四遠欽風. 户外之履滿矣. 稍猒煩擁. 遂往江南達拏山居焉. 山極嵓險. 來往艱稀. 現靜坐求忘. 終于山中. 同學轝尸置石室中, 虎啖盡遺骸. 唯髏舌存焉. 三周寒暑. 舌猶紅軟. 過後方變紫. 硬如石, 道俗敬之藏于石塔. 俗齡五十八. 即貞觀之初. 現不西學. 靜退以終, 而乃名流諸夏立傳. 在唐聲著矣. [847]夫又高麗釋波若入中國天臺山, 受智者教觀. 以神異間.[293] 山中而滅. 唐僧傳亦有章, 頗多靈範. [848]讃曰. 鹿[294]尾傳經倦一場, 去年清誦倚雲藏. 風前青史名流遠, 火後紅蓮舌帶芳.

293) 규장각본, 범어사소장본, DB. 間. 고증. 間(聞).
294) 규장각본, 범어사소장본, DB. 鹿. 고증. 鹿(麈?). 고증 그대로.

풀이 845 혜현구정(惠現求靜)

846 석혜현[295]은 백제 사람이다. 어려서 출가하여 애써 뜻을 모아 "법화경(蓮經)"을 독송하는 것으로 업을 삼았으며, 기도하여 복을 빌면 영험한 감응이 실로 많았다. 겸하여 3론(三論)[296]을 전공하여 수도를 시작하니[297] 신명에 통하였다.

처음에는 북부 수덕사[298]에 살면서 대중이 있으면 (경을) 강의를 하고, 없으면 지송(持誦)했으므로, 사방의 먼 곳에서 (그의) 교화를 흠모하여 문밖에는 (항상) 신발이 가득하였다. 차차 번잡한 것이 싫어, 마침내 강남의 달라산으로 가서 살았다. 산이 매우 험준하여 오가는 사람이 드물었다. 혜현이 고요히 앉아서 (번뇌를) 잊고 산중에서 세상을 마쳤다. 같이 공부하던 이가, 시체를 옮겨 석실(石室) 속에 안치했는데, 범이 (그) 유해를 다 먹고 오직 해골과 혀만 남겨 두었다. 추위와 더위가 세 번 돌아와도 혀는 오히려 붉고 연하였다. 그 후 변해서 자줏빛이 나고 돌처럼 단단하게 되었는데, 승려나 속인이 (모두) 그것을 공경하여 석탑에 간직하였다. 세속의 나이 58세였는데, 즉 정관의 초년이었다. 혜현은 서방[299]에 유학하지 않고 조용히 물러나 일생을 마쳤으나, 그의 명성은 중국에까지 알려져 전기가 나오고, 당(唐)나라에서도 명성이 드러났다.

---

295) DB. 惠現(570-627)은 어려서 출가하였고 "蓮經"을 염송하면서 액을 물리치고 복을 비는 한편, 三論을 공부하여 신통의 경지에 이르렀다.

296) DB. 三論은 龍樹의 "中觀論"(4권)과 "十二門論"(1권), 용수의 제자인 提波의 "百論"(2권)을 말한다. 모두 鳩摩羅什이 번역하였다.

297) 고증에는 '그 진수(眞髓)에 통했다.' DB. 染指는 맛본다는 뜻인데, 여기서는 수도를 시작한다는 의미로 쓰였다.

298) DB. 충청남도 예산군 덕산면 사천리 덕숭산에 있는 절이다.

299) 고증에는 '중국'이라고 표현.

847 또 고려(고구려)의 석(釋) 파약[300]은, 중국의 천태산[301]에 들어가서, 지자[302]의 교관[303]을 받아, 신이로 산중에 알려졌다가 죽었다. "당승전"에도 실려 있는데, 자못 영험한 가르침이 많았다.

848 찬하여 말한다.

혜현은 많은 이에게 경을 전하다가, 번잡한 세속에 질려,

지난해에 청송(淸誦)을 그만두고, 구름에 숨어 세상을 떠났다.

속세간 역사는 그의 이름을 멀리 전하고,

죽은 후 홍련(紅蓮)의 혀는 향기로움을 띠고 있다.[304]

주해

845 ○【惠現】 백제 승려인 혜현(570-627?)의 전(傳)은 이곳에만 보일 뿐이다. 이 조항의 뒤 글에 당승전에 기록되어 있는 것 같은데 찾을 수 없다. 또 이능화의 "조선불교통사"에도 기재되어 있지 않은 것도 의문이다.

○【求靜】 뒤 글에 보이듯이 혜현은 수덕사를 나와 정적(靜寂)을 찾아 산중으로 들어가, 세속의 관계를 끊고 오직 수도(修道)에만 힘써 홀로 깨달음의 경지에 들어간 것이다.

846 ○【蓮經】 "묘법연화경"(Saddharma-puṇḍarika-sūtra)의 약어. 올바른 법의 백련화의 경이라는 뜻. 구마라집역, 7권27품.

○【三論】 인도 용수(龍樹)의 "中論"(4권), "十二門論"(1권) 및 그 제자, 제파

---

300) DB. 波若(561~613)은 고구려의 승려이다. 우리나라 최초로 天臺敎觀을 익혔으며, 중국 천태종의 개산조 天臺智者의 법제자이다.

301) DB. 중국 절강성 臺州府 天臺縣에 있는 산.

302) DB. 智者(538~597)는 天臺大師 智顗를 말한다.

303) DB. 敎相과 觀心을 말한다. 敎相은 釋迦一代의 敎法을 자기의 宗義에 따라 분별 판단하는 것이고, 觀心은 自己宗義에서 내세운 진리를 觀念하는 것을 말한다.

304) DB. 불자들과 강경함도 권태로워 지난해 독경소리 구름 속에 숨겼다. 명성은 역사에 오래도록 전하고 불 속의 연꽃인 양 향기로운 혀라네.

의 “百論”(2권)의 3부의 논을 말한다. 모두 구마라집에 의해 번역되었다. 이것이 삼론종의 근본경전이 되었다.

○ 【北部】 백제에서는 6세기에 들어가, 왕도에 5부제, 지방에 5방(5부)제가 시행되었다. 이 가운데 지방의 5방(5부)제는 538년(성왕 16년)의 부여(사비성)(소부리) 천도 후의 일이라고 생각되는데, 이것은 전국을 중방 · 동방 · 서방 · 남방 · 북방의 5방으로 나누고 각 방의 요지에 방성을 쌓고, 달솔(제2의 관위)의 방령이 그 장관으로서 병 1,200명 이하 700명 이상을 통치했다. 또 방(方)에는 10군(郡)이 있고 군에는 덕솔(제4위의 관위)의 군장 3명이 배치되었다.

이곳의 북부는 ① 5방 가운데 북방(北方)으로 볼 것인가. ② 혹은 백제 국토의 북부라고 볼 것인가. 그 어느 것도 가능하다.

덧붙여 왕도의 5부(部)는 중부, 상부, 하부, 전부, 후부의 5부, 각 부에 5항(巷)이 있어, 일반 백성(士庶)은, 이곳에 살았다. 또 왕도에는 만여 호가 있었다. 또 각 부에 병 500명이 배치되었다고 전해지고 있다. 이상에 대한 것은 무라카미 요시오 ‘新羅王都考略’ (“朝鮮古代史研究”)을 참조.

○ 【修德寺】 599년에 백제 승려 지명법사가 창건했다고 하는 수덕사는 충청남도 예산군 덕산면 사천리에 현존하고 있다. ‘승람’ 권19 · 덕산현의 ‘불우’ 조항에는 ‘修德寺. 在德崇山. 寺有翠積. 拂雲二樓.’라고 있다. 이 글 가운데의 덕숭산은 호서(湖西)의 금강산이라고 한다. 또 수덕사는 명찰인데도 불구하고 “조선사찰사료”(조선총독부 간)이나 이능화 “조선불교통사”(국서간행회복각본)에는 왜인지 보이지 않는다. 의문이다. 이 절의 현존하는 대웅전은 고려 충렬왕 34년(1308)에 세워진 것으로, 부석사의 무량수전, 봉정사(鳳停寺)의 극락전과 함께 한국 최고(最古)의 목조건축물의 하나이다. 또 현지 부근에는 가야산(678m)을 포함하여 덕산도립공원으로 지정되어 있다.

○ 【江南】 이곳의 강남은 금강(錦江)의 남쪽을 가리키므로, 충청남도 동남부에서 전라북도 근처를 가리키는 것으로 보인다.

○ 【達拏山】 잘 모르겠다는 것이 적당하다. 이병훈이 역주한 "역주병원문 삼국유사"(1975, 광조출판사) 및 한국명저대전집 "삼국유사"(1973, 대양서적)에는 달라산은 전라북도의 고산(高山) 또는 진산(珍山) 부근에 있는 산처럼 추정하고 있다. 현재 전주시북방의 완주군에 고산면이 있다. '승람' 권33 · 진산군의 '건치연혁' 조에는 '本百濟珍同權(同一作洞). 新羅爲黃山郡領縣. 高麗屬進禮縣. 恭讓王二年. 以高山監務來兼. 本朝太祖二年. 安胎于地郡. 陞爲知珍州事. 太宗十三年. 例改今名爲郡.'이라고 있다. 또 같은 자료의 권34 · 고산현의 '건치연혁' 조에는 '本百濟高山縣(一云難等良) 新羅屬全州. 高麗顯宗. 仍屬後置監務. 兼任珍同. 本朝太祖朝. 還析之. 後改縣監'이라고 있다. 그러나 진산군과 고산현의 '산천' 조항 및 '불우' 조 등에 달라산의 이름은 일절 보이지 않는다.

○ 【虎啖盡遺骸】 이 호랑이가 유해를 다 먹었다는 것은 일종의 풍장(風葬)으로 보인다.

○ 【俗齡五十八. 即貞觀之初】 정관(貞觀)은 당 태종 조의 원호. 정관 연간은 그 원년(627)에서 23년(649)까지, 이곳의 '貞觀之初'는 627년이라고 한다면 혜현의 몰년은 이해가 되므로 그때 연령이 58세라고 하니까, 그 생년은 서기 570년이 된다.

○ 【現】 혜현(惠現).

○ 【西學】 이곳에서는 중국에 가서 불교를 배우는 것.

○ 【諸夏】 예부터 한민족은 황하의 중류역을 차지했는데, 그 문화가 성숙한 서주(西周)에는 주위의 여러 민족에 대한 문화적인 우월의식에서 스스로 중국의 선민(選民)이라고 믿어 강한 중화사상을 가지게 되었다. 이래서 한민족은 자기를 주위의 이민족과 구별하여 화(華) 또는 하(夏)라고 부르며 그 국토를 자랑하여 제하, 화하, 중하, 중화, 중원, 중토 등으로 불렀다. 그리고 중(中)은 지리적으로도 문화적으로도 중앙이라는 뜻이며, 하(夏)는 대(大)의 뜻이다. 또 화(華)는 뛰어난 문화를 의미하는 것이다.

847○ 【高麗】 이 고려는 고구려를 의미한다.

○【釋波若】이곳에만 보여 이외는 불명. 파약(波若)은 해동의 승려로, 최초로 오대산으로 가서 천태종을 배운 사람이기 때문에 전(傳)을 만들었을 것인데, 왜 이 조항에 첨부했을까. 활약한 연대가 혜현과 같은 연대였기 때문일까.

○【中國天臺山】중국 절강성의 동부에 있는 불교의 명산. 산은 북동에서 남서로 달리며, 남은 선하령으로 이어진다. 북은 멀리 주산군도에 면하고 있다. 또 용강, 조아강과 영강과의 분수령이기도 하다. 주 봉우리인 화정봉(1,136m)은 천태현 현성의 북동에 있으며, 도교의 선향으로도 알려져 있다.

삼국 오(吳)의 적오 연간(238-251)에 이미 불우가 창건되었다는 전승도 있으며, 지둔, 담광, 축담유 등이 살았다. 이곳에 수(隋) 황태자 진왕 양광(煬帝)의 귀의를 얻은 지의가 받아들여져, 이 산에 들어가, 천태종을 시작하였고, 그 사후 제자 관정(灌頂) 등의 노력에 의해 거국적인 산사의 경영이 되었다. 605년(대업 원년)에 양제는 불농봉의 남쪽 기슭의 천태간사에 국청사라는 호(號)를 내렸다. 이곳에 천태종의 총본산으로서 천태산이 확립되었다. 그리고 국청사 이하 72사(寺)가 있었다.

일본으로부터는 최징. 원진, 원재, 성심 등의 천태종 승려를 비롯해, 영서, 중원, 준하 등의 입송 승려도 찾아, 일본 불교계로의 영향도 컸다. 지금도 국청사, 진각사, 광명사, 방광사 등은 유명하다.

○【唐僧傳】혜현이나 파약 전은 "당고승전"(속고승전), "송고승전"에도, '海東'에도 보이지 않는다. 무엇을 가리키는지 불명.

848○【鹿尾】진귀한 식품을 녹설, 녹미라고 한다. "당서" 지리지에 '會州會寧郡貢鹿舌鹿尾'라고 있다. 또 "서양잡조" 권7 · 주식 조항에 '… (劉) 孝儀曰. 部中鹿尾. 乃酒肴之最. (崔) 劼曰. 生魚熊掌. 孟子所稱. 雞跖猩脣, 呂氏所尚. 鹿尾乃有奇味. 意不載書籍. 每用爲怪. …'라고 있다. 노무라 요쇼는 이 찬(讚)의 결구(結句)에 '舌'이 있는 점으로 감안하면, 혜현이 당대에 진기한 고승이라는 비유라고도 생각할 수 있다고 한다. 더 나아가

이어서 혹은 또 '연경(蓮經)을 송(誦)'했다는 점으로 보면, 법화경2에는 '삼차일차'의 비유가 있어 녹차는 독각승에 비유된다. 혜현의 언동은 문명 독각(獨覺) 그것으로, 인도, 중국, 반도[305]로 차차 출세하는 독각의 발단에 이름을 잇는 자라는 뜻인가라고 말하고 있다.

녹차(鹿車) 꼬리에 이어진다고 해석을 한다면, 이 녹차는 "불교어대사전"(中村元著)에 의하면, "법화경"에서 말하는 3차(車)의 하나. 사슴이 이끄는 수레로, 3승(乘) 가운데 녹각승에 비유된다.'라고. 또 연각승은 '연각이 나아가는 길. 독각이 타는 것. 스스로 홀로 깨닫는 입장. 12인연을 보고 깨달음을 여는 가르침. 삼승(三乘)의 하나.'라고.

더 나아가 삼차(三車)는 "법화경" 비유품에 나오는 예. 불이 붙어 있는 집(火宅) 안에 멋모르고 놀고 있는 어린아이에게 양차, 녹차, 우차를 주겠다고 유인해서 집 밖으로 나오게 하여, 큰 하얀 우차에 태워 데려갔다는, 그 양(羊), 사슴(鹿), 소(牛) 3차(車)를 말한다. 이 세 차를 성문승, 연각승, 보살승에 비유하여, 불교에는 대승, 소승이 있는데, 결국은 같은 깨달음으로 인도하는 수단이라고 하는 것의 예(例)이다. 화택(火宅)은 혼돈의 인간세계이며, 어린아이라는 것은 2승 내지 3승의 사람들로, 양차를 성문승, 녹차를 연각승, 우차를 보살승에 비유하여 삼차를 삼승(三乘)의 가르침으로 하고 있다. 云云.'이라고.

이재호 역주본 '유'에는 '녹미의 녹(鹿)은 아마 이것은 진(塵)자의 와전인가.'라고 하고 있다. 이렇게 되면 근본적으로 생각을 다시 해야 한다.

---

305) 한국을 가리킬 것이다. 국명(國名)이 아닌 지명(地名)으로 폄하 관념의 용어이다.

[849] 신충괘관

信忠掛冠

[850]孝成王潛邸時, 與賢士信忠圍碁於宮庭栢樹下, 嘗謂曰, 他日若㤀卿,[306)]有如栢樹. 信忠興拜. 隔數月. 王即位賞功臣, 忘忠而不第之. 忠怨而作歌. 帖於栢樹, 樹忽黃悴. 王怪使審之, 得歌獻之, 大驚曰, 萬機鞅掌. 幾忘乎角弓. 乃召之賜爵祿, 栢樹乃蘇. [851]歌曰. 物叱好支栢史, 秋察尸不冬爾屋支墮米, 汝於多支行齊教因隱, 仰頓隱面矣改衣賜乎隱冬矣也. 月羅理影支古理因淵之叱 行尸浪 阿叱沙矣以支如支, 皃史沙叱望阿乃, 世理都 之叱逸烏隱第也. 後句亡. [852]由是龍[307)]現於兩朝. 景德王[a]王即孝成之弟也.二十二年癸夘, 忠與二友相約. 掛冠入南岳, 再徵不就. 落髮爲沙門. 爲王創斷俗寺居焉, 願終身丘壑. 以奉福大王, 王許之. 留眞在金堂後壁是也. 南有村名俗休, 今訛云小花里. [b]按三和尙傳, 有信忠奉聖寺與此相混然, 計其神文之世, 距景德已百餘年. 況神文與信忠乃宿世之事, 則非此信忠明矣. 宜詳之. [853]又別記云. 景德

306) 규장각본. 㤀, 범어사소장본. 㤀. 忘의 이체자 및 필벽임을 알 수 있다. 고증. '忘卿'. DB. 㤀.
307) 규장각본, 범어사소장본, 고증. '寵'. DB. 순암수택본에는 龍 옆에 寵이 가필되어 있다.

王代有直長李俊[a]高僧傳作李純.早會發願, 年至知命. 須出家創佛寺. 天寶七年戊子. 年登五十矣, 改創槽淵小寺爲大刹, 名斷俗寺. 身亦削髮. 法名孔宏長老, 住寺二十年乃卒. 與前三國史所載不同, 兩存之闕疑. [854]讚曰. 功名未已鬢先霜, 君寵雖多百歲忙. 隔岸有山頻入夢, 逝將香火祝吾皇.

풀이 [849]신충괘관(信忠掛冠)

[850]효성왕308)이 왕위에 오르기 전에, 현명한 선비인 신충309)과 궁의 뜰 잣나무 아래에서 바둑을 두고 있었다. 하루는 일러 말하길, "훗날에 만약 경(卿)을 잊는다면, (신뢰는)저 잣나무와 같이 변하지 않으리라." 하였다. 신충은 일어나 절하였다. 몇 달이 지나 왕으로 즉위하여, 공신들에게 상을 내리는데, 신충을 잊고 그 차례에 넣지 않았다. 신충은 원망하여 노래를 짓고, 잣나무에 붙이자, 나무는 곧 노랗게 시들었다. 왕이 괴이하여 그것을 살펴보게 하니, 노래를 얻어서 바쳤고, (왕은) 크게 놀라 말하길, "천하의 정치(萬機)는 매우 일이 많고 번거로워, 충신(角弓)을 잊었구나!" 하고는, 이내 그를 불러서 벼슬과 녹봉을 주니, 잣나무는 이에 되살아났다.

[851]노래(歌)는 다음과 같다.

"우거진 잣나무가, 가을도 아닌데 떨어졌다.
어떤 일이 있어도 잊지 않는다 하신, 우러러보던 그 얼굴이 바뀌었네.
달이 그림자 진 연못에 가서, 님의 모습 바라보아도, 허무하게

308) DB. 신라의 제34대 왕. 재위기간은 732-742년.
309) DB. 信忠은 신라 때 효성·경덕대의 중신.

세상도 변하는가."

후구(後句)는 없어졌다.

852이로 인하여 총애함이 두 왕에게서 있었다. 경덕왕 a왕은 효성왕의 동생이다. 22년 계묘에, 신충은 두 벗과 서로 약속하여, 벼슬에서 사퇴하고 남악에 들어가, 다시 불렀으나 나아가지 않았고, 머리를 깎고 스님(沙門)이 되었다. 왕을 위해 단속사[310]를 세워 살면서, 죽을 때까지 은거하길 원하였으며, 대왕이 복을 받기를 빌어, 왕이 그것을 허락하였다. (왕의) 진영을 금당 뒷벽에 두었으니 이것이다. 남쪽에 속휴(俗休)라 부르는 마을이 있는데, 지금 잘못되어 소화리라 이른다. b"삼화상전"을 보면, 신충봉성사[311]가 있어 이것과 서로 혼란스러우나, 계산해 보면 신문왕대여서, 경덕왕대와 이미 백여 년 떨어져 있다. 하물며 신문왕과 신충은 이전 세상의 일로, 즉 이신충이 아님이 명백하다. 마땅히 상세히 살펴야 한다.

853또 다른 기록은 다음과 같다.

경덕왕대에 직장[312] 이준[313]a"고승전"에서는 이순이라 한다.이 일찍이 발원하기를, 나이가 50세(知命)에 이르면 모름지기 출가하여 절을 창건하리라 하였다. 천보 7년 무자(748)에 나이 50세가 되니, 다시 조연소사를 고쳐 큰 절로 하고, 이름을 단속사라 하였다. 그 자신도 또한 머리를 깎고, 법명을 공굉장로라 하고, 절에서 20년간 머무르다 죽었다. 앞의 "삼국사"[314]에 실린 것과 같지 않으나, 양쪽을 그대로 실어 의문

310) DB. 斷俗寺는 경상남도 산청군 단성면 운리동 지리산 동쪽에 있던 절. 신라 경덕왕 7년(748) 大奈麻 李純이 창건, 혹은 경덕왕 22년(763) 信忠이 창건했다고도 한다.

311) DB. 信忠은 "삼국유사" 卷5 神呪 惠通降龍條에 나오는데 신문왕(681-692)대의 인물. 본조의 信忠과는 同名異人.

312) DB. 直長은 관직명인데 李純(俊)에 관하여 "삼국사기"에는 '大奈麻'라는 관등으로 표기.

313) DB. "삼국사기"에서는 李純으로 썼다("삼국사기" 권9 경덕왕 22년 8월 조 참조).

점을 적는 것을 생략하기로 한다.315)

854찬(讚)하여 말한다.

공명을 못다 한 채 귀밑털이 먼저 하얗게 되니,
임금의 은총은 비록 많아도 백년이 금방이다.
건너편 언덕에 산이 있어 번번이 꿈에 보이니,
죽어서도 향을 피워 내 임금의 복을 빌리라.

주해 **849**○ 【信忠】 '나기'(제9)에는 신충(信忠)은 효성왕 3년(739)에 중시(中侍)(집사부의 장관)가 되고, 경덕왕 16년(757)에는 상대등이 되었는데, 왜인지 그 22년(763)에는 면직되었다고 되어 있다. 그러나 '나기'에는 신충에 대해서는 위 이외의 기사가 없다. 따라서 그의 아버지가 누구였는지 불명한데, 그가 중시(中侍), 상대등이 되었을 때의 관직이 이찬(伊湌)이었다는 것만으로도, 그의 신분이 진골이었다는 것을 살필 수 있고, 나아가 상대등이 되었다는 것으로, 당시의 그는 신라귀족의 최고 지위에 있었다는 것이다.

상대등은 법흥왕 18년(531)에 설치되어, 화백회의의 의장으로서 귀족의 대표자적 지위에 있었는데, 진덕왕 5년(651)에 설치된 집사부가 최고 행정관부로서, 상대등 이상으로 중시되었다. 상대등은 대개 1왕대에 1상대등이 임명되는 것이 원칙이었다. 그러나 도중에 바뀌는 경우는 상대등이 급사했을 때, 노인이 되거나 병이 나서 그만두어야 하는 경우에 한해서였다. 신충이 도중에 면직된 것은, 이상한 일이다. 이것은 통일신라의 정치체제가 전제주의적이 되었다는 것을 보이는 것이다. 귀족적인 전통

314) DB. '前三國史'의 용례는 "삼국유사" 신충괘관조가 유일하다.
315) DB. '양쪽을 살펴 의심을 덜었다.'

에 의하기보다는, 오히려 왕권의 지배를 받는 행정적 성격을 가진 집사부의 장관인 시중이 수상직에 해당하는 지위에 오르고, 중시가 상대등보다도 정치적으로 중시된 결과이다.

전제적 왕권을 중심으로 율령체제가 추진되어 왔으나, 종래 귀족층의 반대도 강했고, 다음의 혜공왕대에 들어가서, 그 12년(776)에는 백관의 호칭을 일일이 옛 명칭으로 바꾸는 모양새였다. 이때부터 반대로 상대등의 지위는 회복되어 소위 하대(下代)에는 상대등으로부터 왕대에 오르는 예도 많이 보였다.

○ 【掛冠】 일반적으로 괘관(挂冠)으로 적는다. 괘(挂)(掛)관이라는 것은 관에서 제정한 의관을 벗어, 기둥 등에 걸어 두는 것으로부터 관직을 그만두는 것을 말한다. 이 유래는 후한의 봉맹(逢萌)이 왕망(王莽)에게, 그 아들이 살해당하며 화가 미치는 것을 두려워하여, 관(冠)을 동도(東都) 성문에 걸어 두고, 식구를 데리고 요동으로 도망갔다는 고사에 바탕을 두는 것["후한서" 열전72 · 일민(逸民) · 봉맹전]이다. 괘면, 괘수도 같은 뜻이다.

850○ 【孝成王】 신라 제34대 왕, 효성왕의 휘(諱)는 승경. 성덕왕의 제2자. 737년에 아버지 성덕왕이 죽자. 그 뒤를 이어 왕위에 올랐는데, 그 6년(742)에 죽어, 친동생 헌영(憲英)이 왕위에 올랐다. 이것이 경덕왕이다. 또한 '왕력'의 제34 효성왕 조항을 참조.

○ 【栢樹】 백(栢)은 백(柏)의 속자. 백수는 측백, 편백, 나한백, 원백 종류의 상록수인데, 이 백수는 정덕(貞德)을 나타낸다. 그것은 변하지 않는다는 비유 때문이다. 또 장수에 비유되기도 한다.

○ 【角弓】 "시경" 소아. 어조지집의 편명(篇名). 그것은 유왕이 구족[316]과 친하지 않고, 참녕[317]을 좋아하여 골육 간에 미워하는 것을 부형이 풍자하여 만든 것이라고 한다.

---

316) 친족.
317) 아첨하는 이.

851○ 【歌曰…】 이것은 소위 향가이다('유'에는 14수가 실려 있다). 오구라 신페이의 주해를 보면 이하와 같다.

物叱好支栢史, 잘 다듬어진 잣나무가

秋察尸不冬爾屋支墮米, 가을이 오기 전에 지니

汝於多支行齊教因隐, 너는 어디에 가는가 하신

仰頓隐面矣改衣賜乎隐冬矣也. 우러러보던 얼굴을 다시 볼 수 있을까

月羅理影支古理因淵之叱 달그림자 비친 연못에

行尸浪 가다가

阿叱沙矣以支如支, 외진 모래바닥에 멈추어

皃史沙叱望阿乃, 모습이야 바라보아도

世理都 세상도

之叱逸烏隐第也 모질기는 시운이라

後句亡.

의역

가을이 오기 전에 잣나무 말라 죽어야 하는가라고, 우러러보는 얼굴을 다시 뵐 수 있을까, 달그림자 머무른 연못에 가서 외진 모랫바닥에 멈추어, 임금의 모습을 바라보아도 기척도 없어, 세상은 이렇게도 나를 짓이기는가[이상은 小倉進平博士借作集(1) "郷歌及び吏讀の硏究" 제4장 '郷歌註解' 제24 信忠栢樹歌에 의한다].

나카무라 다모쓰(中村完)는 이 향가를 다음과 같이 옮기고 있다("新羅殘夢").

가지 무성하던 잣나무 한 그루

가을이 오기 전에 말랐다.

잊을 수 없는 그 얼굴이여

다시금 우러러보아도

달 비치는 연못가에

이는 잔물결 지금은 고요하니
그 님의 얼굴 허무하다
흘러가는 세상의 운명이여
(後句亡)(怨歌)

852○ 【現於兩朝】 양조(兩朝)는 효성왕 · 경덕왕 양대에, 신충이 조정의 요지에 있었다는 것은 이미 주해 849에서 말한 대로이다.

○ 【景德王 … 二十二年癸卯】 서기 763년. 경덕왕에 대해서는 '유' 왕력의 제35 경덕왕 조항 및 '유' 권제2 '경덕왕 충담사 표훈대덕' 조항을 참조.

852a○ 【王卽孝成之弟也】 경덕왕이 효성왕의 친동생이라는 것은 이미 말했다.

852○ 【忠與二友相約. 掛冠入南岳. 再徵不就】 '나기'(제9) 경덕왕 22년 조항에는, '秋七月, 京都大風, 飛瓦拔樹. 八月, 挑李再花. 上大等信忠, 侍中金邕免. 大奈麻李純爲王寵臣. 忽一但旦避世入山. 累徵不就. 剃髮爲僧. 爲王創立斷俗寺居之. …'라고 있다. 위의 '유' 본문 가운데의 이우(二友)라는 것은 누구인지 기재가 없어 불명인데, 위의 '나기' 기사에서 김옹과 이순을 가리키는 것일까.

이어서 '나기'에는 상대등 신충과 시중 김옹의 괘관(掛冠)은, 함께 면직된 것에 연유하고 있다. 대나마 이순은 이 정변으로 화가 자기에게 미칠 것을 우려해 산으로 도망간 것처럼 보인다.

또 위의 '나기' 글에는 신충이 괘관 후에 남악에 들어간 것은 보이지 않는다. 나아가 '다시 부름을 받았으나, 관직에 임하지 않았다.'라는 것도 보이지 않는다. 이것에 대해서 '유'의 기사가 맞다고 한다면, '나기'가 잘못된 것이 될 것이다. 이 '재징불취'는 '나기'에서는 이순(李純)에 관한 것이라고 한다.

○ 【南岳】 신라시대에는 5악(岳)의 하나('사' 권32 · 잡지 제1의 제사, 중사조)였던 지리산(또는 智異山)을 말한다. 이 산은 소백산맥의 남단 가까이에 있으며, 높이 1,915m인 주 봉우리는 경상남도 서부의 하동군, 산청군,

함양군에 걸치며, 산기슭은 경상남도뿐만 아니라 널리 전라북도 남원군, 전라남도 구례군에도 미치며, 광대한 경사면에는 원생림이 우거진 삼림 지대이다. 이곳에는 예부터 화엄사를 비롯해 많은 사원이 건립되어 왔다. 또 이 산 기슭 일대는 지리산 국립공원이 되어 있다.

○ 【落髮爲沙門. 爲王創斷俗寺居焉】 '유'의 해당 글은, 신충이 왕을 위하여 남악에 단속사(斷俗寺)를 개창하고 이 절에 살았다고 되어 있는데, 앞서 인용한 경덕기에는, 대나마 이순이 왕을 위하여 단속사를 개창하고 이곳에 살았다고 되어 있다.

단속사에 대해서는 '승람'(권30) 진주목의 '불우' 조항에 '斷俗寺. 在智異山東. 洞口有崔致遠所書廣濟嵒門四字刻石. 又有致遠讀書堂. 後廢爲僧大鑑影堂. 又有新羅兵部令金獻貞所撰僧神行碑銘. 云云'이라고 있다.

○ 【大王】 경덕왕을 가리킨다.

852b○ 【三和尙傳】 미상.

○ 【信忠奉聖寺】 봉성사(奉聖寺)에 대하여 '나기'(제8) 신문왕 5년 3월 조항에 '奉聖寺成'이라고 있고, '사'(권38) 직관지(상)에는 이 절 창건을 위해 '奉聖寺成典'이 만들어진 것이 보이기 때문에, 중요한 관사(官寺)였다는 것을 알 수 있다. '유' 권제5 신주 제6 '혜통항룡' 조에 보이는 신충 봉성사도, 이 절일 것이다. 또한 봉성사에 대해서는 '유' 권제2 · 기이 제2 '혜공왕' 조 및 주해 310을 참조.

○ 【神文之世】 신문왕(재위 681-692년)은 신라 제31대 왕. 문무왕의 장자. 문무왕의 뒤를 이어 통일정치를 추진하여 왕권을 확립하는 데 힘썼다. '유' 권제2 '만파식적' 조항 및 주해 278을 참조.

○ 【非此信忠明矣】 신문왕대의 신충(信忠)(앞서 보인 '혜통항룡' 조)와 이곳의 신충은 다른 인물이다.

853○ 【別記】 다른 기록이라는 뜻.

○ 【直長李俊】 직장(直長)은 불명. 이준(李俊)은 뒤에 보이듯이 이순(李純)이라고도 적는다. 준(俊)과 순(純)은 음 상통.

앞서 인용한 '경덕기'에는 이어서 다음과 같이 '後聞王好樂. 郎詣宮門. 諫奏曰. "百聞. 昔者桀紂荒于酒食. 淫樂不止. 由是政事凌遲. 國家敗滅. 覆轍在前. 後車宜戒. 伏望大王改過自新. 以永國壽. 王聞之感歎. 爲之停樂. 便引之正室. 聞説道妙. 以及理世之方." 數日乃止.'라고 이순이 경덕왕에게 간언한 것이 기록되어 있다.

853a○ 【高僧傳作李純】 이 고승전이라는 것은 무엇인지 불명.

853○ 【知命】 50세를 말한다. 공자의 '五十而知天命'("논어" 위정제2)에 바탕을 둔다.

○ 【天寶七年戊子】 서기 748년, 경덕왕 7년에 해당한다. 천보는 당 현종 조의 원호.

○ 【槽淵】 남악(智異山)의 동쪽 기슭에 있었다는 것은 분명한데, 상세한 것은 불명. 이 땅에 단속사가 세워졌다고 한다.

○ 【前三國史】 "구삼국사"를 말한다.

[855]포산이성

包山二聖

[856]羅時有觀機．道成二聖師，不知何許人．同隐包山．[a]鄕去[318)]所瑟山．乃梵音，此云包也．機庵南嶺，成處北穴．相去十許里，披雲嘯月．每相過從．成欲致機，則山中樹木皆向南而俯．如相迎者．機見之而徃．機欲邀成也．則亦如之．皆北偃，成乃至，如是有年．成於所居之後高嵓之．上常宴坐．一日自嵓縫間透身而出，全身騰空而逝，莫知所至．或云．至壽昌郡 [b]今壽城郡指[319)]骸焉，機亦繼踵歸眞．今以二師名命其墟，皆有遺趾．道成嵓高數丈，後人置寺穴下．[857]大平興國七年壬午．有釋成梵．始來住寺，敞萬日彌陁道場，精懃五十餘年．屢有殊祥．時玄風信士二十餘人歲結社，拾香木納寺．每入山採香．劈析淘洗．攤置箔上，其木至夜放光如燭．由是郡人項施其香徒．以得光之歲爲賀，乃二聖之靈感．或岳神攸助也．神名靜聖天王．嘗於迦葉佛時受佛囑，有本誓，待山中一千人出世．轉受餘報．[858]今山中

318) 규장각본．去．범어사소장본．厷．DB．云의 오기로 보인다．
319) 규장각본，범어사소장본，DB．指．고증．捐．

嘗記九聖, 遺事則未詳, 曰. 觀機. 道成. 搬師. 楪師. 道義[a]有栢岩基. 子陽. 成梵. 今勿女. 白牛師. [859]讃曰. "相過踏月弄雲泉, 二老風流幾百年. 滿壑烟霞餘古木, 伍[320)]昂寒影尚如迎. [860]搬音般, 鄉云雨木, 楪音牒, 鄉云加乙木. 此二師久隱嵓叢, 不交人世. 皆編木葉爲衣, 以度寒暑. 掩濕遮羞而已. 因以爲號. 嘗聞楓岳亦有斯名, 乃知古之隱倫之士. 例多逸韻如此, 但難爲蹈襲. [861]子嘗寓包山, 有記二師之遺美. 今幷録之. 紫茅黄精塋肚皮, 蔽衣木葉非蚕機. 寒松颼颼石犖确, 日暮林下樵蘇歸. 夜深披向月明坐, 一半颭颭隨風飛. 敗蒲横卧於憨眼, 夢魂不到紅塵羈. 雲遊逝兮二庵墟, 山鹿恣登人跡稀.

풀이 [855]포산이성(包山二聖)

[856]신라 때 관기, 도성 두 명의 뛰어난 스님이 있었는데, 어떠한 사람인지 알지 못했으나, 함께 포산[321)]에 은거하였다. [a]그 지역에서 소슬산이라 이르는 것은, 범어의 음으로 이것은 포(包)를 의미한다. 관기의 암자는 남쪽 고개였고, 도성은 북쪽 굴에 거처하였다. 서로 10리쯤 떨어져 있었으나, 구름을 헤치고 달을 읊으며, 매일 서로 친하게 지냈다. 도성이 관기를 부르려고 하면, 곧 산속에 나무가 모두 남쪽을 향해 구부려, 서로 맞이하는 사람 같았다. 관기는 그것을 보고 (도성에게) 갔다. 관기가 도성을 만나려 하면, 곧 또한 그것과 같아서 모두 북쪽으로 쏠리니, 도성은 이에 (관기에게) 이르니, 이와 같음이 몇 해였다.[322)] 도성은 사는 곳 뒤의

---

320) 규장각본, 범어사소장본. 伭. DB. 만송문고본에는 伭으로 되어 있다.
321) DB. 경상북도 현풍의 琵瑟山. 苞山으로도 쓴다.
322) DB. 地誌云, 神僧觀機道成 居苞山南北 兩師有意相激 則山中草木隨之而偃 禪林靈蹟之著於

높은 바위 위에서 항상 참선하였다. 하루는 바위가 갈라진 사이에서 몸이 뛰어나오니, 온 몸이 하늘에 올라 날았는데, 다다른 곳을 알 수 없었다. 어떤 이는 말하길, 수창군[b]지금의 수성군323)에 이르러 몸을 버렸고, 관기도 또한 뒤를 따라 세상을 떠났다. 지금 두 스님으로 그 터를 이름 지었는데,324) 그 자리가 모두 남아 있다. 도성의 바위는 높이가 수 장(丈)이며, 후세 사람이 굴 아래 절을 지었다.

857태평흥국325) 7년 임오에 스님 성범이 처음 이 절에 와서 살다가, 만일미타도량326)을 열고, 50여 년을 정성을 다하니, 자주 상서로운 조짐이 있었다. 이때 그윽한 기질의 신의 있는 남자 20여 명이 해마다 결사(結社)하고, 향나무를 주워 절에 바쳤다. 그들은 매번 산에 들어가 향(香)을 채취하여 쪼개고 씻어 발 위에 펼쳐 놓으니, 그 나무가 밤에 이르면 빛을 내어 촛불과 같았다. 이로 말미암아 고을 사람들이 향도(香徒)327)에게 크게 시주하고, '빛을 얻은 해'라고 경축하니, 이것은 두 성인의 영적인 감응이며, 혹은 산신에게 도움 받은 바라고 하였다. 신의 이름은 정성천왕으로 일찍이 가섭불328)의 시대에 부처님의

兹山者 其來尙矣任守幹, '龍淵寺重修碑序'.

323) DB. 민족문화추진회 영인본에는 주를 달아 '城'으로 표시하고 있으며, 동경제국대학 연인본 · 속장경본 · 조선사학회본 · 이병도 역주본 · 이재호 역주본 · 권상로 역해본에도 모두 '城'으로 표시하고 있다. 따라서 수역군(壽域郡)이 아니라 '수성군(壽城郡)'으로 해석할 수 있다.

324) DB. 두 스님의 이름으로 그 터가 전한다고 하였는데, 지금도 두 사람의 자취가, 觀機가 머물렀던 암자(觀機庵)는 관기봉 남쪽에, 道成이 머물렀던 처소(道成庵)은, 비슬산 정상인 천왕봉 바로 아래에 있다.

325) DB. 송 태종의 연호로 976-983년.

326) DB. 彌陀는 阿彌陀佛의 약칭. 彌陀道場은 阿彌陀佛을 본존불로 섬기고, 수행하는 장소.

327) DB. 佛事를 돕기 위한 목적으로 모인 무리. 여기서는 불사에 쓸 향나무를 채취하기 위해 모인 무리를 말한다.

328) DB. 過去 7불의 하나. 현 세계에서 인수 2만 세 때 출세하여 正覺을 이루었다. 釋迦佛의 바로 앞에 나타난 부처이다.

당부를 받고, 중생을 구제하려는 염원이 있어, "산속에서 1천 명의 출가자가 세상에 나오기를 기다려 남은 보(報)를 받겠습니다."라고 하였다. **858**지금 산속에서 일찍이 아홉 성인을 기록하였는데, 남겨진 이야기는 상세하지 않으나, 말하길, "관기, 도성, 반사,329) 첩사,330) 도의331)**a**백암사(栢岩) 터가 있다,332) 자양,333) 성범, 금물녀,334) 백우335)스님이다."

859찬(讚)하여 말한다.336)

지나가다 달빛을 밟고 운천(雲泉)을 노니는 두 노인의 풍류(風流)는 몇백 년이던가.

골짜기 가득한 안개는 고목에 나부끼고 혹은 높게 혹은 낮게

흔들리는 나무의 쓸쓸한 그림자는 여전히 맞이하는 듯하다.

860반(㮽)337)은 음이 반(般)이고, 고향338)에서 이르기를 피나무(雨木)이고, 첩(䋍)의 음은 첩(牒)인데, 고향에서 이르길 갈나무(加乙木)이다. 이 두 스님은 오랫동안 바위에 모여 은거하고, 인간 세상과 교류하지

329) DB. 신라의 승려로 포산9성의 한 사람.
330) DB. 신라의 승려로 포산9성의 한 사람.
331) DB. 신라의 승려로 포산9성의 한 사람. 동명의 고승으로 迦智山 禪派의 제1세 祖師 道義와는 동명이인.
332) DB. 栢岩寺는 도의가 주석했던 苞山에 있던 절인 듯하나, 현재 그 위치는 알 수 없다.
333) DB. 신라의 승려로 포산9성의 한 사람.
334) DB. 신라의 승려로 포산9성의 한 사람.
335) DB. 신라의 승려로 포산9성의 한 사람.
336) DB. 여기서는 讚曰의 찬자를 은연 중에 一然으로 지목하고 있는데, 이와는 달리 "東國與地勝覽"은 '後人 讚曰 相過踏月弄雲泉…'(권27 玄風縣 古蹟 苞山條)이라고 하여 찬자를 막연히 후인이라 하고, "朝鮮名勝古蹟"은 '徐居正詩曰 相過踏月弄雲泉…'이라고 하여 서거정으로 명시하고 있다.
337) 고증에는 '㮽'. DB. '㮽'은 동경제국대학 연인본 · 속장경본에는 '搬'.
338) 고증에는 '신라'.

않았다. 모두 나뭇잎을 엮어 옷으로 하고, 추위와 더위를 넘어서서, 젖은 것을 가리고 부끄러운 것을 막을 뿐이었다. 이로 인하여 불리게 되었다. 일찍이 풍악(楓岳)에서 또한 그 이름이 있다고 들으니, 이에 옛날 세상을 피한 선비로 알고 있으니, 이와 같은 취미[339]의 예가 많으나, 다만 본받아 따라 하기는 어렵다.

861내가 일찍이 포산에 머무를 때,[340] 두 스님의 남겨진 미덕의 기록이 있어, 지금 아울러 그것을 기록한다.

자줏빛 띠풀[341]과 죽대 뿌리[342]로 배를 채우고,
덮는[343] 옷은 나뭇잎으로 하여 옷감은 아니라네.[344]
차가운 솔바람 부는 돌바닥은 평평하지 않다네,
날 저문 숲 아래서 풀 베고 돌아와
밤에는 달을 향하여 밝은 데 앉고,
낡은 초가집 허름한 방에 누워 잠든다.
꿈에서조차 넋이 속세에 얽매이지 않고
구름처럼 솟아간 간 두 암자의 터는,
산 사슴만 제멋대로 오르고 사람의 발자취는 드물구나.

339) 고증에는 '逸韻(風雅한 것)'.
340) DB. 일연은 고종 14년(1227) 겨울, 選佛場에서 上上科에 오른 뒤 포산의 寶幢庵에 가서 禪觀을 닦으며 머물러 있었다. 同王 24년(1237) 여름, 포산의 妙門庵을 거쳐 無住庵에 주석하여 佛語를 參究하여 크게 깨달은 바 있었다.
341) DB. 포아풀과의 다년초, 根莖은 약용, 잎은 지붕을 인다.
342) DB. 죽대 뿌리, 脾胃를 돕고 원기를 더하는 약으로 쓰인다.
343) DB. '蔽'의 경우, 일본동경제국대학 영인본, 속장경본의 주에는 '敝'가 잘못 적힌 것으로 본다. 이에 따르면 '해진 옷'으로 해석할 수 있다.
344) DB. '누에치는 베틀은 없네.'

주해 **855**○【包山二聖】이 조항은 포산(包山)에 은거한 신라승려 관기, 도성의 2성사(聖師)를 중심으로 담은 것이다. 또한 포산에 대해서는 다음에 말한다.

856○【觀機】【道成】이 두 승려의 출처는 불명. 그 행적도 이곳 이외는 없어 불명.

○【包山】포산은 포산(苞山)으로 지금의 경상북도 달성군에 있는 비슬산이다. '승람'(권27) 현풍현 '산천' 조항의 비슬산 항목에는 '一名苞山. 在縣東十五里. 亦見星州. 密陽. 昌寧.'이라고 있으며, 또 '고적(古跡)' 조항의 포산(苞山) 항목에는 '新羅時. 有觀機・道成二僧, 同隱苞山. 相距十餘里. 每相過從. 成欲到機. 則山中樹木皆南俯. 機欲致成. 樹木皆北偃. …'이라고 '유' 본 조항의 글을 인용하고 있다.

더 나아가 '불우' 조항에는 '大見寺(在琵瑟山南角, 新羅憲德王所創), 消災寺, 道成寺, 庭栢寺(俱在琵瑟山)'라며, 비슬산(포산)에는 많은 절이 존재했다는 것이 기록되어 있다.

포산(包山)의 포(包)는, 포산(苞山)의 포(苞)와 같은 음이기 때문에 포산(苞山)을 포산(包山)이라고 적었을 것이다.

856a○【鄕去所瑟山. 乃梵音, 此云包也】이 지방에서는 (포산을) 소슬산(所瑟山)이라고 하는데, 이것은 범음(梵音)으로 포(包)를 의미하는 것이라고 말하고 있다.

이것에 대해서 김사엽은 包山=所瑟山은 '쌀(包하다) 뫼(山)'(Śal-moj)로 '包山'은 그 대역이다. 이것은 본문 후반부에 말하고 있다. '皆編木葉爲衣, 以度寒暑, 掩濕遮羞而已'에 유래한 이름이다. '나뭇잎으로 몸을 감싸다.'라는 뜻. 일연의 주 '乃梵音云云'은 오인(誤認)이라고 한다(완역・"三國遺事"). 소슬산=비슬산은 불명.

856○【壽昌郡】이 지역은 지금의 대구시 및 인접의 달성군에 들어간다. '사'(권34) 지리지(1) 수창군(壽一作嘉) 조항에는 '本喟火郡. 景德王改名. 今壽城郡.'이라고 있으며, 대구현 이하의 영현(領縣)에 대하여 적고 있다.

또 '승람'(권26)의 대구도호부의 '건치연혁' 조항에는 '本新羅達勾火縣

(一作, 達弗城.) 景德王改今名. 爲壽昌郡領縣. 高麗顯宗. 屬京山府. 仁宗置縣令. …'이라고 있으며, 이어서 '屬縣' 조항에 '壽城縣. 在府南十二里. 本喟火郡. 一云上村昌郡. 新羅景德王改壽昌郡. 一作嘉昌. 高麗初改今名. 顯宗屬慶州. …'라고 있다.

857○ 【大(太)平興國七年壬午】 서기 982년. 고려 성종 원년에 해당한다. 태평흥국은 북송 태종 조의 원호. '유' 원문에는 대평흥국이라고 있는데, 이 대(大)는 잘못이다.

○ 【釋成梵】 성범(成梵)의 행적에 대해서는 이 조항 이외는 없어 불명.

○ 【彌陁道場】 미타(彌陀)는 아미타불의 약어. 미타도장은 아미타불을 본존으로 모시고, 수행하는 장소라는 뜻.

○ 【玄風】 지명. 지금의 경상북도 달성군 현풍면에 해당한다. 이 지역은 낙동강을 따라 있으며, 또 경산남도 창녕방면에서 대구 또는 고령에 이르는 통로에 있어 예부터 교통의 요지였다. 더 나아가 미슬산(높이 1,084m)은 동쪽에 있다. '승람'(권27) 현풍현의 '건치연혁' 조항에는 '本新羅推良火縣.(推一作三). 景德王改玄驍. 爲火王郡領縣. 高麗改今名. 顯宗屬密城郡. …'이라고 있다.

또한 신라중대의 통일시대 이후에, 전국적 군관구 조직의 일환으로서 설치되었다. 십정(十停)의 하나인 참랑화정(기병군단)이 놓인 것으로 보아도 이 지역이 요지였다는 것을 알 수 있다.

○ 【靜聖天王】 '승람'(권27) 현풍현의 '사묘' 조항의 성황사 항목에는 '在琵瑟山. 俗傳靜聖大王之神. 凡水旱疾疫. 祈禱輒應. 故祭之者輻輳, 其紙布輸于活人署.'라고 보인다.

○ 【迦葉佛】 가섭(迦葉)은 산스크리트어 Kaśyāpa의 음 전사로, 올바르게는 摩訶迦葉(Mahā-kaśyāpa)이라고 하며, 대가섭이라고도 한다. 가섭불은 과거칠불(석존을 포함하여 과거로부터 7인의 부처)의 제6의 부처. 현겁천불이 제3으로 석존의 전생, 인수이만세 때에 나타난 부처로, 종성은 바라몬, 성(姓)은 가섭. 급곤왕의 수도 베나레스에서 태어나, 니야구로다

나무 아래에서 성도(成道)하고, 한 자리에서 설법하여 제자 2만 명을 얻었다고 한다.

【搬師】【楪師】 반사(搬師)의 반(搬)에 대해서는 '반(搬)의 음은 반(般)으로, 조선어의 우목(雨木)이다.' 첩사(楪師)이 첩(楪)에 대해서는 '첩(楪)의 음은 첩(牒)으로, 조선어의 가을목(加乙木)이다.'라고 뒷글에 있다.

이 2사(師)는 오랫동안 암총에 숨어 세상과는 인연을 끊고 모두 나무 잎을 짜서 옷으로 삼고, 그렇게 추위를 견디고 습기를 막고, 부끄러운 곳을 가릴 뿐이었으므로 호칭한 것이라고.

그래서 이 두 반사, 첩사는 관기와 도성을 가리키는 것으로 다른 사람이 아닌 것 같기도 하다. 그렇다면 이곳에 보이는 9성(聖)은 7성이 된다. 나머지 2성의 이름이 빠지게 된다. 김사엽은 이 2사(師)는 관기와 도성이라고 단정하고 있다.

○【道義】 이 이름은 이곳에만 보인다.

858a○【有栢岩基】 이 글은 도의가 백암사에 살았다는 것을 보이기 위하여, 주를 달았을 것이다. 그러나 백암사에 대해서는 분명하지 않다. 또 이곳의 기(基)는 무엇이라고 봐야 하는가. 기단 혹은 기초일까. '유'가 찬술되었을 때는, 백암사의 절터가 남아 있었을 것이다.

858○【子陽】 이곳에만 보인다.

○【成梵】 앞의 석성범(釋成梵)을 참조.

○【今勿女】 이 이름은 이곳에만 보인다.

○【白牛師】 위와 같다.

860○【隱倫之士】 은륜지사(隱淪之士)라고 해야할 것이다.

861○【紫茅】 자포(紫苞)라고 해야 할까. 자포는 자(紫)의 덩어리, '고비(薇)'[345]와 같이 어린잎이 구부리고 있는 모습이나, 꽃봉오리 등을 말한다.

---

345) 1. 고비(학명; Osmunda japonica). 2. 고빗과(학명; Osmundaceae)의 대형 다년생 양치식물.

○【黃精】약초 이름.

○【肚皮】위장의 껍질인데, 이곳에서는 배(腹)를 의미할 것이다.

○【蔽衣】폐의(敝衣)라고 해야 할 것이다. 찢어진 옷.

○【蠶機】잠기(蠶機)는 누에(蠶)를 키워, 그 실을 베틀로 짜 만든 견직물을 말한다. 이곳의 '紫苞, 黃精으로 두피를 가리고, 폐의는 나뭇잎으로 잠기(蠶機)는 아니다.'의 자포, 황정, 나뭇잎으로 연결되는 것은 식물로, 동물에서 얻은 것은 부정(穢)인 것에 대하여, 식물에서 얻은 것은 청정이라고 생각했던 것일까.

○【犖确】낙학(确犖)(돌투성이로 평평하지 않은 것).

○【蘇】자소(紫蘇), 풀(草)을 의미하는데, '풀을 베다.'라는 뜻도 있다. 이곳에서는 후자가 적절하다.

○【一半…】도성(道成)이 먼저 서거했다는 것을 말한다.

○【敗蒲】해진 이불을 말하는 걸까.

○【紅塵】번거로운 속세간을 말한다.

[862]영재우적

永才遇賊

[863]釋永才性滑稽. 不累於物. 善鄕歌. 暮歲將隐于南岳. 至大峴嶺, 遇賊六十餘人. 將加害. 才臨刄無懼色. 怡然當之. 賊怪而問其名. 曰, 永才. 賊素聞其名, 乃命□□□作歌. [864]其辭曰. 自矣心米. 皃史毛達只將來呑隐日, 遠鳥逸□□過出知遣, 今呑藪未去遣省如. 但非乎隐焉破□主, 次弗□史内於都還於尸朗也, 此兵物叱沙過乎好尸曰沙也内乎呑尼, 阿耶 唯只伊吾音之叱恨隐潽陵隐安支尚宅都乎隐以多. [865]賊感其意. 贈之綾二端. 才笑而前謝曰, 知財賄之爲地獄根本, 將避於窮山以餞一生, 何敢受焉. 乃投之地. 賊又感其言, 皆釋釼投戈. 落髮爲徒, 同隐智異. 不復蹈世. 才年僅九十矣. 在元聖大王之世. [866]讃曰. 策杖歸山意轉深, 綺紈珠玊豈治心. 綠林君子休相贈. 地獄無根只寸金.

풀이

862 영재우적(永才遇賊)

863 스님 영재[346]는 성품이 익살스럽고, 재물에 연연하지 않고, 향가를 잘하였다. 나이 들어 남악에 은거하려 대현령[347]에 이르렀는데, 도적 60여 사람을 만났다. (도적이) 해를 입히려 하자, 영재는 칼날을 앞에 두고 두려워하는 기색이 없고, 온화하게 그것을 대하였다. 도적이 괴이하여 그의 이름을 물으니, 영재라고 말하였다.

도적은 본디 그 이름을 들었기에, 이에 노래를 짓도록 하였다.

864 그 가사는 다음과 같다.

"나의 마음은 오랫동안 성(誠)의 길을 모르고 지냈다. 이제야말로 저 깊은 산으로 은거하련다. 사악한 외도(外道)의 자들이여. 네가 가진 칼날이 번쩍이는 곳에 나날을 보낸다면, 어찌하여 가는 마음조차 편안하게 할 수 없는가를 생각하지 않는가."[348]

865 도적이 그 뜻에 감동하여, 비단 두 단[349]을 주었다. 영재는 웃으며 앞서 사양하며 말하길, "재물이란 것이 지옥 가는 근본임을 알아, 피하여 산에서 여생을 보내려 하거늘, 어찌 감히 받겠습니까." 하고는 이를 땅에 던졌다. 도적이 그 말에 더 감동하여, 모두 칼을 풀고 창을

---

346) DB. 신라 元聖王(785-798) 때 지리산에 은거한 高德으로 승속 간에 널리 알려진 鄕歌 歌僧인 듯하다.

347) DB. 宜寧縣 서쪽 30리에 大峴의 지명이 있다. 闍崛山의 지맥에 해당. 현재의 경북 청도군 大峴(한재)을 말하는 것으로 청도군과 밀양시의 경계에 있는 華岳山과 북쪽의 南山 사이에 위치하고 있다.

348) DB. "제 마음의 모습 모르던 날에, 멀리 새 달아나듯 지나서 알고, 이제는 숲에 가고 있노라. 다만 잘못된 것은 때리는 님에, 저 세상에 다시 돌아갈 사내들, 이 칼 따위 허물될 날 세우니, 아아 오직 내 몸의 한은 선업은 아니, 바라는 집으로 모아짐입니다."

349) DB. 端은 布帛 길이의 단위로 18尺 혹은 20尺에 해당한다. 따라서 二端은 36尺 혹은 40尺이다.

던지며, 머리를 깎고 (영재의) 문하에 들어가, 지리산(智異山)에서 함께 숨어 다시는 세상을 밟지 않았다. 영재의 나이가 90에 가까웠는데, 그것은 원성대왕의 때였다.

866찬(讚)하여 말한다.

지팡이 짚고 산으로 돌아가니 그 뜻이 한층 깊고,

고운 비단과 주옥이 어찌 마음을 다스릴 수 있으랴.

녹림(綠林)의 군자(君子)[350]는 그런 선물 하지 마오,

지옥은 적선이 없으면 다만 한 조각 금일 뿐이니.

주해

862○ 【永才】 신라 승 영재(永才)의 출신은 불명. 그 전(傳)은 이 조항에만 보인다. 남악(지리산)에 은거하며 90세에 죽었다. 이것이 원성왕대(785-798 재위)라고 하니까, 그 활약기간은 '사'에서 말하는 중대(中代)(태종무열왕부터 혜공왕대까지)의 후반기가 될까. 그의 성격은 활계(滑稽)하여 물욕에 얽매이지 않고, 노래를 잘했다고 한다.

○ 【遇賊】 이 조항에서는 승 영재가 만년에 남악에 은거하려고 대현령에 들어갔을 때, 도적 60여 명을 만났는데, 반대로 그들이 영재의 인품에 감동하여, 그 제자가 되었다는 것이 적혀 있다.

863○ 【暮歲】 한 해가 저물 때가 아니고, 이곳에서는 노년, 만년이라는 뜻이다.

○ 【南岳】 지리산(智異山)(地理山). 앞의 '신충괘관' 조항을 참조.

○ 【大峴嶺】 대현령(大峴嶺)은 왕도(경주)에서 지리산(南岳)에 가는 도중에 있었던 것으로 보인다. '승람' 권31 · 의녕현 '산천' 조항에는 대현이라는

350) DB. 綠林君子는 도적을 미화한 칭호이다. 綠林豪傑이라고도 한다.

이름이 보이며 '在縣西三十里'라고 주를 달고 있다. 또 같은 자료 권32 · 함안군 '산천' 조항에도 대현이라는 이름이 보이며 '在郡北四十里'라고 주를 달고 있다. 이 조항의 대현령은 위 내용의 어느 쪽인지 정하기 힘들다. '승람'에는 충청도에도 대현이 3곳 보이는데 이곳에 맞추는 것은 적절하지 않다.

○ 【賊素聞其名. 乃命□□□作歌】 영재는 신라에서는 고승이었을 뿐만 아니고, 가인(歌人)으로서도 알려져 있었다. 게다가 도적에게도 알려져 있었다는 것을 알 수 있다.

864○ 【其辭曰. 自矣心米. …唯只伊吾音之叱恨隐潘陵隐安支尚宅都乎隐以多】 이것은 소위 향가이다.

오구라 신페이는 다음과 같이 옮기고 있다.

自矣心米(내 마음에)

皃史毛達只將來呑隐(모습도 보기 힘든 골짜기는)

日遠鳥逸□□過出知遣(먼 날 □□ 지나치고)

今呑藪未去遣省如(지금 골짜기 지나가니)

但非乎隱焉破□主次弗□史内於都還於尸朗也(이 한 구절은 주요 부분에 빠진 글자가 많아 읽을 수 없다.)

此兵物叱沙過乎好尸曰沙也内乎呑尼(이 병졸을 지나쳐 말하려고 해도 알 수 없는 골짜기여)

阿耶

唯只伊吾音之叱恨隐潘陵隐(그저 받들어 마땅한 선업은)

安支尚宅都乎隐以多[어딘가 (버려) 두려 하오]

[의역]

자기 모습도 구분하기 힘든 어두운 골짜기. 먼 날(불명) 지나쳐, 지금 골짜기에 가니.(20여 자 불명). 이 도적을 만나 말하려 해도 말 수 없는 골짜기여. (어어) 그대가 받들어야 하는 착한 마음은 어딘가 높이 두고 온다네.

더 나아가 나카무라 다모쓰는
진정으로 길 모르고
내 마음 오래지 않다.
지금이야말로 그 심산에
숨어 사는 것을
두려운 외도(外道)의 자
그대가 가지는 무기
번뜩거림 속에 나날을 보내면
그 끝에 안락 없다고
생각도 않고
어여
내 말 마음에 새겨
생각하고
그대 가는 길의 대사(大事)로 여겨 준다면.

나카무라 다모쓰 '新羅殘夢(十三世紀一高僧によって記録された郷歌の世界)'(1970, 12,19)

865○ 【智異】 智異山(南岳)을 말한다.

○ 【年僅九十矣】 근(僅)은 근(近) 혹은 기(幾), 즉 가깝다는 뜻. 영재의 향년은 90세 가까이였다는 것을 이 글로 알 수 있다.

○ 【元聖大王】 신라 제38대 왕. 성은 김씨로 휘(諱)는 경신. 내물왕 12세손이라고 전해지며, 785년에 선덕왕이 죽자, 태종 무열왕 6세손인 김주원(金周元)을 누르고 왕위에 올랐다. 자세한 것은 '나기'(제10) 원성왕 조항 및 '유' 권제2 '원성왕' 조항, 주해 313 이하의 주해, 나아가 '유' 왕력의 신라 제38 원성왕 조를 참조.

866○ 【綠林君子】 도적을 말한다. 전한 말에 빈민이나 무뢰한 무리가 녹림산(호남성)에 숨어 도적이 되었던 것에서 유래.

[867]물계자

勿稽子

[868]第十奈解王即位十七年壬辰, 保羅國. 古自國. [a]今固城. 史勿國 [b]今泗州等八國. 併力來侵過境. 王命太351)子榛音. 將軍一伐等. 率兵拒之, 八國皆降. 時勿稽子軍功第一, 然爲太352)子所嫌. 不賞其功. 或謂勿稽子, 此戰之功. 唯子而已. 而賞不及子, 太子之嫌君. 其怨乎. 稽曰, "國君在上. 何怨人臣. 或曰, 然則奏聞子王幸矣. 稽曰, 伐功爭命. 揚己掩人. 志士之所不爲也, 勵之待時而已. [869]十353)年乙未. 骨浦國 [a]今合浦也.等三國王各率兵來攻竭火. [b]疑屈弗也, 今蔚州. 王親率禦之, 三國皆敗. 稽所獲數十級, 而人不言稽之功. 稽謂其妻曰, 吾聞仕君之道. 見危致命, 臨難忘身, 仗於節354)義. 不顧死生. 之謂忠也. 夫保羅[c]疑發羅, 今羅州. 竭火之役. 誠是國之難. 君

351) 규장각본, 범어사소장본. 大. DB. 순암수택본에는 太 옆에 大자 가필.
352) 고증. 大(太).
353) 고증. 十(二十).
354) 범어사소장본은 뚜렷한 節, 규장각본은 먹물 번짐으로 인해 읽기 어렵지만, 節로 판단 가능하다.

之危, 而吾未曾有忘身致命之勇, 此乃不忠甚也. 旣以不忠而仕君. 累及於先人. 可謂孝乎. 旣失忠孝, 何顔復遊朝市之中乎. 乃被髮荷琴. 入師彘山[d]未詳, 悲竹樹之性病, 寄托作歌. 擬溪澗之咽響. 扣琴制曲, 隱居不復現世.

풀이 [867]물계자(勿稽子)

[868]제10대 나해왕[355] 즉위 17년 임진[356]에 보라국,[357] 고자국[358][a]지금의 고성, 사물국[359][b]지금의 사주 등 8국이 힘을 합쳐 변경을 쳐들어왔다.[360]

왕은 태자 날음[361]과 장군 일벌[362] 등에게 명하여, 병사를 거느리고 그들과 겨루도록 하니, 8국이 모두 항복하였다. 이때 물계자의 군공이 제1이나, 태자[363]의 미움을 받은바, 그 공에 대한 상을 받지 못

355) DB. 신라의 제10대 왕인 奈解尼師今(196-230)으로 昔氏이다. 재위 초기에는 백제의 침략으로 국내가 불안정하였으나 나중에는 도처에서 백제군을 격파하여 신라의 국세를 널리 떨쳤다.

356) DB. 奈解王 17년 임진은 212년에 해당된다.

357) DB. 保羅國은 "삼국사기" 신라본기나 열전 물계자조에 나오는 포상팔국의 내침 기사에서 나타나 있지 않고 본문에만 기록되어 있어 정확한 위치는 알 수 없다.

358) DB. 古自國은 삼국시대 초기 포상8국에 속한 국가로 지금의 固城郡 지역에 있었다.

359) DB. 史勿國은 삼국시대 초기 포상8국에 속한 국가로 지금의 泗川市 지역이다.

360) DB. 浦上八國의 난은 "삼국유사" 物稽子條뿐만 아니라, "삼국사기" 신라본기 奈解尼師今 14년 조(이하, 신라본기로 약칭) 및 동서 열전 物稽子傳(이하 물계자전으로 약칭)에도 전해진다.

361) DB. 大子㮈音은 "삼국사기" 열전에는 '王孫㮈音'으로 되어 있다. 본문은 태자인 우로와 내음의 두 사람을 가리킨다고도 볼 수 있다. 㮈音은 利音인 奈音이다. 利音 · 奈音 · 㮈音은 비슷한 음이기 때문에 같이 통용된 것으로 보인다.

362) DB. 一伐은 인명이 아니고, 신라의 17관등의 제1관등인 一伐飡(伊伐飡)으로 해석하기도 한다.

363) DB. 이때의 태자는 于老를 가리켰다기보다는 王孫이나 王子와 같은 뜻으로 아마 㮈音을 가리킨다고 보아야 한다.

하였다.

어떤 이가 물계자에게 이르길, "이 전투의 공은 오직 당신뿐이다. 그런데 상이 당신에게 미치지 못하고, 태자가 미워하는 것이 자네는 원망스럽지 않은가?" 하니, 물계자가 말하길, "임금이 위에 계시는데, 어찌 신하를 원망하겠는가." 하였다. 어떤 이는 말하길, "그렇다면 임금에게 아뢰는 것이 좋을 것이다." 하니, 물계자가 말하길, "공을 얻으려고 목숨을 다투고, 몸을 드러내고 다른 사람을 가리는 것은 뜻있는 선비가 할 바가 아니니, 때를 기다릴 뿐이다."라고 말했다.

869 10년[364] 을미[365]에 골포국[366] **a**지금의 합포이다. 등 3국[367]의 왕이 각각 병사를 거느리고 갈화(竭火)[368]를 공격해 왔다. **b**굴불(屈弗)이 의심되는데, 지금의 울주이다. 왕은 친히 병사를 거느리고 그것을 막자, 3국은 모두 패하였다. 이 전쟁에서 물계자가 머리를 밴 것이 수십 급(級)이였으나, 사람들은 물계자의 공을 말하지 않았다.

그래서 물계자가 그의 부인에게 일러 말하길, "내가 듣기로 임금을 섬기는 도리는 위태로움을 보고 목숨을 다하며, 어려움[369]에 임해서

---

364) 고증. 十(二十). DB. '十'은 동경제국대학 연인본 · 속장경본 · 이재호 역주본에서는 앞에 '二'가 탈자된 것으로 보고 있다.

365) DB. 이동환은 '十' 앞에 '二'를 삽입해야 한다고 했다.

366) DB. 骨浦國은 삼국시대 초기 지금의 경상남도 마산시에 있었던 국가이다.

367) DB. "삼국사기" 열전 물계자 조에는 骨浦國, 柒浦國, 古史浦國으로 되어 있다.

368) DB. 竭火는 지금의 경상남도 울산광역시에 해당된다. 고려시대의 蔚州는 조선 太宗 13년(1413)에 蔚山으로 개명되어 지금에 이르렀으나 울주의 고명은 屈阿火라 하였다. 竭火의 '竭'과 屈弗의 '屈'은 서로 음사이므로 竭火는 울주의 옛 지명인 屈阿火와 서로 음이 통한다. '火'의 뜻인 '불'은 '弗'과 음이 같다. 따라서 갈화는 屈弗과 통하며, '屈弗'은 울주의 옛 이름인 '屈阿火'와 서로 통한다.

369) DB. 發羅, 곧 羅州는 지금의 전라남도 나주 지역이다. 그러나 保羅國을 나주로 비정하는 것은 재고의 여지가 있다.

는 나를 잊고, 절개와 의리에 기대어 생사를 돌아보지 않는 것이 충성이다. 무릇 보라[c]발라가 의심되는데, 지금의 나주다. 갈화의 전쟁은 참으로 이 나라의 환란으로 임금이 위태로웠으나, 나는 일찍이 나를 잊고 목숨을 다하는 용기가 없었으니, 이는 충정이 깊지 못함이라. 이미 불충하여 임금을 섬겼으니, 선대에 폐를 끼친 것이고, 어찌 효라 할 수 있겠는가? 이미 충효를 잃었으니, 무슨 면목으로 다시 조정과 저자에서 웃을 수 있겠는가!"

그렇게 말하고 머리를 풀어 헤치고 거문고를 메고, 사체산[d]알 수 없다.에 들어갔다. 대나무 같은 성질이 병임을 슬퍼하며, 노래를 짓고, 시냇물 소리를 본떠 거문고를 뜯어 곡조를 지으며, 숨어서 살면서 다시 세상에 나오지 않았다.

주해

867물계자(勿稽子)

867○ 【勿稽子】 신라 역사에서 제5대 왕 파사이사금에서 제10대 왕 나해이사금 때는 아직 전설시대에 속하는데, 가야관계 기사가 상당히 빈번하게 '사' 특히 그 '나기'에 기재되어 있다. 나해니사금 시대에 물계자는 소위 포상팔국이 습격해 올 때, 자주 군공을 세웠지만 보상을 받지 못했는데, 이것을 원망하지 않고, 오히려 산중에 근거하며 생을 마쳤다는 절의의 선비였다. 신라에서는 어느 시기에 그 이야기가 정리되어 후세에 전해진 것으로 보인다.

물계자의 출신에 대해서는 이 조항에는 보이지 않는데, '사' 권48 · 열전제8 물계자전(傳)에는 그 첫머리에 '勿稽子. 奈解尼師今時人也. 家世平徵. 爲人倜儻. 少有壯志.'라고 있다. '사' 물계자전의 이하의 글과 '유' 본조의 글에서 말하는 취지는 다르지 않은데, 글 가운데 자세한 부분에 대해서는 뒤의 주해에서도 지적하겠지만, 상당히 굴곡이 있다. 그래서 '유'의 이 조항의 물계자전은 '사' 물계자전을 그대로 따른 것처럼 보이지는 않는다.

예부터 전해져 "물계자전"이 있었다. '사', '유'가 찬술될 때, 각각의 찬술자가 독자적으로 이 원본에 바탕을 두고 채록한 것인가라고 생각할 수 있겠다.

868○ 【第十奈解王即位十七年壬辰】 신라 제10대 왕은 나해이사금으로 석씨(昔氏)라고 한다. '유' 왕력에는 (제9대왕)벌휴이사금의 세손이라고 있는데, '나기'(제2 · 奈解尼師条)에는 '伐休王之孫也.'라고 있다. '나기'에는 더 나아가 위 글에 이어서 '母内禮夫人. 妃昔氏助賁王妹. … 前王太子骨正及第二子伊買先死. 大孫尚幼少. 乃立伊買之子. 是爲奈解尼師今.'이라고 있다. 나해는 벌휴의 제2자 이매의 아들이기 때문에, 위 대손(大孫)에 대해서 서손(庶孫)이라고 기록되었던 것일까.

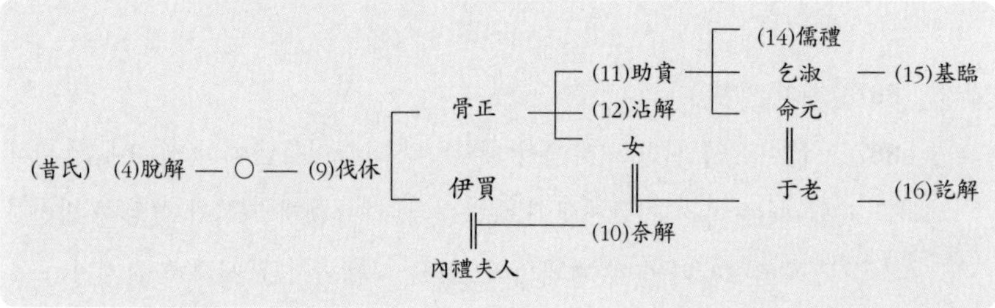

지금 참고로 '奈解尼師今' 관계 족보를 '나기'에 의해 간략하게 보이면 위와 같다. 이어서 '奈解王即位十七年壬辰'은 '사' 연표(상)에서는 후한 헌제의 건안 17년 임진(서기 212)이라고 한다.

그러나 이 연차에 대해서는 앞의 '사' 물계자전에는 보이지 않는다. 또 다음 항목에서 말하듯이 '나기'의 연차와도 다르다. 그러나 이들 연차는 역사적으로 보아 문제로 삼기에는 미미하다.

○ 【保羅國】 스에마쓰 야스카즈는 '發羅, 지금의 나주'라고 비정했다("任那興亡史" 1949년 2월). 이것은 이 조항의 뒤에 있는 주(注) '疑發羅. 今羅

州'에 바탕을 둔 것으로 보인다.

미시나 아키히데는 '나주에서는 너무 떨어져 있다. 보라(保羅)는 pora, pur-ra, 혹은 pona라고 읽혀지며, 비슷한 이름이 매우 많다. 고성부근의 보녕향('승람' 고성고적) 등도 추정지역의 하나일 수도 있으나, 지금은 미상으로서 남겨 둔다.'("日本書紀朝鮮關係記事考證 上卷" 1962년 11월)이라고.

더 나아가 평범사의 동양문고에 수록되어 있는 "삼국사기4"(井上秀雄 · 鄭早苗譯)(1988년 10월) 물계자전의 주(注)에는 '保羅國'(慶南固城郡固城邑付近인가)라고 했고, 다나카 도시아키는 '保羅國은 우륵(于勒)12곡에 보이는 보기(寶伎)가 그것일 가능성이 있을 것이다. 보기(寶伎)는 아까 보였듯이, 고명(古名) '浦村'에 해당한다고 하면서, 사천군 곤양면 근처로 비정(比定)했다.'("大加耶連盟の興亡と'任那'" 1992년 8월)라고 한다.

868, 868a, 868b○ 【古自國. 今固城. 史勿國 今泗州】 '사'(권34) 지리지 고성군 조항에는 '本古自郡. 景德王改名. 今因之. 領縣三. …泗水縣. 本史勿縣. 景德王改名. 今泗州. …'이라고 있다. 또 '승람' 권32 · 고성현의 '건치연혁' 조항에는 '本加耶國. 新羅取之, 置古自郡. 景德王改今名. 高麗成宗時. 爲固州刺史. 後降爲縣. 顯宗屬巨濟. 後置縣令. 元宗陞爲州. 忠烈王時, 併于南海. 尋復舊. 恭愍王朝. 降爲縣令. 本朝因之.'라고 있으며, '승람' 권31 · 사천(泗川)현의 '건치연혁' 조항에는, '本新羅. 史勿縣. 景德王改泗水. 屬固城郡. 高麗初屬晉州. 顯宗改泗川. 明宗置監務. …'라고 있다.

그래서 古自國, 固城縣은 지금의 경상남도 고성군 고성읍 근처. 史勿國, 泗州는 지금의 경상남도 사천읍 근처이다.

868○ 【…等八國. 併力來侵邊境 云云】이것은 '사' 물계자전에는 '時八浦上國同謀伐阿羅國. 阿羅使來請救.'라고 있으며, '나기'에서는 내해이사금 14년 조항에 '秋七月. 浦上八國謀侵加羅. 加羅王子來請.'이라고 있다.

여기에 보이는 팔국(八國)의 팔(八)의 수에 대해서는 사실인지 아닌지는 불명하며, 재촉할 필요는 없다. '유'의 본 조항에서는 팔국이 협력해서 신라의 변경을 침입했다고 되어 있는데, '사'의 물계자전에는 '팔국이 아라(阿羅)를 침입했기 때문에, 아라가 신라에게 구원을 청해 왔기에 운운' 이라고, 또 '나기'에서는 '팔국이 가라(加羅)를 침입했기 때문에, 가라의 왕자가 신라에 와서 구원을 청해 왔기 때문에 운운'이라고 되어 있다. 이것은 후세 어느 시기에 일어난 무언가의 역사적 사실을 반영한 것으로 보인다.

○ 【王命太子㮈音. 將軍一伐等. 率兵拒之】 이것은 '사' 물계자에는 연차가 없는데, '尼師今. 使王孫㮈音率近郡及六部軍往救. 云云'이라고 하며, '나기' 내해이사금 14년 조항에는 '秋七月. 浦上八國謀侵加羅王子來請救. 王命太子于老與伊伐湌利音. 將六部兵往救之. 擊殺八國將軍. 奪所虜六千人還之.'라고 있다.

즉 이곳의 '太子㮈音'에 해당하는 인물은 '사' 물계자전에는 '王孫㮈音'이라고 있다. 다음으로 태자는 '나기' 내해이사금 14년 조항에는 태자는 우로라고 하며, 내음은 태자가 아니다.

다음으로 '將軍一伐'의 일벌(一伐)은 인명이 아니고, 신라의 관위 제1등인 일벌찬을 말한다. 그래서 이곳은 본래는 일벌찬 관위를 가진 어떤 인물의 이름을 넣어야 하는데, 이름이 빠지고, 관위를 인명처럼 적었을 것이다.

'나기' 내해이사금 12년 조항에는, '春正月. 拜王子利音(或云奈音) 爲伊伐湌. 兼知內外兵馬事.'

13년 조항에는 '夏四月. 倭人犯境. 遣伊伐湌利音. 將兵拒之.'

19년 조항에는 '秋七月. 百濟來攻國西腰車城. 殺城主薛夫. 王命伊伐湌利音. 率精兵六千. 伐百濟. 破沙峴城.'

25년 조항에는 '春三月. 伊伐湌利音卒.'이라고 있다.

위의 '나기'에 보이는 이벌찬이음(或云 奈音)은, 태자 우로와 대비하여 내음(㮈音)을 말할 것이다. 또 이음(利音) · 내음(奈音) · 내음(捺音)의 이

(利)와 내(奈) · 내(㮈)는 음이 가까워 위와 같이 구분해 적었을 것이다.

○ 【人臣】 太子㮈音을 가리킨다.

869○ 【十(二十)年乙未】 내해이사금 10년의 간지는 을미가 아니다. 앞에 일어난 사건의 연차가 17년 임진(壬辰)으로 하고 있으므로, 이 이후의 을미는 내해이사금 20년이라야 한다. 아마 이십(二十)년의 이(二)가 탈락했기 때문일 것이다. '사' 물계자전370)에는 후삼년(後三年)(앞서 전사하고 나서라는 뜻)이라고 있다.

869, 869a○ 【骨浦國 今合浦也】 이 골포국(骨浦國)은 지금의 경상남도 마산시 근처였던 것으로 보인다. '사' 지리지(1) 의안군의 소속 합포현 조항에는, '本骨浦縣. 景德王改名. 今因之.'라고 있다. 즉 골포현이 경덕왕대에 합포현으로 바뀌고, 고려시대가 되어도 합포라고 했다. 나아가 '승람'(권32) 창원도호부의 '건치연혁' 조항에는 '…會原縣. 本新羅骨浦縣. 景德王改合浦. 屬義安郡. 高麗顯宗時. 義安合浦俱屬屬金州. 後各置監務. 忠烈王以賞元世祖東柾供億之勞. 改義安爲義昌. 合浦爲會原. 並陞縣令. …'이라고 있다.

○ 【三國】 '사' 물계자전에는, 골포, 칠포, 고사포라고 있다. 칠포는 지금의 경상남도 함안군 칠원면 근처인가. 골포, 고사포는 앞서 말한 대로이다.

869, 869b○ 【竭火. 疑屈弗也, 今蔚州】 갈화(竭火)는 지금의 경상남도 울산시 지역에 들어가는 곳이었다. '사'(권34) 지리지(1) · 양주관하의 '임관군'의 소속현 '河曲(一作西)縣' 조항에는 '婆娑王時. 取屈阿火村. 置縣. 景德王改名. 今蔚州.'라고 있고, '승람'(권22) 울산군의 '건치연혁' 조항에는 '本新羅屈阿火村. (新羅地名. 多稱火. 火乃弗之轉. 弗又伐轉.) 婆娑王始置縣. 景德王改名河曲(或作河西). 爲臨關郡領縣. 高麗太祖. 以縣人朴允雄有功. 乃以東津 · 虞風二縣來合. 陞爲興麗府. 後降爲恭化縣. 又改知蔚州事. 顯宗置防禦使. 本朝太祖六年置鎭. 以兵馬使兼知州事. 太宗十三年罷

370) 고증에는 물계전(勿稽傳)이라고 표현.

鎭. 改今名爲知郡事. …'라고 있다.

고려시대의 울주는 조선왕조 태종 13년(1413)에 울산으로 이름을 바꾸어 지금에 이르고 있는데, 위 울주의 옛 이름은 굴아화라고 했다. 갈화(竭火)의 갈(竭)은 kar, 굴(屈)의 음은 kur로, 갈(竭)과 굴(屈)은 음 상통했다. 그래서 갈화(竭火)에 대한 '疑屈弗也. 今蔚州'라고 주(注)를 단 것은 타당하다.

869c○ 【疑發羅. 今羅州】 이 발라(發羅), 나주(羅州)는 지금의 전라남도 나주군 지역이다. '사'(권36) 지리지(3) · 금산군 조항에는, '本百濟發羅郡. 景德王改名. 今羅州牧. 領縣三. …'이라고 있다. 앞서 말한 것처럼 보라(保羅)가 옛 발라(發羅), 나중의 나주(羅州)에 비정하는 것은 무리일 것이다.

869○ 【琴】 신라의 거문고에 대해서는 '나기'(제4) 진흥왕 12년 조항, 13년 조항 및 '사'(권32) 악지 등에 보인다.

○ 【師彘山】 본문에 미상이라고 주(注)를 달았듯이 명확하지 않다.

○ 【制曲】 물계자는 산에 숨어 작곡을 하고 거문고를 뜯으면서 노래를 불렀다고 한다. 이곳의 제곡(制曲)은 제곡(製曲)으로서 작곡으로 통한다. 즉 제(制)는 제(製)와 음 상통에 의한다.

[870]영여사

迎如師

[871]實際寺釋迎如. 未詳族氏, 德行雙高. 景德王將邀致供養. 遣使徵之. 如詣內齋. 罷將還, 王遣使陪送至寺. 入門即隱. 不知所在. 使來奏, 王異之, 追封國師. 後亦不復現世, 至今稱曰國師房.

풀이 [870]영여사(迎如師)

[871]실제사[371]의 스님 영여[372]는 그 씨족은 알 수 없으나, 덕과 행실이 모두 높았다. 경덕왕은 맞이하여 공양하고자, 사신을 보내어 그를 불렀다. 영여는 대궐에 가서 의식을 마치고 돌아가려고 하니, 왕은 사신을 보내어 귀인을 절까지 전송하게 하였다. (영여 스님은) 들어가자마자 바로 숨어 버려, 있는 곳을 알 수 없었다. 사신은 돌아와서 알리니,

371) DB. 신라 경덕왕대 경주에 있던 사찰.
372) DB. 이곳 이외는 보이지 않는다.

왕이 그것이 신이하여, 국사로 추봉하였다. 후에 다시는 세상에 나타나지 않으니, 지금에 이르러 (그 절을) 국사방이라 칭한다.

주해

870○ 【迎如師】 실제사의 승 영여 전(傳)은, 이 조항에만 보인다. 그것도 극히 간결하다. 그 씨족은 자세하게 할 수 없는데, 덕행은 또한 뛰어나기 때문에 경덕왕으로부터 국사로 추봉되었다. 또 그가 살았던 절은 후세에 이르러서도 국사방(國師房)이라고 부르게 되었다는 것이다.

871○ 【實際寺】 이 실제사의 창건에 대해서는 '나기'(제4) 진흥왕 27년(568) 조항에 '春二月. 祇園, 実際二寺成.'이라고 있다. 창건은 오래되었는데, 이 절의 활동이나 사회적 지위 등에 대해서는 너무 없다. 태종무열왕(재위, 654-661년) 시대에 신라는 인국 백제의 습격을 당해, 태종은 군을 일으켜 출전을 했는데, 결착을 지을 수 없었다. 이때 실제사에 있던 승려 도옥은 법의를 벗고 융복을 두르고, 이름을 취도라고 고치고, 삼천당(군단)에 속해, 군단과 함께 출정하여 창과 감으로써 적진에 들어가 역투하여 전사한 것이 '사'(권47)(열전제7)의 취도전에 실려 있다.

더 나아가 '유'의 이 조항 글에 의해 경덕왕대에는 영여사가 이 절에 살았다는 것을 알 수 있다. 그러나 그 후의 일은 '사', '유' 모두 아무것도 실려 있지 않다. 그러나 '유'의 이 조항 글에 '至今稱曰國師房.'이라는 것에 의해 고려시대, 게다가 일연이 '유'를 찬술할 때까지도 국사방이라고 하며 존속했던 것을 알 수 있다. 그리고 이 절은 현재 경주시, 내지는 그 근방에 있었던 것으로 보이는데, 지금은 그 절터마저도 불명하다.

○ 【景德王】 다음 조항의 주해 872로 미룬다.

○ 【國師】 국가의 사표가 될 만한 고승에 대해서, 군주로부터 내리는 칭호. 중국에서는 북제(北齊) 문선(文宣)제로부터 복선산법상(覆船山法常)이 받은 것이 최초이다. 신라 승관에 국사라는 명칭은 없었기 때문에 영여는 처음으로 이 글 첫머리에 말한 대로 받았을 것이다.

[872]포천산 오비구 경덕왕대

布川山五比丘景德王代

[873]歃良州東北二十許里. 有布山川. 石窟奇秀. 宛如人斲.[373] 有五比丘. 未詳名氏. 來寓而念彌陁, 求西方幾十年, 忽有聖象自西來迎. 於是五比丘各坐蓮臺, 乘空而逝. 至通度寺門外留連, 而天樂間奏. 寺僧出觀, 五比丘爲說無常苦[374]空之理, 蛻棄遺骸. 放大光明. 向西而去. 其捐舍處. 寺僧起亭榭, 名置樓. 至今存焉.

풀이 [872]포천산 오비구 경덕왕대(布川山 五比丘 景德王代)[375]

[873]삽량주[376]의 동북쪽 20여 리에 포천산[377]에 석굴[378]이 있어 기이

---

373) DB. 규장각본과 순암수택본에는 글자의 좌변은 亞, 우변은 斤인 형태로 되어 있다.
374) 고증에는 若(苦)이라고 표기. DB. 규장각본과 순암수택본에는 若.
375) DB.에는 이 조항을 독립하지 않고, 영여사(迎如師)와 같은 조항으로 다루었다.
376) DB. 歃良州는 경상남도 양산군으로 비정된다. "삼국사기" 지리지 양주 조에 문무왕 5년 삽량주를 두었고 경덕왕 때 양주로 고쳤다고 나와 있다.

하고 빼어나 사람이 깍은 듯하였다. 다섯 비구가 있는데, 이름은 알 수 없다. (포천산에) 와서 임시로 살면서 아미타불(彌陁)을 염송하고, 서방정토를 구한 지 몇 10년 만에, 문득 극락세계의 모든 보살이 있어, 서쪽으로부터 와서 맞이하였다. 이 다섯 비구가 각기[379] 연화대좌(蓮臺)에 앉아, 허공을 타고 가서 통도사의 문밖에 이르러 잠시 머물렀는데, 그때 하늘의 음악이 간주되었다. 절의 스님이 나와서 보니, 다섯 비구가 무상하고 고통스럽고 공허한 이치를 설하더니, 뼈만 남기고 허물을 벗어,[380] 큰 광명을 내며, 서쪽으로 향하여 가 버렸다. 그 벗어 버린 곳에 절의 스님들이 정자(亭榭)를 세워, 이름을 치루라 하였는데, 지금까지도 남아 있다.

주해 **872**○ 【布川山】 뒤에 보이는 포산천 항목의 주해를 참조.

○ 【五比丘】 신라시대의 이 오비구(五比丘)의 전승은, 일본의 염불성(지덕이 높은 사람)과 공통되는 것 같다. 자세한 것은 다음 '念佛師' 조항의 주해 874를 참조.

○ 【景德王代】 신라 제35대 왕, 경덕왕(재위, 742-765년)의 휘는 헌영. 효성왕의 동생. 효성왕[381]에게 후손이 없어 그 뒤를 이어 왕위에 올랐는데, 신라 역사상, 율령체제 확립과 문화의 융성에 가장 성의를 다한 국왕이

377) DB. 布川山은 경상남도 양산군 웅상면에 있는 元曉山의 신라 때 이름으로 생각된다.

378) DB. 경상남도 양주군 웅상면에 있는 원효산에 있는 신라 때의 석굴 사원으로 미타암으로 불린다. 자연 수성암으로 이루어진 자연굴에 인공을 가하여 만들었으며, 석굴 내에는 통일 신라시대의 아미타불입상이 있다.

379) DB. '各'은 권상로 역해본에는 '合', 이에 따르면 '각기'를 '모여서', '함께' 등으로 바꿔 해석할 수 있다. 고증에도 '각각'으로 표현.

380) 고증. '유해를 벗어 버리고'.

381) 고증. '孝世王'.

다. 자세한 것은 '유' 왕력의 '第三十五景德王'의 조항 및 '유' 권제2 · 기이제2 '경덕왕 충담사 표훈대덕'의 조항, 주해 296을 참조.

873○ 【歃良州】 지금의 경상남도 양산군 지역. 자세한 것은 '유' 권제1 · 기이제1 '나물왕 김제상' 조 및 주해 177 '삽라군태수' 항목을 참조.

○ 【布山川】 포천산(布川山)의 오간(誤刊)으로 보인다. '포천산은 삽량주의 동북 20여 리 되는 곳에 있으며, 석굴이 빼어나, 마치 사람이 만든 것 같다.'라고 되어 있는데, '승람' 등에는 포천산의 이름은 보이지 않는다.

○ 【比丘】 불교에서는 출가득도해서 구족계를 받은 남자 수행자를 비구(比丘)라고 부른다. 비구는 산스크리트어 bhiksu의 음 전사. 구걸하는 사람, 걸식자가 원래 뜻이다. 비호(比呼), 걸사(乞士)라고도 음 전사, 한역한다.

○ 【彌陁】 대승불교에서 가장 중요한 부처의 하나인 아미타는 아미타불, 아미타여래라고도 하며, 생략하여 미타라고도 한다. 산스크리트 원래 이름은 두 가지이며, Amitāyus는 '무한의 수명을 가진 자, 무량수', Amitābha는 '무한의 광명을 가진 자, 무량광'의 의미로, 모두 '아미타'로 옮겼다. 즉 아미타는 단순한 Amita(無量)의 의미가 아니고, 아미타불의 두 가지 원 이름에 모두 해당하는 음 전사 언어라고 생각한다. 한역불전에서는 이 아미타와 나란히 '무량수'라는 역어(譯語)가 자주 나오는데, 이것은 글자 뜻 그대로 한다면 Amitāyus라고 해도 실제로는 Amitābha의 역어로 쓰이는 것도 적지 않다.

아미타불 신앙을 주제로 하는 교전(敎典)에서는 무량수경 · 관무량수경, 아미타경의 정토 3부경이 있으며, 이들을 바탕으로 정토교가 성립되었다. 무량수교에 의하면, 과거 먼 옛날 자재왕불 곁에서 더 없는 깨달음을 얻으려고 발심한 법장보살이 중생을 구제하기 위해 48의 본원(本願)을 세우고, 길고 긴 수행을 거듭한 후, 본원을 성취하고 지금부터 10겁(劫)의 옛날에 부처가 되었다. 이 부처는 아미타불이라고 이름을 짓고, 이곳으로부터 10만억 토(土)를 지난 안락(극락)이라고 부르는 세계(정토)로, 지금도 설법하고 있다고 말한다. 아미타경에 의하면 이 부처를 아미타라고 하는 것은 광명과 수명의 무량에 의하기 때문이라고 한다.

이와 같은 아미타불과 그 정토에 대해서는, 정토삼부경 이외의 다수의 경론에도 언급되어 있으며, 그 신앙은 인도에서 중앙아시아를 거쳐 동아시아 전 지역에 널리 유포되었다. 중국에서는 칭명염불에 의해 아미타불의 정토에 왕생하는 것을 기원하는 가르침을 정토문이라고 했는데, 그 흐름을 이어 일본에서는 정토종 · 정토신종 · 융통염불종 · 시종 등의 여러 종파가 성립되었으며, 정토교는 일본불교의 일대계통을 형성하기에 이르렀다.

덧붙여 '정토'라는 말은 "사기" 시황본기 등에 보이는 신선신앙의 '청정의 국토'를 두 글자로 줄인 것. '안락'이라는 말도 "여씨춘추"의 이속에 '몸은 반드시 안락'이라고 있다. [참고] "巖波佛教辭典".

○ 【聖衆】 염불하는 무리를 옹호하는 사람들을 말한다. 일반적으로 관세음, 대세지, 약왕, 보현, 법자재왕, 사자후, 다라니, 허공장, 보장, 덕장, 금장, 금강장, 산해혜, 광명왕, 화엄, 중보왕, 월광왕, 일조왕, 삼매왕, 정자재왕, 대자재왕, 백상왕, 대위덕왕, 무변신의 25보살을 말한다. 25보살이라는 것은 "십왕생경"에 근거한다.

○ 【蓮臺】 불상의 대좌(臺座). 연꽃이 피어 있는 모양을 본딴 것으로 생략하여 연좌(蓮座), 또는 연화대(蓮花臺), 연대(蓮臺)라고 한다.

○ 【通度寺】 지금의 경상남도 양산군 하북면에 있는데, 자세한 것은 '유' 권제4 · 의해 제5 '자장정률' 조 및 주해 713을 참조.

○ 【亭榭】 정(亭)도 사(榭)도 누각, 정자, 사(榭)에는 묘(廟), 도장(道場) 의미가 있다. 이곳의 정사(亭榭)는 염불도장으로 보인다.

○ 【置樓】 고구려의 치구루(置溝婁)의 읽기에 준해서 훈음차tu-r라고도 읽혔다고 추정되며, 혹은 영(靈)tor[382]의 의미를 나타냈을지도 모른다("塚本博士頌壽記念佛教史學論集" 三品彰英 '新羅の浄土教' 참조).

---

382) 고증. 그대로.

[874]염불사

念佛師

[875]南山東麓有避里村, 村有寺. 因名避里寺. 寺有異僧. 不言名氏, 常念彌陁. 聲聞于城中. 三[383]百六十坊. 十七萬户[384]無不聞聲,[385] 聲無高下. 琅琅一揚. 以此異之. 莫不致敬, 皆以念佛師爲名. 死後泥塑眞儀. 安于敏藏寺中, 其本住避里寺. 攺名念佛寺. 寺旁亦有寺名讓避, 因村得名.

풀이 [874]염불사(念佛師)

[875]남산[386]의 동쪽 기슭에, 피리촌이 있고, 마을에 절이 있는데, 이로

383) DB. "三國遺事" 권1, 紀異 辰韓 조에는 三 앞에 一千 두 글자가 있다.

384) 규장각본. 戶. 고증. 戶(口).

385) 고증. 䑋. DB. 䑋. 규장각본과 순암수택본. 䑋. 이하 같다. 자체(字體)가 다른데, DB.는 전체적으로 고증을 답습(踏襲)하고 있다.

386) DB. 경상북도 경주시 남쪽에 위치한 산으로 북쪽의 금오봉(金鰲峰)과 남쪽의 고위봉(高位峰) 두 봉우리에서 흘러내리는 60여 개의 계곡으로 이루어져 있다.

인하여 이름이 피리사라고 하였다. 절에 특이한 스님이 있었는데, 이름을 말하지 않았고, 항상 아미타불을 염송하며, 그 소리가 성안에까지 들렸다. 360방(坊) 17만 호(戶)[387]에 들리지 않는 곳이 없었고, 소리의 높고 낮음이 없어 낭랑하게 한결같았다. 이로써 특이하게 여겨 공경하지 않는 이가 없었고, 모두 염불스님이라 이름하였다. 죽은 후에 흙 인형으로 진영(眞儀)을 만들어, 민장사[388]에 안치하고, 그 본래 살던 피리사는 이름을 고쳐서 염불사라 하였다. 절 옆에 또한 절이 있었는데, 이름이 양피[389]라 하였는데, 이 또한 마을 이름을 따서 이름이 붙은 것이다.

주해 **874**○ 【念佛師】 이 조항은 앞 조항과 같이 정토교 관계의 전승을 기록한 것이다. 앞 조의 오비구 및 이 조항의 염불사의 전승은 신라시대의 염불자 모습을 보여 주는 것으로, 그들이 은자적 성격을 가졌다는 것, 마침 일본의 염불성과 공통적 성격을 가졌다는 것을 보여 준다. 그러나 신라에서는 7,8세기에 성행했다는 점에서 시간적으로 현저하게 일본보다 선행하고 있다. 이 예뿐만 아니고, 앞서 든 예로도 알 수 있듯이, 이러한 염불승이 민중의 신앙을 얻어, 일찍이 그 고분에 대중을 향한 염불도장(亭榭)이나 사원이 세워졌던 것이다. 실은 그러한 절의 연기(緣起)로서, 이 염불자 전기가 전해진 것이다(三品彰英, '新羅の浄土教', "塚本博士頌壽記念佛教史學論集", 쇼와 36년 2월 8일 수록).

---

387) DB. 360방 17만 호는 "삼국유사" 기이 진한조에 '신라 전성시에 京中에 17萬 8936戶 1360坊 55里 35金入宅이 있다.'라고 되어 있다.

388) DB. 경주에 있던 절로 角干 敏臧이 자기 집을 희사하여 창건하였다.

389) DB. 讓避는 "삼국유사" 紀異 射琴匣條의 세주에는 壤避寺로 나온다.

875○ 【南山】 경주시의 남쪽 외각에 있는 양산(楊山)이라고도 하며, 예부터 영산(靈山)으로 추앙받아 왔다. 불교유적도 많다. 남산에 대해서는 이미 다음의 각 개소에 주(注)를 달았으니 참조.

고증 상권 주해 110 '南山部'.

고증 중권 주해 271, 272.

주해 298 '烹茶饗南山三花嶺彌勒世尊'.

주해 346 '幸鮑石亭. 南山神現舞於御前'.

고증 하1 주해 564 '三花嶺'.

주해 664.

고증 하2 주해 759.

고증 하3 주해 773.

고증 하3 주해 805, 816.

고증 하3 주해 889.

○ 【避里村】 피리(避里)라는 것은 피(避)의 한자 뜻에 의한 것으로 보이며, 은서의 마을(里)이라는 뜻일 것이다. 뒤에 나오는 양피도 같은 뜻으로 보인다. '유' 권제1 '사금갑' 조항에 피촌이 보인다. 이 피촌과 이곳의 피리촌은 같은 것으로 보인다.

○ 【彌陀】 앞 조항의 주해 873을 참조.

○ 【三百六十坊 十七萬戸】 '유' 권제1 기이제1 '辰韓' 조에는 '新羅全盛之時. 京中十七萬八千九百三十六戸. 一千三百六十坊. 五十五里. 三十五金入宅. 云云'이라고 있다. 자세한 것은 주해 102를 참조. 또한 "조선사연구회 논문집" 30호(1992년 10월) 수록. 田中俊明 '新羅における王京の成立'도 참조. 十七萬戸는 十七萬口라고 해야 할 것이다.

○ 【□】 성(聲)의 와전으로 보인다.

○ 【眞儀】 진영(眞影)과 같은 뜻인가.

○ 【敏藏寺】 '유' 권제3 · 탑상제4 '민장사(敏藏寺)'를 참조.

○ 【名讓避 因村得名】 '유' 권제1 · 사금갑 조의 피촌에 주를 달고 '今壤避寺

村, 在南山東麓.'이라고 있다.

염불사 옆에 있는 절 이름이 양피사라고 하는 것은 양피촌이라는 마을 이름을 딴 것이다. 양피는 양(壤)과 양(讓)이 같은 음이기 때문에 나온 것으로 보인다.가리킨다.

효선 제9
孝善 第九

876 효선 제9

孝善第九

877 진정사 효선쌍미

眞定師孝善雙美

878 法師眞定羅人也. 白衣時隷名卒伍, 而家貧不娶. 部役之餘. 傭作受粟. 以養孀母. 家中計産. 唯折脚一鐺而已. 一日有僧到門. 求化營寺鐵物, 母以鐺施之. 旣而定從外敀.[390] 母告之故. 且虞子意何如尒. 定喜現於色曰, 施於佛事. 何幸如之. 雖無鐺又何患. 乃以瓦[391]盆爲釜, 熟食而養之. 嘗在行伍間, 聞人說義湘法師在太伯山說法利人, 即有嚮慕之志. 告於母曰, 畢孝之後. 當投於湘法師. 落髮學道矣. 母曰, 佛法難遇, 人生大速, 乃曰畢孝. 不亦晩乎. 曷若趂予不死. 以聞道聞. 愼勿因循. 速斯可矣. 定曰, 萱堂晩景. 唯我在側, 棄而出家. 豈敢忍乎. 母曰, 噫爲我防出家, 令我便

---

390) 규장각본. 皈. DB. 皈의 오기로 보인다. 고증. 敀.
391) 규장각본. 丸. DB. 만송문고본에는 丸으로 되어 있고, 순암수택본에는 瓦 옆에 丸 자가 가필되어 있다. 고증. 瓦.

墮泥黎也. 雖生養以三牢七鼎. 豈可爲孝. 予其衣食於人之門. 亦可守其天年, 必欲孝我. 莫作爾言. 定沉[392]思久之. 母卽起罄. 倒囊儲. 有米七升. 卽日畢炊, 且曰, 恐汝因熟食經營而行慢也. 宜在予目下. 喰其一, 槖其六. 速行. 速行. 定飮泣固辭曰, 棄母出家. 其亦人子所難忍也. 況其杯漿數日之資. 盡褁而行, 天地其謂我何. 三辭. 三勸之. 定重違其志. 進途霄[393]征. 三日達于太伯山. 投湘公, 剃染爲弟子, 名曰眞定. 居三年. 母之訃音至, 定跏趺入定. 七日乃起. **879**說者曰, 追傷哀毁之至, 殆不能堪, 故以定水滌之爾. 或曰, 以定觀察母之所生處也. 或曰, 斯乃如實理薦冥福也. 既出定以後, 事告於湘. 湘率門徒歸于小伯山之錐洞, 結草爲廬. 會徒三千. 約九十日. 講華嚴大典. 門人智通隨講. 撮其樞要成兩卷, 名錐洞記. 流通於世. 講畢, 其母現於夢曰, 我已生天矣.

풀이

876효선제구(孝善第九)

877진정사효선쌍미(眞定師孝善雙美)

878법사 진정[394]은 신라인이다. 진정이 아직 속인(白衣)이었을 때는 군대(卒伍)에 적을 두었는데, 집이 가난하여 장가들지 못하였다. 부(部)의 역(役)을 하고 남는 시간에 품을 팔아 곡식을 얻어 홀어머니를 봉양하였다. 집 안을 둘러봐도 살림살이 가구 같은 것은 하나도 없고, 오직 다리가 부러진 철 솥 하나뿐이었다.

하루는 어떤 스님이 문 앞에 이르러 절을 지을 철물을 구하자, 어머

392) 고증. 沈.
393) 규장각본. 순암수택본. 霄. 霄의 이체자? DB. 霄. 고증. 宵.
394) DB. 의상의 10대 제자의 하나로 생몰연대는 알 수 없다.

니는 철 솥으로 시주하였다. 이윽고 진정이 일을 하고 밖에서 돌아오자, 어머니는 그 일을 알리며, 아들의 뜻이 어떠한지 염려하였다. 진정은 기뻐하는 모습을 보이며 말하길, "불사에 시주하였으니, 어찌 행운이지 않겠습니까! 비록 철 솥이 없지만, 또 어찌 근심이겠습니까? 이에 질그릇 동이로 솥을 삼아서, 음식을 익혀 어머니를 봉양하였다. 일찍이 군대(行伍)에 있을 때, 사람들로부터 의상법사가 태백산에서 불법을 설하고 사람을 이롭게 한다는 것을 듣고는, 곧 사모하는 뜻이 있었다. 어머니께 알려 말하길, "효를 마친 후에는 마땅히 의상법사에게 의탁하여 머리를 깎고 도를 배우겠습니다." 하였다. 어머니는 말하길, "불법은 만나기 어려운데, 인생은 크게 빠르니, 효를 마치면 또한 늦지 않겠느냐! 어찌 네가 내가 죽기 전에 (네가) 도를 들었다는 것을 듣는 것만 하겠느냐. 근심하여 미적거리지 말고, 속히 행하여라." 하였다. 진정이 말하길, "어머니의 만년에 오직 저만이 옆에 있을 뿐인데, 버리고 출가하는 것이 어찌 감히 참을 수 있겠습니까?" 하였다. 어머니께서 말하길, "아! 내가 출가에 방해가 된다니, 나를 쉬이 지옥(泥黎)으로 떨어뜨리는구나. 오직 살아서 진수성찬(三牢七鼎)으로 봉양하는 것만이, 어찌 효라 할 수 있겠느냐! 나는 남의 문에서 옷과 음식을 하더라도, 또한 타고난 수명을 지킬 수 있으니, 반드시 나에게 효를 하고자 하거든 그런 말은 하지 말라." 하니, 진정은 오랫동안 깊게 생각하였다. 어머니가 즉시 일어나, 곡식주머니를 모두 털어 내니, 쌀 7되가 있었다. 곧 그날로 밥을 짓고, 또 말하길, "네가 음식을 익혀 먹으면서 생각하면 늦게 되는 것이 걱정된다. 마땅히 내 눈앞에서 그 하나는 먹고, 여섯은 싸서, 빨리빨리 가거라!" 하였다. 진정이 눈물을 삼키면서 거절하며 말하길, "어머니를 버리고 출가하면, 그 또한 사람이

참기 어려운 바입니다! 하물며 며칠 동안의 먹을거리를 다 싸서 가면, 하늘과 땅이 저를 무엇이라 하겠습니까?" 하며, 세 번 사양하고, 그때마다 어머니는 출가하라고 권하기를 멈추지 않았다. 진정은 그 뜻을 거듭 어기다가, 밤길을 계속 걸어 사흘 후에 태백산에 도착하여 의상에게 의탁하여, 머리를 깎고 제자가 되어, 이름을 진정이라 하였다. 거처한 지 3년 만에, 어머니의 부음(訃音)이 이르렀고, 진정은 가부좌를 하고 선정[395]에 들어가 7일 만에 일어났다.

879(이것을) 어떤 사람이 말하길, "추모와 슬픔이 지극하여, 거의 견디지 못한 까닭에 선정에 들어가, 성스러운 근행(勤行)으로 어지러운 마음을 씻은 것이다." 하였고, 어떤 이는 말하길, "선정에서 어머니가 환생한 곳을 보려는 것이다."라고 하였고, 또 어떤 이는 말하길, "불법의 가르침 그대로의 중도(中道)를 깨닫고, 어머니의 명복(冥福)을 올린 것이다."라고 하였다. 이윽고 선정에서 나온 후에, 이 일을 의상에게 알렸다. 의상은 문도를 거느리고 소백산의 추동으로 돌아와, 풀을 엮어 집으로 삼고, 무리 3천을 모아서 약 90일 간 화엄대전을 강의하였다. 문하의 지통[396]이 강연을 따라 그 중요한 것을 모아 두 권을 만들었고, 이름을 "추동기"[397]라 하여 세상에 유통되었다. 강연을 마치자, 그 어머니가 꿈에 나타나 말하길, "나는 이미 하늘에 환생하여 하

---

395) DB. 6度의 하나로인 定은 결가부좌하여 속정을 끊고 마음을 고요히 하여 三昧 寂境에 들어가는 것.

396) DB. 의상의 10대 제자, 7세 때 朗智에게 출가하였다가 뒤에 의상의 문하로 옮겼다.

397) DB. 지통의 저술로 현존하지는 않으나 그 내용은 소백산 추동의 90일간의 화엄법회에서의 의상의 강의를 기록한 것이며 그 일부가 均如 등 고려시대 승려의 저술에 인용되어 있다. "華嚴錐洞記", "智通記", "智通問答" 등으로 불리기도 하는데 13세기까지 유통되던 것을 李藏用(1201-1272)이 한역하였다고 한다.

늘에 있다."라고 하였다.

주해

876○ 【孝善第九】 이것은 '유'의 마지막 편목(篇目)인데, 이 편에서는 법속을 통해 본 효행미담이 다섯 편 실려 있다.

877○ 【眞定師】 의상의 고제로 16덕 가운데 하나로 손꼽는다. '유' 권제4 · 의해 제5 '의상전교' 조(주해 728)를 참조.

878○ 【白衣時】 백의(白衣)에 대해서 모로하시 데쓰지 "대한화사전"에는 '무위무관의 사람이 백의를 입고 있기 때문에', '관청의 하인' 등, 또 '白衣人' 항목에는 '백의를 입은 사람, 동복(童僕)을 말한다. 예로부터 천한 일을 하는 자는 백의를 입었기 때문이라고 한다.' 등으로 되어 있다.

인도에서는 수도 승려가 색이 있는 옷을 입고 있던 것에 대해서, 속세 사람은 백의를 두르고 있었기 때문에, 세속인을 백의라고 했다. 산스크리트어 원어는 avadāta-vasana로 하얀 옷이라는 뜻. 그래서 이곳의 '白衣時'라는 것은 진정사가 출가하기 이전의 시대 즉 속인, 혹은 서민시대라는 뜻이다. 앞에 나온 신주 제6 '혜통항룡' 조항의 혜통도 출가 전에는 진정과 같은 모양이었다.

○ 【卒伍】 중국 주대의 군제(軍制)에서는 5인 1조(組)를 오(伍)라고 하고, 100인 1조를 졸(卒)이라고 한 것에서 군대라는 의미로 쓰인다.

○ 【部役】 신라 왕도는 어느 시기부터 양부, 소량부, 본피부, 의양부, 습비부, 한기부의 6부로 구분되었다. 이곳의 부(部)는 그 가운데의 어느 한 부(部)이다. 그리고 역(役)은 부역, 요역(병역도 이것에 해당)으로 보인다.

○ 【粟】 속(粟)이라고 읽으며, 가곡(嘉穀)의 열매 껍질을 벗기지 않은 '왕겨'를 말하는가. 후세에는 속(粟)은 좁쌀로 풀이된다.

○ 【行伍】 군대 조직으로 25인을 행(行)이라고 하고, 5인을 오(伍)라고 한다.

○ 【義湘法師】 '유' 권제4. 의해 제5 '의상전교' 조항(주해 722)을 참조.

○ 【大(太)伯山】 위 조의 주해 725를 참조.

○ 【萱堂】 훤당(萱堂).[398] 어머니가 있는 방. 와전되어 남의 어머니에 대한 경칭이 되었다. 옛날 중국에서는 집의 북당(北堂)을 주부의 거실로서, 그 마당에 훤(萱)[399]을 심었다고 한다.

○ 【泥黎】 지옥. 산스크리트어 narak, niraya를 음 전사하여 나락(奈落), 니여(泥黎), 니리(尼梨),[400] 니리야(尼梨耶) 등으로 적는다.

○ 【三牢七鼎】 뇌(牢)라는 것은 '제물' 혹은 진수성찬을 의미하고, 소, 양, 돼지를 키우는 곳을 뇌(牢), 대뢰(大牢)라고 한다. 정(鼎)은 어떤 것을 삶거나, 종묘에 두는 보물로 되어 있기 때문에, 이곳의 '三牢七鼎'이라는 것은 음식이 충분히 갖추어져 있다는 의미일까.

○ 【跏趺入定】 가부(跏趺)는 결가부좌를 줄인 말로, 다리를 꼬아 앉는 것. 입정(入定)은 정숙삼매에 들어간다는 의미로 가부입정은 좌선을 하며 수행을 하는 것.

879○ 【智通】 의상의 고제로 10대덕 가운데 들어가는 명승. '의상전교' 조 주해 참조.

○ 【錐洞記】 주해 835를 참조.

---

398) 남의 어머니에 대한 경칭. 자당(慈堂).

399) 망우초(忘憂草).

400) 고증. 奈落(ならく), 泥黎(ないり), 泥梨(ないり)로 풀었다.

880 대성효이세부모 신문대

大城孝二世父母 神文代

881 牟梁里[a]一作浮雲村. 之貧女慶祖有兒. 頭大頂平如城. 因名大城. 家窘不能生育, 因役[401]傭於貨殖福安家. 其家俵田數畝.[402] 以備衣食之資. 時有開士漸開. 欲設六輪會於興輪寺, 勸化至福安家. 安施布五十疋, 開呪願曰, "檀越好布施. 天神常護持, 施一得萬倍, 安樂壽命長. 大城聞之. 跳踉而入. 謂其母曰, 予聽門僧誦倡, 云施一得萬倍. 念我定無宿善. 今玆困匱矣, 今又不施. 來世益艱. 施我傭田於法會. 以啚後報何如. 母曰, 善. 乃施田於開. 未幾城物故, 是日夜國宰金文亮家有天唱云, 牟梁里大城兒今杔[403]汝家. 家人震驚. 使檢牟梁里, 城果亡. 其日與唱同時. 有娠生兒, 左手握不發. 七日乃開, 有金簡子彫大城二字, 又以名之, 迎其母於第中兼養之. 既壯. 好遊獵. 一日登吐含山捕一熊. 宿山下村.[404] 夢熊變爲鬼. 訟

401) 고증. 伇(役).
402) 묘(畝)의 이체자.
403) 규장각본. 杔(杔). 범어사소장본. 杔. 乇의 우상단에 점 한 획이 더 있다. DB. 만송문고본은 판독이 어렵다. 고증. 託.

曰, 汝何殺我. 我還啖汝. 城怖懅請容赦. 鬼曰, 能爲我創佛寺乎. 城誓之曰, 喏. 既覺. 汗流被蓐. 自後禁原野, 爲熊創長壽寺於其補[405]地. 因而情有所感, 悲願增篤. 乃爲現生二親創佛國寺, 爲前世爺孃創石佛寺, 請神琳表訓二聖師各住焉, 茂張像設. 且酬鞠養之勞, 以一身孝二世父母. 古亦罕聞. 善施之驗可不信乎. 將彫石佛也. 欲鍊一大石爲龕盖, 石忽三裂. 憤恚而假寐. 夜中天神來降. 畢造而還. 城方枕[406]起. 走跋南嶺, 爇香木以供天神. 故名其地爲香嶺. 其佛國寺雲梯石塔彫鏤石木之功. 東都諸刹未有加也. 古鄉傳所載如上, **882**而寺中有記云, 景德王代. 大相大城以天寶十年辛夘始創佛國寺. 歷惠恭世. 以大歷九年甲寅十二月二日大城卒, 國家乃畢成之. 初請瑜伽大德降魔住此寺. 繼之至于今. 與古傳不同, 未詳孰是. **883**讚曰. 牟梁春後施三畒, 香嶺秋來獲萬金. 萱室百年貧富貴, 槐庭一夢去來今.

풀이 **880**대성효이세부모 신문대(大城孝二世父母 神文代)

881모량리[a]부운촌이라고도 한다.의 가난한 여자 경조에게 아이가 있었다. 머리가 크고 정수리가 평편하여 성(城)과 같아, 이로 인하여 이름을 대성이라 하였다. 집이 가난하여 키우는 것이 힘들어, 부자(貨殖)인 복안의 집에서 품팔이를 하였다. 그 집에서 밭 몇 묘(畝)를 나누어 주어, 입고 먹는 비용으로 하였다. 그때 고승(開士) 점개가 "영락본업경

---

404) 규장각본. 材. 고증. 材(村).

405) 고증. 捕(補). DB. 捕의 오기로 보인다. 포(捕)가 맞다. 원인불명으로 점 하나 더 있으나, 점은 도처에 보이는 것이다.

406) 고증. 枕. DB. 枕. 규장각본, 범어사소장본. 枕. 枕의 이체자(?).

(瓔珞本業經)"에 의한 법회[407]를 홍륜사에서 베풀려고 하여, 복안의 집에 와서 감화시키고자 하였다. 복안이 베 50필(疋)을 시주하니, 점개가 축원하여 말하길, "시주(檀越)께서 보시를 좋아하니, 천신이 항상 보호하고 지킬 것이며, 하나를 보시하여 만 배를 얻을 것이고, 안락하며 수명이 장수할 것입니다."라고 하였다. 대성이 그것을 듣고 뛰어 들어가 그 어머니에게 일러 말하길, "제가 문에서 스님이 외우고 노래하는 것을 들으니, 하나를 보시하면 만 배를 얻는다 합니다. 생각건대 저는 지난 세상에서 닦은 착한 행실이 없어 지금 이로 인하여 모자란 것인데, 지금 또 보시하지 않으면 내세에 어려움을 얻을 것입니다. 제 품팔이 밭을 법회에 보시하여, 뒷날의 응보를 도모함이 어떻습니까?" 하였다. 어머니는 말하길, "좋다." 하여, 이에 밭을 점개에게 보시하였다.

얼마 지나지 않아 대성이 이 세상을 떠났는데, 이날 밤 재상 김문량의 집에 하늘에서의 소리침이 있어 이르길, "모량리 대성이란 아이가 있어 지금 너의 집에 의탁한다." 하였다. 그 집의 사람들이 놀라서 사람을 시켜 모량리를 조사해 보니, 대성이 과연 죽었는데, 그날이 소리친 것과 같은 때였다. 같은 날에 김문량의 하인인 여자가 아이를 낳는 일이 있었다.[408] 아이는 왼손을 쥐고 펴지 않았다가 7일째에 펼쳤는데, 금으로 만든 쪽지(簡子)가 있어 '대성(大城)'이라는 두 자가 새겨져 있어, 또 이것으로 이름하고, 그 어머니를 맞이하여 집에서 함께 봉양하였다. 그런 가운데 아이는 장성하여 사냥을 좋아하였다. 하루는 토

407) DB. 육륜회. "菩薩瓔珞本業經", "占察善惡業報經" 등에 의해 베풀어지는 법회.
408) DB. '임신하여 아이가 태어났는데.'

함산에 올라서, 곰 한 마리를 잡고, 산 밑의 마을[409]에서 잤다. 꿈에 곰이 귀신으로 변하여, 꾸짖으며 말하길, "너는 어찌 나를 살해하였는가? 내가 도리어 너를 먹겠다." 하였다. 대성은 두렵고 부끄러워 용서하기를 청하였다. 귀신이 말하길, "나를 위해 절을 창건할 수 있겠느냐?" 하였다. 대성이 맹세하여 말하길, "그렇게 하겠다." 하였다. 이윽고 깨니 땀이 이불을 적셨다. 그 뒤로는 들판을 (나가는 것을) 금하고, 곰을 위하여 그 (곰을) 잡았던 땅에 장수사를 창건하였다.

이로 인하여 깊이 느낀 바가 있어, 자비의 대원(悲願)이 더 두터워졌다. 이에 현생의 양친을 위해 불국사[410]를 창건하고, 전세의 부모를 위해 석불사[411]를 창건하고, 신림, 표훈의 두 성스러운 스님을 청하여 각각 머물게 하고, 거대한 불상을 설치하고, 또 양육한 노고를 갚았으니, 한 몸으로 두 세상의 부모에게 효도한 것은 옛날에도 또한 듣기 드물었다. 착하게 베푼 효과로 가히 믿지 않을 수 있겠는가! 장차 석불(石佛)을 조각하려고 큰 돌 하나를 감실의 뚜껑으로 만들려고 하는데, 돌이 갑자기 셋으로 깨졌다. (대성은) 분노하여 아무렇게나 잠들었다. 밤중에 천신이 내려와서, 다 만들고는 돌아갔다. 대성은 자다가 일어나서 남쪽 고개로 쫓아가, 향나무를 불에 태워 천신에게 바쳤다. 까닭에 그 땅의 이름을 향령(香嶺)이라 하였다. 그 불국사의 사다리(雲梯)와 석탑은 돌과 나무에 새긴 업적이 경주[412]의 여러 사찰 중

---

409) DB. '材'의 경우, 순암수택본에는 '村'으로 덧칠되어 있다. 또 민족문화추진회 영인본에서는 '村'이 잘못된 것으로 주를 달고 있다. 또 동경제국대학교 영인본 · 속장경본 · 조선사학회본 · 최남선 교주본 · 이병도 역주본 · 이재호 역주본 · 권상로 역해본에도 '村'으로 되어 있다. 따라서 '길'을 '마을'로 바꿔 해석할 수 있다. 고증. 村.

410) DB. 경상북도 경주시 진현동 토함산에 있는 사찰.

411) DB. 불국사와 함께 김대성에 의해 건립된 석굴사원. 석굴암의 본래 이름.

(이보다) 더한 것이 없다.

882옛 "향전"에 기록된 바는 이와 같으니, 절의 기록에 이르기를,[413] "경덕왕대에 대상(大相) 대성(大城)이 천보(天寶) 10년 신묘에 불국사를 처음 창건하였다. 혜공왕대를 지나, 대력(大歷) 9년 갑인(774년) 12월 2일에 대성이 죽자, 국가가 이를 완성하여 끝마쳤다. 처음에는 유가대덕 항마를 청하여 이 절에 머물게 하였고,[414] 그것을 이어 지금에 이르렀다."고 하는데, 고전(古傳)과 같지 않으니, 무엇이 옳은지 알 수 없다.

883찬(讚)하여 말한다.

모량(牟梁)의 봄이 지나 세 묘(畝)를 보시하니,
향령에 가을 가득 차자 만금을 얻었네.
어머니는 오랜 세월 가난을 지나 부귀를 누렸으니,
괴정(槐庭)[415]은 한 꿈에 지금도 오간다네.[416]

주해

880○ 【神文代】 신문(神文)은 신라 제31대 왕. 681년부터 691년까지 재위. '유' 왕력 '제31 신문왕' 조, '유' 권제2 '만파식적' 조(주해 278)를 참조.

881○ 【牟梁里】 '유' 권제1 · 기이제1 '신라시조 혁거세왕' 조(주해 111)를 참조.

---

412) DB. '都'의 경우, 최남선 교주본 · 이병도 역주본 · 이재호 역주본에서는 '部'로 되어 있다. 이 경우 경주(東都)가 아닌 '동부'로 해석할 수 있다. 고증은 '東都(慶州)'로 표현했다.

413) 고증. '또 절 안에는 다른 기록이 있어'.

414) 고증. '유가종의 대덕을 청하여 항마(降魔: 악마를 퇴치하다)를 열었는데, 이 대덕("繼刱記"에 의하면 大賢國師)은 이 절의 주지가 되어.'

415) 고증. '槐庭(三公의 位. 여기서는 大相大城을 가리킨다)'라고 표현.

416) DB. 모량(牟梁)의 봄이 지나 세 묘(畝)를 보시하니, 향령에 가을이 들자 만금을 얻었네. 어머니는 오랜 세월 가난과 부귀를 누렸으니, 괴정(槐庭)은 한 꿈에 과거와 현재와 미래일세.

○ 【六輪會】 "영락본업경"에 의해 법회를 여는 것. 혹은 "점찰경"에 이한 육륜회인가. '유' 권제4 의해 제5 '사복불언', 마찬가지로 '진표전간' 조(주해 731의 점찰회 및 주해 735)를 참조.

○ 【興輪寺】 '유' 권제1 '미추왕 죽엽군' 조(주해 170)를 참조.

○ 【簡子】 자세한 것은 앞서 보인 '진표전간' 조항을 참조. 간자(簡子)는 문자를 적는 일에 쓰는 대나무 또는 나무패찰을 말하는데 바뀌어 서간(書簡) 종류도 말한다.

○ 【吐含山】 경주동남에 있는 영산(靈山). 자세한 것은 '유' 권제1 '제4 탈해왕' 조항(주해 151; 155)을 참조.

○ 【長壽寺】 미상.

○ 【佛國寺】 경주 토함산 기슭에 있는 큰 절. 법흥왕대(514-540년)에 창건되었다고 전한다. 문무왕대(661-681년)에 중수(重修)되고, 이 조항의 김대성이 경덕왕 10년(751)에 다시 세웠다고 한다. 불국사 연혁은 '慶尙道江左大都護府慶州東嶺吐含山大華嚴宗佛國寺, 古今歷代諸賢繼刱記'(東京大學藏)에 자세하다. 가람 배치는 쌍탑식으로 석가탑, 다보탑 등의 석조물은 김대성이 재흥(再興)한 것이라고 한다. 대웅전, 극락전 등의 건물은 조선왕조 중기에 재건된 것으로, 1972년에 가람 전체가 복원되었다.

○ 【石佛寺】 토함산 산정(山頂)에 있는 석굴암(751년 창건)을 말한다. 이 석굴암은 불국사와 함께 신라 김씨 왕계의 보리사로서, 경덕왕과 김대성에 의해서 세워진 한국의 지보(至寶)라고 하는데, 고문헌에서는 이곳에만 기사가 보인다. 16세기 말부터 일본 등의 외국으로부터의 침략에 의해 탑상(塔像)이 반출되거나, 본존불에 해가 있거나 해서 붕괴직전에 있던 것을 초대조선총독 데라우치 마사타케 등이 원형을 개악(改惡)하여 수리 공사를 했다. 1962년부터 3년간에 걸쳐 한국인 손에 의해 수리 공사를 하여 현재에 이르고 있는데, 보존과 관리의 과제가 남아 있다. 자세한 것은 황수영 편저 "石窟庵"(하출서방신사, 1991년)을 참조.

○ 【神琳】 미상.

○ 【表訓】 화엄종의 고승 의상의 10대 제자의 한 사람. '유' 권제2 '경덕왕 충담사 표훈대덕' 조(주해 296), 더 나아가 '유' 권제4 '의상전교' 조(주해 728)를 참조.

○ 【鄕傳】 '유'에서는 '원종흥법 염촉멸신' 조에 네 곳, '남백월이성 노힐부득 달달박박'의 조에 세 곳, '자장정률' 조에 한 곳, '욱면빙념불서승' 조에 한 곳과 이곳에도 인용되어 있듯이, 신라시대 불교사료로서 평가받았다는 것은 알 수 있는데, 자세한 것은 미상.

882○ 【天責十年辛卯】 천보(天寶)는 당 형종 조의 원호. 이 앞의 원호는 개원(開元). 천보 10년은 신묘(辛卯)로 서기 751년(신라 제35대 경덕왕 10년)에 해당.

○ 【惠恭世】 신라 제36대 혜공왕의 치세연간은 756-780년의 15년간. 혜공왕에 관해서 자세한 것은 '유' 왕력 및 '유' 권제2 '혜공왕' 조(주해 305)를 참조.

○ 【大歷九年甲寅】 대력(大曆)은 당 대종(代宗) 조의 원호. 이 9년 갑인년은 서기 774년, 신라 혜공왕 10년.

○ 【瑜伽大德】 유가(瑜伽)는 유식설을 신봉하는 학파의 명칭. 유가교는 밀교의 총칭. 유가경은 일교경전의 총칭. 대덕은 고승. 앞서 "계창기"에는 글 가운데 '瑜伽大德'에 주를 달고 '대현이라 한다. 스스로 청구사문이라 부르다. 경덕왕이 봉해서 국사로 삼다.'라고 있다. 경덕왕으로부터 국사를 받은 대현법사는 신라유가의 조(祖)로 추앙을 받아 청구사문이라 부르고 주술도 뛰어나, 자주 기서를 보였다. 유가대덕에 대해서는 '유' 권제4 의해 제5 '현유가 해화엄' 조(주해 759)에 대해서, 그 가운데 대현법사에 대해서는, '유' 권제2 '원성대왕' 조(주해 321의 '智海' 항목 및 321a)를 참조.

[884]향득사지할고공친 경덕왕대

向得舍知割股供親景德王代

[885]能[417)]川州有向得舍知者. 年凶, 其父幾於餒死, 向得[418)]割股以給養. 州人具事奏聞, 景德王賞賜租五百碩.

풀이 [884]향득사지할고공친 경덕왕대(向得舍知割股供親 景德王代)

[885]웅천주(能[419)]川州)[420)]에 향득[421)] 사지[422)]라는 사람이 있었다. 흉

---

417) 규장각본. 能, 범어사소장본. 能. DB. 能, 熊의 오기로 보인다. 고증. 熊. '能'으로 본 곳은 불가사의하다.

418) DB. "三國史記" 권48, 列傳 向德 조 및 권9 新羅本紀 景德王 조, "新增東國輿地勝覽" 권17, 公州牧 古跡 조에는 德으로 되어 있다.

419) DB. '能'의 경우, 민족문화추진회 영인본 · 이재호 역주본에서는 '熊'이 잘못된 것으로 주를 달고 있고, 동경제국대학 연인본 · 속장경본 · 조선사학회본에서는 '熊'으로 되어 있다. 또 이병도 역주본 · 권상로 역해본에서도 '熊'으로 의심하고 있다. 따라서 '능천주'가 아니라 '웅천주'로 해석할 수 있다.

420) DB. 지금의 公州의 옛이름. 백제 文周王이 이곳에 도읍을 정하고, 聖王때 泗沘城으로 천도할 때까지 64년간 중기 백제의 도읍지였다.

년으로, 그의 아버지가 거의 굶어 죽게 되자, 상득은 넓적다리를 베어 봉양하였다. 웅천주의 사람들이 그 사실을 구체적으로 (왕에게) 아뢰니, 경덕왕은 상으로 조(租) 500석(碩)[423]을 내렸다.

주해

884○ 【向得舍知】 사지는 신라 관위17등의 제13위로 소사(小舍)라고도 한다. 향득은 '승람' 권17 · 공주목 '고적'의 효가리 조에는 향덕(向德)이라고 있다. 향득(向得), 향덕(向德)의 득(得)과 덕(德)은 음 상통.

○ 【割股】 '유' 권제3. 홍법제3 '원종홍법 염촉멸신', 탑상제4 '대산월정사오류성중'에 각각 '子推割股', '割股肉進母'라고 적고, 자식이 부모의 음식물로서 '할고(割股)'했다는 것을 적고 있다. 또 '유' 권제4 · 의해 제5 '이혜동진'에도 '宿屏人割其股'라고 적어, 혜숙이 부덕의 국선을 꾸짖기 위해 '할고(割股)'한 경우도 있다. 중국에서는 할고의 행위가 실제로 일어나, 할고금지령을 내려도 청대까지 이어졌다고 한다. 조선에서도 효행하기 위한 할고 행위 비율은 상당히 높은 비율이었다고 한다. 또한 나리사와 가쓰시 '埋兒説話の朝鮮的變容相について'("朝鮮學報" 제109집, 1983년)를 참조.

○ 【景德王代】 경덕왕은 신라 제35대 왕. 742에서 765년까지의 23년간 재위. 자세한 것은 '유' 왕력 '제35 경덕왕' 조 및 '유' 권제2 · 기이 제2 '경덕왕 충담사 표훈대덕' 조(주해 296) 등을 참조.

885○ 【熊川州】 지금의 충청남도 공주시. 자세한 것은 '사' 지리지(3) '웅주(熊州)' 조, '승람' 권17 '공주목' 조 등을 참조.

---

421) DB. 向得은 신라 景德王 때 熊川州 板積鄕 출신의 효자로 이름난 인물.

422) DB. 신라17관등의 제13위인 小舍.

423) DB. 곡식의 양을 헤아리는 단위로서 두 가마니 정도의 양을 말한다. "삼국유사"에서는 碩자와 石 자를 혼용하고 있으나, "삼국사기"에서는 石 자만 사용하였다.

○【租五百碩】앞서 보인 '승람'의 효가리 조에는 '王下教. 賜租三百斛・宅一區・口分田若干.'이라고 적고 있다.

886 손순매아 흥덕왕대

孫順埋兒興德王代

887 孫順者 [a]古今[424)]作孫舜. 牟梁里人, 父鶴山. 父沒, 與妻同但傳[425)]人家. 得米穀. 養老孃. 孃名運烏. 順有小兒, 每奪孃食. 順難之. 謂其妻曰, 兒可得. 母難再求, 而奪其食. 母飢何甚. 且埋此兒. 以啚母腹之盈. 乃負兒敀[426)]醉山[b]山在牟梁西北.北郊堀地, 忽得石鐘甚奇.[427)] 夫婦驚恠, 乍懸林木上試擊之, 春容可愛. 妻曰, 得異物[428)]殆兒之福. 不可埋也. 夫亦以爲然, 乃負兒與鍾而還家. 懸鐘於梁扣之, 聲聞于闕. 興德王聞之. 謂左右曰, 西郊有異鍾聲, 清遠下類. 速檢之. 王人來檢其家, 具事奏王, 王曰, 昔郭巨瘗子. 天賜金釜, 今孫順埋兒. 地湧石鍾. 前孝後孝. 覆載同鑑. 乃賜屋一區, 歲給粳五十碩. 以尚純孝焉.[429)] 順捨舊居爲寺, 號弘孝寺. 安置石鍾.

---

424) 규장각본, 범어사소장본. 仐. 고증. '今(本)'으로 표기. DB. 本의 오기로 보인다.
425) 고증. '但傳(作傭)'으로 표기.
426) DB. 皈의 오기로 보인다. 고증. '皈'로 표기. 핍박할 박(敀), 돌아갈 귀(皈). 문맥상 '敀'이다.
427) 고증. '乃負兒敀醉山山在牟梁西北. 北郊. 堀地忽得石鐘. 甚奇.'로 표기.
428) 규장각본. 扐. 범어사소장본. 物. DB. 순암수택본에는 扐. 고증. 物.

眞聖王代. 百濟橫賊入其里, 鍾亡寺存. 其得鍾之地. 名完乎坪, 今訛云枝良坪.[430]

풀이 [886]손순매아 흥덕왕대(孫順埋兒 興德王代)

[887]손순[431]이란 사람은 [a]고본(古本)에는 손순(孫舜)이라 썼다. 모량리 사람으로, 아버지는 학산이다. 아버지가 돌아가시자, 처와 함께 남의 집에서 품팔이를 하여, 쌀을 얻어 늙은 어머니를 봉양하였다. 어머니의 이름은 운오이다. 손순에게 어린아이가 있는데, 매번 어머니의 음식을 빼앗아 먹었다. 손순이 그것을 곤란하게 여겨, 그의 처에게 일러 말하길, "아이는 또 얻을 수 있으나 어머니는 다시 구하기 어려운데, 음식을 빼앗아 먹으니 어머니께서 굶주림이 어찌나 심하겠소! 아이를 묻고, 어머니의 배를 채웁시다." 하였다. 이에 아이를 등에 업고 취산[b]산은 모량리의 서북쪽에 있다.의 북쪽 교외에 가서 땅을 파는데, 갑자기 돌로 만든 종이 나와, 심히 기이하였다. 부부는 놀라고 괴이하여, 숲의 나무 위에 걸어 놓고 그것을 쳐서 시험하였는데, 그 울리는 것은 유양(悠揚)하여 사람의 마음을 잡는 듯했다. 부인이 말하길, "특이한 물건을 얻은 것은 아마 아이의 복인 듯하니, 묻지 맙시다." 하였다. 남편도 또한 그렇게 생각하고, 이에 아이와 종을 지고 집으로 돌아와서 종을 들보에

---

429) 규장각본. 馬. 범어사소장본. 焉(이체자). DB. 순암수택본에는 馬. 고증. '焉'. 馬는 轉寫의 誤謬, 誤刻이다.

430) 규장각본. 범어사소장본. 玶. 고증. 坪.

431) DB. 여기 외에는 자료가 없어 자세히는 알 수 없으나, "삼국유사" 卷1 紀異 제2 新羅始祖赫居世王條의 '茂山大樹村 … 又牟梁部 孫氏之祖'라는 기사와 연관이 있을 것으로 보인다.

매달아 두드리니, 소리가 궐에까지 들렸다. 흥덕왕이 이것을 듣고, 주변에 일러 말하길, "서쪽 교외에서 특이한 종소리가 있는데 맑고 멀리 들리니, 속히 이것을 조사하라." 하였다. 왕의 명을 받은 사람이 와서 그의 집을 조사하여, 구체적인 사실을 왕에게 아뢰니, 왕이 말하길, "옛 곽거[432]가 아이를 묻으니, 하늘이 금 솥을 주었는데, 지금 손순이 아이를 묻으니, 땅에서 돌 종이 솟아났다. 앞의 효와 뒤의 효는 하늘과 땅에 함께 본보기다." 하였다. 이에 집 1구(區)를 내리고, 해마다 벼 50석을 주어, 순수한 효심을 높이도록 하였다. 손순은 옛 거처를 절로 하고, 홍효사로 이름하였고, 석종을 안치하였다.

진성왕(眞聖王)[433]대에 백제의 횡포한 도적이 그 마을로 들어와, 종은 없어지고 절만 남았다. 그 종을 얻은 땅을 완호평[434]이라 불렀는데, 지금은 잘못 전해져 지량평이라 한다.

주해 **886**○ 【孫順】 '고본에는 손순(孫舜)이라고 적혀 있다.'라고 주가 달려 있는 것으로 보아, 손순(遜順)에 대해서는 예부터 전해져 온 것 같다.

○ 【埋兒】 매아에 대해서는 주해 884 '할고(割股)'의 나리사와(成澤) 논문을 참조.

○ 【興德王代】 흥덕왕은 신라 제42대 왕(재위, 826-835년). 자세한 것은 주

432) DB. 중국 漢나라 사람. 집은 가난했으나 효성이 있었다. 그 어머니가 매양 음식을 손자에게 나누어 주기 때문에 아내와 의논하여 자식을 땅에 묻기로 했다. 땅을 석 자가량 팠더니 황금 솥 한 개가 나왔다. 그리고 솥 위에는 붉은 글씨로, "하늘이 이것을 郭巨에게 준다."고 씌어져 있었다고 함.

433) DB. 신라 제51대 왕. 재위 887-897.

434) 규장각본, 범어사소장본. 乎. DB. '完乎坪'이 이재호 역주본에서는 '完平坪'으로 되어 있다. 고증. 完乎坪.

해 328 참조.

887○ 【郭巨】 중국 24효(孝)의 한 사람. "몽구"의 '곽거장갱'에는, '舊註引孝子傳云. 後漢郭巨. 家貧養老母. 妻生一子. 三歲. 母常減食與之. 巨謂妻曰. 貧乏不能供給. 共汝埋子. 子可再有. 母不可再得. 妻不敢違. 巨遂掘坑二尺餘. 忽見黃金一釜. 釜上云. 天賜孝子郭巨. 官不得奪. 人不得取.'라고 있다. 또한 나리사와의 전게 논문도 참조.

○ 【捨舊居爲寺, 號弘孝寺. 安置石鍾】 이곳의 기사는, 서민이 자기 집을 희사하여 절로 삼았다는 진귀한 사료이다.

○ 【眞聖王代】 진성왕(여왕)은 신라 제51대 왕으로, 887-897년 재위. 또한 '유' 왕력의 '제51 진성여왕' 조항 및 권제2 '진성여대왕 거타지' 조항(주해 348)을 참조.

○ 【百濟橫賊】 '나기' 제11 진성왕 6년(892) 조에 '完山賊甄萱據州. 自稱後百濟. 武州東南郡縣降屬.'이라고 있다. 이 백제횡적은 견훤(후백제)이 침입해 왔을 때의 병사를 가리킨다. '유' 권제2 '후백제 견훤' 조(주해 405)를 참조.

○ 【完乎坪】【枝良坪】 김사엽은 완호평(完乎坪) ka-čajs-pal, 지량평(枝良坪) 技良垰 kʌ-zajs-pal의 원 뜻은 '변촌'이라고 한다.

888 빈녀양모

貧女養母

889 孝宗郎遊南山鮑石亭[a]或云三花述.門客星馳. 有二客獨後. 郎問其故, 曰, 芬皇寺之東里有女. 年二十左右. 手[435]抱盲母相號而哭. 問同里, 曰, 此女家貧, 乞啜而反哺有年矣. 適歲荒, 倚門難以藉手, 贖賃他家. 得穀三十石. 寄置大家服役. 日暮橐米而來家. 炊餉伴宿, 晨則敀[436]役大家, 如是者數日矣. 母曰, "昔日之糠粃. 心和且平, 近日之香秔. 膈肝若刺. 而心未安. 何哉. 女言其實, 母痛哭, 女嘆己之但能口腹之養. 而失於色難也, 故相持而泣. 見此而遲留尒. 郎聞之潸然. 送穀一百斛, 郎之二親亦送衣袴一襲, 郎之千徒歛租一千石遺之. 事達宸聰, 時眞聖王賜穀五百石. 并宅一廛, 遣卒徒衛其家. 以儆劫椋.[437] 旌其坊爲孝養之里. 後拾[438]其家爲

435) 규장각본, 범어사소장본, 고증에는 '手'가 없고, '抱盲母相號而哭'으로 표현.
436) '敀'이 맞다. 앞에 '來'가 있으니 돌아갈 '歸'와 같은 자인 '皈'일 수가 없다. '새벽에 나가 힘든 노역(막일)을 한다.'는 의미이다. 규장각본, 범어사소장본. 故(敀). DB. 皈의 오기로 보인다. 고증. 敀.
437) DB. 掠의 오기로 보인다. 고증. 掠.

寺, 名兩尊寺.

풀이 888빈녀양모(貧女養母)

889효종랑[439]이 남산 포석정[a]혹은 삼화술[440]이라고 이른다.에서 놀 때, 문하의 식객이 매우 빨리 뛰어왔는데, 두 사람의 객이 홀로 늦었다. 효종랑이 그 까닭을 묻자, 말하길, "분황사[441]의 동쪽 마을에 나이가 스무 살 가량의 여자가, 눈먼 어머니를 안고 서로를 부르며 울고 있었다. 같은 마을사람에게 물으니, 말하길, '이 여자의 집이 가난하여, 끼니를 구걸하여 부모의 은혜를 갚은 지 몇 년입니다. 때마침 흉년이라, 문에 기대어 빌릴 수단이 어려워져, 남에 집에 품팔이를 하여 곡식 30석을 얻어, 부잣집에 맡기어 두고 일을 하였습니다. 해질 무렵 쌀을 싸서 집에 와서 밥을 지어 드리고 함께 자고, 새벽이 되면 부잣집에 나가 막일을 하니, 이와 같은 것이 며칠이 되었습니다. 어머니가 말하길, "옛날에 거친 식사에도 마음은 편안했으나, 근래에 향기로운 멥쌀에도[442] 가슴을 찌르는 것 같아 마음이 편안하지 않으니 어찌된 일인가?" 하였다. 여자는 그 사실을 말하니, 어머니는 통곡하고, 여자는 자신이 단지 입과 배를 봉양하기만 하면서, 부모 앞에서 얼굴빛 관리를 잘하지 못한 것을 한탄하며, 까닭에 서로를 안고 우는 것입니다.'

---

438) 범어사소장본. 捨. 고증. 拾(捨). DB. 拾, 규장각본은 판독이 어렵다.

439) DB. 신라 眞聖女王 때 慶州 사람으로 화랑이며, 재상 仁慶의 아들이고, 憲康王의 사위이다.

440) DB. 경상북도 경주 남산에 있던 신라 때의 고개 이름.

441) DB. 지금의 경상북도 경주시 동족 九黃洞에 있는 신라 善德王 3년(634)에 창건된 절이다. 지금은 조계종의 작은 절이나 신라시대의 사격은 대단했던 것으로 추정된다.

442) DB. 좋은 쌀밥을 말한다.

하였습니다. 이것을 보느라 늦었습니다."라고 하였다.

효종랑은 그것을 듣고 눈물을 흘리며, 곡식 1백 휘(斛)를 보냈고, 효종랑의 부모도 또한 의복 1습(襲)을 보냈으며, 효종랑의 천 명의 무리는 조(租) 1천 석(石)을 거두어 그것을 보냈다. 이 일이 임금님의 귀에까지 닿았는데, 이때 진성왕은 곡식 500석과 집 1채를 하사하였으며, 병사를 보내어 그 집을 지키게 하여 도적을 경계하였다. 또 그 구역에 기(旌)443)를 세워, 효녀가 봉양한 마을이라 하였다. 후에 그 집을 기부하여 절이 되었는데, 이름을 양존사라 하였다.

주해

888○【貧女】'승람' 권21 · 경주부 '효자' 조에는 지은(知恩)이라는 사람 이름을 기록하고 있다. 즉 '효자' 조의 신라 항목에는, '손순(孫順)' 다음에 '지은'을 들며 다음과 같이 적고 있다. '知恩. 韓岐部人. 少孤養母. 年三十二猶不嫁.'(이하는 거의 '유'의 글과 같다.)

889○【孝宗部】진성여왕대의 화랑. 화랑에 대해서는 '유' 권제1 · 기이 제1 '김유신' 조(주해 229의 '修釰得術爲國仙')의 항목과 '유' 권제2 · 기이제2 '찬기파랑가왈(曰)' 조항(본서 중권 주해 300의 '기파랑'의 항목), '유' 권제3 · 탑상제4 '미륵선화 미시랑 진자사' 조를 참조.

○【南山】'유' 권제1 '신라시조혁거세왕' 조(주해 110의 '남산부'의 항), 주해 759의 남산 항목을 참조.

○【鮑石亭】신라시대의 이궁(離宮)으로 경주남산의 서쪽 기슭에 전복 모양을 한 곡수의 유적이 있다. '유' 권제2 '처용랑 망해사' 조(주해 346)를 참조.

○【芬皇寺】경주시 구황리에 있는 절로 선덕여왕 3년(634)에 창건되어, 현

443) 고증. 기간(旗竿)으로 표현. 기와 장대. 규장각본, 성보박물관소장본 등의 유사 원본에는, '旌其房爲…'로서 정(旌)으로 표현. 기, 깃발을 의미.

재는 당간지주나 벽돌(塼) 모양의 석탑 · 절터 등이 남아 있다. '유' 권제3 · 홍법제3 '아도기라' 조(주해 483e)를 참조.

○ 【年二十左右】 나이 20 전후라는 것인데, 앞서 '승람'의 글에는 나이 32라고 있다.

○ 【眞聖王】 앞서 나온 '손순매아 홍덕왕대' 조 주해 887을 참조.

○ 【孝養之里】 부모 효행의 빈녀(貧女)의 행위에 감동한 화랑이나 왕들이, 충신이나 열녀(烈女), 효자를 포상하기 위해 마을의 효자집 앞에 빨간 문을 세우고, 그 마을의 이름을 효양리라고 했다.

○ 【拾(捨)其家爲寺】 나중에 효양리에 있는 효자 집을 희사하여 절을 만들었다는 것인데, 이것은 앞 조항의 홍효사와 같이 귀중한 자료이다.

○ 【兩尊寺】 불명.

후기

1.

본서 “삼국유사고증”(이하 ‘유사고증’) 하3은 “삼국유사”(이하 ‘유사’)의 마지막인 권제5를 망라하여 연구 고증한 것이다. 나아가 이 권제5는 다른 권과는 달리 ‘신주 제6’, ‘감통 제7’, ‘피은 제8’, ‘효선 제9’의 4편으로 이루어져 있다.

2.

다음으로 이 책을 쓸 때

(1) 원문의 교정은 종래대로 필자가 담당했다. 그러나 현재의 인쇄사정에 제약이 있어 모든 것에 대해 교정의 과정을 보이고 있지 않다. 이것은 이미 이 책의 하2의 후기에서 말한 대로이다.

(2) 역문은 우선 ‘밀본최사’ 조에서 ‘월명사도솔가’ 조까지 9편(즉 이노우에 씨가 주해를 맡은 곳) 및 ‘효선제구’ 수록의 5편, 모두 14편에 대해서는 기시타 씨가 맡고, ‘피은제팔’ 수록의 각 조 가운데 그 처음인 ‘낭지승운 보현수’ 조, ‘연회도명 문수점’ 조의 2편은 주해자인 에바타 씨가 맡았다.

나아가 ‘감통제칠’ 조 말미 ‘선율환생’ 조 이하의 4편과 ‘피은제팔’ 수록의 ‘혜현구정(惠現求靜) 조 이하의 8편, 모두 12편은 필자가 담당했다.

두말할 것도 없이 모두 구어역이다. 그러나 몇 명이 역문을 담당하는 경우에는, 종종 문체와 더불어 일치하지 않는 것이 있어, 필자가 모두 조정했다.

3.

(3) 주해에 대해서는 다음과 같이 분담했다.

'卷第五'(村上) '神呪第六'(村上) '密本摧邪'(井上) '惠通降龍'(井上) '明朗神印'(井上) '感通第七'(村上) '仙桃聖母隨喜佛事'(井上) '郁面婢念佛西昇'(井上) '廣德嚴莊'(井上) '憬興遇聖'(井上) '眞身受供'(井上) '月明師兜率歌'(井上) '善律還生'(村上) '金現感虎'(村上) '融天師彗星歌 眞平王代'(村上) '正秀師救氷女'(村上)

'避隱第八'(村上) '朗智乘雲普賢樹'(江畑) '緣會逃名 文殊岾'(江畑) '惠現求靜'(村上) '信忠掛冠'(村上) '包山二聖'(村上) '永才遇賊'(村上) '勿稽子'(村上) '迎如師'(村上) '布川山 五比丘 景德王代'(村上) '念佛師'(村上)

'孝善第九'(村上) '眞定師孝善雙美'(木下) '大城孝二世父母 神文代'(木下) '向得舍知割股供親 景德王代'(木下) '孫順埋兒 興德王代'(木下) '貧女養母'(木下)

위의 괄호( ) 안의 인명은 분담자이다.

이노우에 씨는 東北大學을 정년퇴직하고 간사이로 돌아가, 데즈카야마(帝塚山) 여자단기대 교수로서 교편을 잡는 것과 함께, 학계의 중진으로서 널리 후진의 지도에 임하고, 최근에는 학장이 되어 바쁜 가운데에서의 집필이었다.

에바타 씨는 젊은 나이이면서 한난(阪南)대학경제학부장의 요직을 맡고 나아가 중국으로 부임하여 연구했다가, 귀국 후 숨 돌릴 여유도 없어 집필은 무리인가라고 생각했는데, 흔쾌하게 받아들여 주었다.

그의 일은 확실하고 신뢰가 간다.

기시타 씨는 특별히 내세우는 것 없이, 그 책무를 잘 완수해 주어서 감사하고 있다. 기년(紀年)론에 뛰어난 견해와 연구업적을 가진 가사이 와진 씨는 교토여자대학을 정년퇴직하고 드디어 자유의 몸이 되어 저작의 전념에 뜻을 두었는데 갑자기 병마에 쫓겨 집필을 못 하게 되었다. 쾌차를 바랄 뿐이다.

이렇게 본 연구의 마지막을 위하여 연구회 출발할 때의 멤버를 다 갖추지 못하는 것은 아쉽기 짝이 없다. 그래서 이 결원은 필자가 메꾸었다. 어쨌든 글의 책임은 필자가 짊어지는 것이다. 많은 분의 질정을 바란다.

4.

또 본서 처음(제8면)에 보인 그림은 긴키(近畿)대학 중앙도서관(東大阪市)에 소장되어 있는 '고전간행회본', '유사'를 옮긴 것이다. 이 '고전간행회본'이라는 것은 이 책의 상권 '삼국유사해제'에서 해설했듯이 쇼와 7년(1932)에 당시 가장 양질의 간본인 '今西本'을 경성의 고전간행회에 의해 원래보다 크게 옮긴 것이다. 그리고 대학이나 연구기관에 배포되었지만 그 부수는 한정이 되어 있었다. 필자는 운 좋게, 도쿄 간다 진보쵸의 고서점에서 찾아, 당시 재직했던 긴키대학이 구입했던 것이다.

5.

무릇 본서 상권, 중권에서 이 마지막 하3까지 그 기술은 대학학부 학생을 대상으로 한 것이기 때문에 주해를 할 때에, 보통 漢和辭典 등에 실려 있는 자구(字句)의 읽기나 그 의미 · 해석 등은 항목에만 들고 주해하지 않을 방침이었다. 그러나 주해자의 주관이 들어 있어 통일이 안 되는 면도 있으나, 이제 와서 후회해도 어쩔 수 없다.

또 각 책마다 이용자의 편의를 도모하여 적어도 인명, 지명의 색인은 붙이고 싶었는데, 다 할 수 없었다. 더 나아가 주해 항목의 색인이 있으면 좋았을 것이지만, 이것을 작성하는 것은 시간과 수고가 필요하고 또 경비도 필요하여 단념할 수밖에 없었다.

일찍이 니시지마 사다오(西嶋定生) 씨가 조선학회대회에 초대를 받고 공개강연을 했는데(1982년 쇼와 57년), 그 후의 간담회 자리에서 '유사고증'에 관하여(아직 상권과 중권밖에 간행하지 않았다), 그것은 굉장히 유익하더군요라고 했다.

또 이보다 전의 1968년(쇼와 43년) 조선학회대회에 초대받아 일본에 온 서울대학 교수 이기문 박사(당시 이미 한국의 국어학, 언어학의 제1인자였다)는 처음 보는 필자에게 명함을 보면서, '그 삼국유사 고증의 무라카미 선생님이시죠?'라고 인사를 하였다. 이것은 '조선연구연보' 제5호(쇼와 38년 6월 간)에 부재된 첫 분책(分冊)의 서문에 '이 분책의 대부분은 무라카미 씨의 집필에 의한다. 운운'이라고 미시나 박사가 적은 것에 의한 것이라고 생각하는데, 그때에 '그것은 굉장히 유익한 책입니다.'라고도 하셨다. 단 수십 면의 작은 책자(冊子)에 대해서였다.

'유사' 연구의 전문가는 아니더라도, 학자라면 제각기 편리하게 사용하고 있는 것 같았다.

미시나 박사의 뒤를 이어 일본서기 연구회 회장을 맡고 있는 요코다 겐이치(横田健一) 박사(간사이대학 명예교수)는, 제2차 세계 대전 중에 마이즈루(舞鶴)에 있던 해군기관학교(나중에 해군병학교분교가 된다)에

문관교수로서 재직했는데, 같은 학교 선배교수였던 미시나 박사에게 경의를 표하면서 '삼국사기'와 '유사'의 색인을 만들어 드릴까요?라고 말했더니, 미시나 박사는 '두 책은 구석구석까지 잘 알고 있으니 색인까지 만들 필요가 없다.'라는 것이었다. 이것은 최근 요코다 씨로부터 들은 것이다. 아! 어찌하랴.

6.

'유사'의 찬술가인 보각국존일연사(1206-1289)가 활동했던 시대는 고려의 고종, 원종, 충렬왕 대인데, '유사'에는 고려시대의 기사가 많이 보이는 것이다. 그래서 이것은 찬술자에게 있어 동시대(역)사이기도 하다. 이미 필자가 지적한 바이지만, 이 점은 '유사'의 특필해야 하는 일면이기도 하다

"고려사"나 "고려사절요"에도 기록되어 있지 않은 것이 있다. 주해하면서 그때마다 말해 왔는데, 특히 경제제도에 관한 것으로 해설할 수 없는 귀중한 사료도 있기 때문이다. 그 두셋에 대하여 고려사 전문가에게도 말할 수 있는 두세 가지 주의를 했는데, 아직 아무도 회답이 없다.

나아가 고려관계 기사 중, 특히 유의해야 하는 것은 그 기년에 대해서이다. '고려사' 등과 다르다고 해서 잘못이라고 해서는 안 된다. '유사'에 보이는 기년의 대부분은 즉위칭원법에 의한 것이 많다.

"고려사", "고려사절요" 등같이 유년법에 의하면 오히려 잘못이다. 찬술자 일연은 즉위칭원법에 바탕을 두고 연표를 만들었을 것이라고 추찰하는 것이다.

다음으로 '유사'에는 종종 오자나 오간(誤刊)이 보이며 차자표기가

많다. 그러나 차자표기에는 음 상통에 의한 것이 많아, 상당한 단어지식이 없으면 안 된다. 그래서 이 책에서도 주의를 못하고 넘어간 경우가 없을까 하고 두려워하는 것이다.

'유사'를 이용하여 논문 등을 적을 때에 골라먹기 하는 식으로 필요기사를 그대로 골라 적어서는 안 된다. 구석구석 잘 읽어 주었으면 한다.

7.

여러 가지 말해 왔는데, 이 책(하3)이 간행되어 하1, 하2 더 나아가 상, 중을 합치면 5책이 된다. '삼국유사고증' 간행은 일단 여기에서 끝나 기쁜 마음 그지없다. 이것을 쓸 때에 지금까지 다방면으로 받은 학은(學恩)은 헤아릴 수 없다. 하나하나 다 열거하지 못하지만, 깊은 감사를 드린다. 나아가 필자는 미시나 박사로부터 받은 유탁(遺託)을 다한 것을 기쁘게 생각한다. 필자는 미시나 박사보다 12살 젊은 범띠이다. 그러나 생존한 해는 미시나 박사보다 간지 하나 이상으로 지금에 이르러, 지금은 분명 명맥을 다하려고 하고 있다. 이 위기에 있어 완전하게 만들었기에 경하해 마지않는다.

다음으로 부질없을지는 모르나, 아래 문장을 인용하고 싶다. 삼국유사 고증 제1분책의 미시나 박사의 서문의 1절이다.

"삼국유사"는 상당히 난해한 글이어서 문장이 서툰 자는 말할 것도 없이 신라 고어의 차자표기식 표현이나 전승사료 수록 등 번거로운 구절이 많다. 그러나 그런 까닭에 정사(正史)풍의 "삼국사기"보다도 가치가 높은 '역사를 발굴'할 수 있는 고전이다. 본고는 아직 개인적인 영역을 벗어나지 못하고 있으나, 학계에서의 최초의 주해서로서 신라사 연구에 이용할 수도 있을 것이다. 최근 조선의 학계는 민족의식의 고양(高揚) 상태로 고사(古史) 고어 연구를 하고 있기 때문에 본서에 관해서도 멀지 않아 뛰어난 연구 성과가 기대될 것이다. 본고가 그 뼈대 역할을 할 수 있다면 기대 이상의 기쁨이다.

필자도 미시나 박사가 말했듯이 이 5책의 '유사고증'이 그 뼈대가 된다면 다행이다. 다시금 질정을 기다릴 따름이다.

8.

이상으로 각필하는데, 삼국유사연구회 발족과 쇼와 50년까지의 족적에 대해서는 이 책 상권의 처음에 나오는 머리글에 상세하게 적고 있으나, 꼭 참고해 줄 것을 바란다.

나아가 마지막으로 오랜 세월에 걸쳐 이렇게 번거로운 일련의 '유사고증'의 간행을 받아 주신 하나와 서점에 대해 최대의 경의를 표하고 싶다. 특히 사장 시라이시 다이, 편집부장 요시다 요시지, 편집원 요네자와 야스코 등, 여러 분으로부터 말할 수 없는 신세를 졌다. 삼가 감사의 인사를 올린다.

다음으로 1992, 1993년 해마다 출판조성금을 지급해 주어, 하1, 하2, 하3의 출판을 도와주신 재단법인 한국문화연구진흥재단의 호의에도 거듭 감사드린다.

1995년 1월 31일(구정 정월 초하루)

삼국유사연구회 村上四男

삼국유사연구회 창설자

三品彰英(미시나 아키히데) 1902년생. 교토제국대학 문학부 사학과 졸. 일본사 · 조선사 전공. 해군기관학교 교수, 교토대학 강사, 오타니대학 교수, 도지사대학 교수, 오사카시립박물관장 불교대학교수를 역임. 문학박사. 1971년 12월 19일 서거.

편자(1970년대 당시)

村上四男(무라카미 요시오)_ 와카야마대학 명예교수, 삼국유사연구회 회장.

井上秀雄(이노우에 히데오)_ 쇼인여자단기대학 학장.

木下札人(기시타 레진)_ 긴키대학 교수.

江畑武(에바타 다케시)_ 한난대학 교수.

협력자

笠井倭人(가사이 와진)_ 교토여자대학 강사.

田中俊明(다나카 도시아키)_ 사카이여자단기대학 조교수.

鄭早苗(정조묘)_ 오타니대학 조교수.

中村 完(나카무라 다모쓰)_ 도호쿠대학 문학부 조교수.

An Annotated Translation of
"Historical Investigation of
the Three Kingdoms Archive in Ancient Korea"